永久保存版

御朱印アートブック

菊池洋明 編著

PHP

はじめに

空前の御朱印ブームといわれる昨今、いままでなら考えられなかったことですが、若い女性たちに加え、老若男女《ろうにゃくなんにょ》、外国人など、大勢の人びとが寺社に参詣《さんけい》しています。日本古来の伝統に基づいた御朱印および寺社巡《めぐ》りは、一過性のブームにとどまることなく、現代人にとって新たなジャンルの趣味の一つとして確立されつつあるようです。

現在は参拝《さんぱい》することでいただくことができる御朱印ですが、歴史をたどると、もともとは、それ自体が修行であり功徳《くどく》の一つとされる写経（お経の書き写し）を納めた際に、寺院から授与される証明書のようなものでした。

お寺の御朱印帳が「納経帳《のうきょうちょう》」、御朱印を書いていただける場所が「納経所」といわれることが多いのはそのためで、元来、仏教の純粋な宗教行為に付随するものだったのです。

御朱印に関するこのような歴史を考えると、御朱印をいただくにあたっては、必ず参拝するなどのマナーを守ることはもちろんですが、お寺で御朱印をいただく際には納経をするべきだといえるかもしれません。

実際に、現在でも、納経をしないと御朱印をいただくことができない寺院もありますし、御朱印を目的に寺社を巡るなど言語道断と考える方もおられます。

しかし、たとえはじめは御朱印を目的に寺社へ足を運んだにしても、寺社を巡り、その世界に触れているうちに仏教や神道の世界に大きな興味をもつようになったとか、寺社に参拝することが心の平穏につながったという人は少なくないはずです。

宗教の存在理由を考えると、御朱印はその「入り口」であってもよいのではないでしょうか。御朱印が目あてでもいいので、まずは寺社に足を運び、心静まるお寺の境内《けいだい》や神が宿る神聖な神社の境内を、ゆっくり歩いて深呼吸をしてみてください。そして、そこに祀《まつ》られている御本尊や神様に手を合わせてみましょう。

御朱印以外にも、いや、それ以上に、得られるもの、感じられるものがあるはずです。

本書では、寺社を訪れたくなるような美しく魅力的な御朱印、めずらしい御朱印を数多く紹介しています。本書がみなさんの寺社参拝のきっかけ、または一助となれば幸いです。

二〇一六年一月

菊池洋明

目次…永久保存版 御朱印アートブック

はじめに……2
御朱印集めを始めるにあたっての留意点……10

第1章 これで御朱印の基礎がよくわかる

御朱印の由来を知っておこう……14
お寺の御朱印ってどんなもの？……16
神社の御朱印は何が違うの？……18
御朱印をいただく際のマナー……20
御朱印の集め方における注意点……22
御朱印のことがよくわかるQ&A……24

第2章 美しい御朱印セレクション〈東日本のお寺と神社〉

◎東日本のお寺

中尊寺《ちゅうそんじ》 岩手県西磐井郡……30
寛永寺《かんえいじ》 東京都台東区……32
建長寺《けんちょうじ》 神奈川県鎌倉市……33
善光寺《ぜんこうじ》 長野県長野市……34
一心寺《いっしんじ》 東京都品川区……36
正宝院《しょうぼういん》 東京都台東区……37
経王寺《きょうおうじ》 東京都新宿区……38
円応寺《えんのうじ》 神奈川県鎌倉市……39
良観寺《りょうかんじ》 東京都葛飾区……40
能成寺《のうじょうじ》 山梨県甲府市……41
身延山久遠寺《みのぶさんくおんじ》 山梨県南巨摩郡……42
清澄寺《せいちょうじ》 千葉県鴨川市……43
常栄寺《じょうえいじ》（ぼたもち寺《でら》） 神奈川県鎌倉市……44
題経寺《だいきょうじ》（柴又帝釈天《しばまたたいしゃくてん》） 東京都葛飾区……46
本覚寺《ほんがくじ》 神奈川県鎌倉市……48
龍口寺《りゅうこうじ》 神奈川県藤沢市……49
安国論寺《あんこくろんじ》 神奈川県鎌倉市……50
浅草寺《せんそうじ》 東京都台東区……51
彌勒密寺《みろくみつじ》（岩槻大師《いわつきだいし》） 埼玉県さいたま市……52
笠森寺《かさもりじ》 千葉県長生郡……53

塩船観音寺《しおふねかんのんじ》 東京都青梅市……54
法乗院《ほうじょういん》（深川《ふかがわ》ゑんま堂《どう》） 東京都江東区……56
梅照院《ばいしょういん》（新井薬師《あらいやくし》） 東京都中野区……57
甲斐善光寺《かいぜんこうじ》 山梨県甲府市……58
観蔵院《かんぞういん》 東京都練馬区……59
輪王寺《りんのうじ》 栃木県日光市……60
牛久大仏《うしくだいぶつ》 茨城県牛久市……61
平間寺《へいけんじ》（川崎大師《かわさきだいし》） 神奈川県川崎市……62
成田山新勝寺《なりたさんしんしょうじ》 千葉県成田市……64
豪徳寺《ごうとくじ》 東京都世田谷区……66
円覚寺《えんがくじ》 神奈川県鎌倉市……67
高徳院《こうとくいん》 神奈川県鎌倉市……68
祐天寺《ゆうてんじ》 東京都目黒区……69
高尾山薬王院《たかおさんやくおういん》 東京都八王子市……70
護国寺《ごこくじ》 東京都文京区……71
大悲願寺《だいひがんじ》 東京都あきる野市……72

大船観音寺《おおふなかんのんじ》 神奈川県鎌倉市……73
宝戒寺《ほうかいじ》 神奈川県鎌倉市……74
大安楽寺《だいあんらくじ》 東京都中央区……75
深大寺《じんだいじ》 東京都調布市……76
喜多院《きたいん》（川越大師《かわごえだいし》） 埼玉県川越市……77
蓮馨寺《れんけいじ》 埼玉県川越市……78
最乗寺《さいじょうじ》 神奈川県南足柄市……79
恵林寺《えりんじ》 山梨県甲州市……80
覚林寺《かくりんじ》 東京都港区……81
徳大寺《とくだいじ》 東京都台東区……82
眞源寺《しんげんじ》（入谷鬼子母神《いりやきしもじん》） 東京都台東区……83
浄閑寺《じょうかんじ》 東京都荒川区……84
稲田禅房西念寺《いなだぜんぼうさいねんじ》（稲田御坊《いなだごぼう》） 茨城県笠間市……85

◎東日本の神社

古峯《ふるみね》神社《じんじゃ》　栃木県鹿沼市……86
烏森《からすもり》神社《じんじゃ》　東京都港区……88
鎮守《ちんじゅ》氷川《ひかわ》神社《じんじゃ》　埼玉県川口市……90
上神明《かみしんめい》天祖《てんそ》神社《じんじゃ》　東京都品川区……91
高田《たかた》總鎮守《そうちんじゅ》氷川《ひかわ》神社《じんじゃ》　東京都豊島区……92
思金《おもいかね》神社《じんじゃ》　神奈川県横浜市……94
吉原《よしわら》神社《じんじゃ》　東京都台東区……97
志波彦《しわひこ》神社《じんじゃ》・鹽竈《しおがま》神社《じんじゃ》　宮城県塩竈市……98
成子《なるこ》天神社《てんじんじゃ》　東京都新宿区……100
代々木《よよぎ》八幡宮《はちまんぐう》　東京都渋谷区……101
富士山《ふじさん》頂上《ちょうじょう》浅間《せんげん》大社《たいしゃ》奥宮《おくみや》　静岡県富士宮市……102
久須志《くすし》神社《じんじゃ》　静岡県富士宮市……103
富士山《ふじさん》本宮《ほんぐう》浅間《せんげん》大社《たいしゃ》　静岡県富士宮市……104
洲崎《すのさき》神社《じんじゃ》　千葉県館山市……105
上野《うえの》東照宮《とうしょうぐう》　東京都台東区……106
赤羽《あかばね》八幡《はちまん》神社《じんじゃ》　東京都北区……107
銭洗《ぜにあらい》弁財天《べんざいてん》宇賀福《うがふく》神社《じんじゃ》　神奈川県鎌倉市……108
小網《こあみ》神社《じんじゃ》　東京都中央区……109
鷲《おおとり》神社《じんじゃ》　東京都台東区……110
綾瀬《あやせ》稲荷《いなり》神社《じんじゃ》　東京都足立区……111
江北《こうほく》氷川《ひかわ》神社《じんじゃ》　東京都足立区……112
江島《えのしま》神社《じんじゃ》　神奈川県藤沢市……114
靖國《やすくに》神社《じんじゃ》　東京都千代田区……116
神田《かんだ》神社《じんじゃ》（神田明神《かんだみょうじん》）　東京都千代田区……117
北海道《ほっかいどう》神宮《じんぐう》　北海道札幌市……118

第3章 美しい御朱印セレクション〈西日本のお寺と神社〉

◎西日本のお寺

黄梅院《おうばいいん》 京都市北区 …… 120
比叡山延暦寺《ひえいざんえんりやくじ》 滋賀県大津市 …… 122
東寺《とうじ》(教王護国寺《きょうおうごこくじ》) 京都市南区 …… 125
高野山金剛峯寺奥之院《こうやさんこんごうぶじおくのいん》 和歌山県伊都郡 …… 128
永平寺《えいへいじ》 福井県吉田郡 …… 129
薬師寺《やくしじ》 奈良県奈良市 …… 130
唐招提寺《とうしょうだいじ》 奈良県奈良市 …… 132
法隆寺《ほうりゅうじ》 奈良県生駒郡 …… 134
東大寺《とうだいじ》 奈良県奈良市 …… 135
知恩院《ちおんいん》 京都市東山区 …… 136
建仁寺《けんにんじ》 京都市東山区 …… 138
龍安寺《りょうあんじ》 京都市右京区 …… 139
雲龍院《うんりゅういん》 京都市東山区 …… 140
薬師院《やくしいん》(こぬか薬師《やくし》) 京都市中京区 …… 141
六道珍皇寺《ろくどうちんのうじ》 京都市東山区 …… 142
勝林寺《しょうりんじ》 京都市東山区 …… 145
長円寺《ちょうえんじ》 京都市伏見区 …… 146
寂光院《じゃっこういん》 京都市左京区 …… 148
蓮華王院《れんげおういん》(三十三間堂《さんじゅうさんげんどう》) 京都市東山区 …… 149
霊源院《れいげんいん》 京都市東山区 …… 150

石像寺《しゃくぞうじ》（釘抜地蔵《くぎぬきじぞう》） 京都市上京区……151
佛光寺《ぶっこうじ》 京都市下京区……152
金戒光明寺《こんかいこうみょうじ》 京都市左京区……153
本能寺《ほんのうじ》 京都市中京区……154
妙顯寺《みょうけんじ》 京都市上京区……156
華厳寺《けごんじ》（鈴虫寺《すずむしてら》） 京都市西京区……157
聖護院《しょうごいん》 京都市左京区……158
萬福寺《まんぷくじ》 京都府宇治市……159

◎西日本の神社

今宮神社《いまみやじんじゃ》 京都市北区……160
八大神社《はちだいじんじゃ》 京都市左京区……162
石清水八幡宮《いわしみずはちまんぐう》 京都府八幡市……164
宇治上神社《うじがみじんじゃ》 京都府宇治市……165
建勲神社《たけいさおじんじゃ》 京都市北区……168
豊國神社《とよくにじんじゃ》 愛知県名古屋市……169
柴田神社《しばたじんじゃ》 福井県福井市……170

巻末資料 おしゃれな御朱印帳コレクション

永平寺……172／大船観音寺……172／牛久大仏……173／最乗寺……173／唐招提寺……173／平間寺（川崎大師）……174／中尊寺……174／比叡山延暦寺……174／石清水八幡宮……175／富士山本宮浅間大社……175／柴田神社……175

御朱印集めを始めるにあたっての留意点

御朱印は、同じ寺社でも、書く人によってかなり異なります。また、同じ人が書いても、同じものは一つとしてなく、御朱印との出合いはまさに一期《いちご》一会《いちえ》といえます。

墨書きの巧拙《こうせつ》によって御朱印の価値が変わるわけではありませんが、同じいただくのなら、達筆な御朱印をいただきたいと思うのが人情でしょう。

ただ、実際には、「さすが！」と思うような達筆の御朱印をいただけたかと思えば、そうではない御朱印があったりもします。どんな御朱印に出合えるかも、御朱印および寺社巡りの醍醐《だいご》味《み》だといえるでしょう。

だからこそ、世界に一つの、美しいアートといえるような御朱印、めずらしい御朱印をいただけたときは、なおさら感激するものです。

本書では、全国の寺社でいただける御朱印のなかから、みなさんが寺社に参詣したくなるような魅力的な御朱印を数多く紹介していますが、次に掲げるポイントを前提としていることに留意してください。

掲載した御朱印と同じようなな御朱印がいただけるとはかぎりません

繰り返しになりますが、御朱印は、同じ寺社でも書く人によって大きく異なることがあります。また、同じ人が書いても、同じものは一つとしてありません。したがって、本書に掲載している御朱印と同じものがいただけるとはかぎりません。

みなさんがいただくのは、掲載した御朱印とはかなり異なるものかもしれませんし、さらに美しい御朱印に出合えるかもしれません。

期間限定など特別な期間にしかいただけない御朱印があります

大遠忌《だいおんき》（仏教諸宗派で、宗祖などの没後に長い期間を経て行われる法要のことをいう）や開創の節目の年、正月限定など、ある一定の特別な期間しか授与されない限定御朱印があります。なかには、十年に一度の開帳奉修期間しか授与されない御朱印などもあります。本書に掲載している御朱印には、一部、現在は授与されない御朱印が含まれています。

全国の寺社には美しい御朱印が無数にあります

本書に掲載している御朱印以外にも、全国には美しい御朱印をいただける寺社が数えきれないほどあります。また、掲載したくても、さまざまな事情により掲載できなかった御朱印が多数あります。

ぜひ、気軽な気持ちで、いろいろな寺社に参詣してみてください。思いがけず、予想もしなかったアートな御朱印や美しい御朱印に出合えるかもしれません。

掲載した御朱印は、編者の独断と偏見で選んでいます

美しいとか、美しくないなどの美的感覚は、人により異なるものです。「美」は絶対的なものであるといえますが、相対的なものだともいえます。本書に掲載した御朱印は、編者の主観でセレクトしたものであることをお断りしておきます。

第1章

これで御朱印の基礎がよくわかる

御朱印の由来を知っておこう

本書の冒頭でも触れましたが、御朱印を歴史的に見れば、もともとは写経を納めた際に、それを書いた証《あかし》としてお寺から授与される証明書のようなものでした。

現在は、参拝すれば御朱印をいただくことができますが、元来、仏教の純粋な宗教行為に付随するものだったのです。

では、そもそも御朱印が授与されるようになったのはいつ頃からでしょうか。

律令《りつりょう》時代を起源とする説や、中世（鎌倉時代～江戸時代）に寺社が護符として授与した「牛王《ごおう》

雪景色の中尊寺金色堂

古峯神社の御朱印

宝印《ほういん》」を起源とする説など諸説あり、はっきりしたことはいえないようです。

しかし、泰平の世となった江戸時代以降、庶民が寺社に参詣することが一般的になるとともに、御朱印は一つの文化として徐々に広く浸透していきました。

時代を経て、江戸時代の後期になると、お寺に参拝しただけで御朱印が授与される習慣が生まれたのです。

さらに、明治時代になると、お寺だけでなく、現在のように神社でも御朱印が授与されるようになったといわれています。

そして、スピリチュアルブームやパワースポットブームなどと結びついて御朱印ブームへとつながり、現在にいたるのです。

お寺の御朱印ってどんなもの？

お寺の御朱印は、同じお寺でもお堂によって異なる御本尊の御朱印が複数授与されるなど、バラエティ豊かです。

御朱印の文字はそのお寺の御本尊である場合が多いですが、祀られている如来《にょらい》や菩薩《ぼさつ》、天部《てんぶ》（仏教の守護神の総称）など種類が多く、書体も千差万別です。

お寺の関係者は写経などで筆を使うことが多いせいか、とても達筆な方が多く、御朱印の文字の見事さに思わずうなることがたびたびあります。

なかには、達筆すぎて読み取れないなどということも……（笑）。

お寺の御朱印には、梵字《ぼんじ》が使用されていることが多いのが特徴です。梵字とは、古代インドで使われていた文字の総称で、インドや中国を経て、仏教の伝来とともに日本にも伝わってきました。

御本尊を梵字のみで表現した美しい御朱印もあります。

お寺の御朱印に書かれていること（寛永寺）

●御本尊名または御本尊が安置されているお堂などの名称（梵字が書かれることもある）寛永寺の御朱印は薬師如来が奉安されている「瑠璃殿」

●家紋、寺紋（ゆかりの深い人物の家紋やそのお寺の寺紋など）

●奉拝や奉納（拝み奉る、謹んで拝むこと）

●山号および寺号

●参拝した年月日

●寺院印

●寺院を象徴する押印
三宝印（仏、法、僧の仏教の「三宝」を表す押印）、御宝印（梵字で本尊を表す押印）、家紋、寺紋など

※寺院によって御朱印のバリエーションは多数あります。

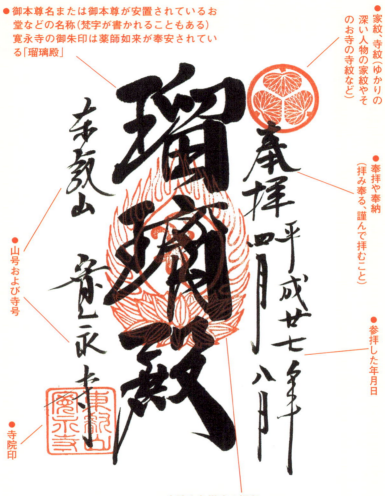

神社の御朱印は何が違うの？

神社の御朱印は、お寺の御朱印とは趣《おもむき》が違います。一般的に神社名が中央に大書され、神社名が刻印された押印がされている場合がほとんどです。

伊勢神宮などのように、押印のみで神社名が書かれない場合もあります。

その神社と関係性のある動物や縁起物などが押印されていることがあるのはお寺と同様ですが、全体的に神社の御朱印はシンプルなものが多く、スマートな印象を与えてくれます。

派手さや華美を好まない神道、そして日本人の気質を表しているようです。

それだけに、特徴的な文字や押印がされている神社の御朱印に出合ったときは、特別な出合いを感じます。

ただし、最近では、神社の御朱印もカラフルなものや金泥《こんでい》のもの、一定の期間だけいただける限定の御朱印などが増えてきています。

神社の御朱印に書かれていること（赤羽八幡神社）

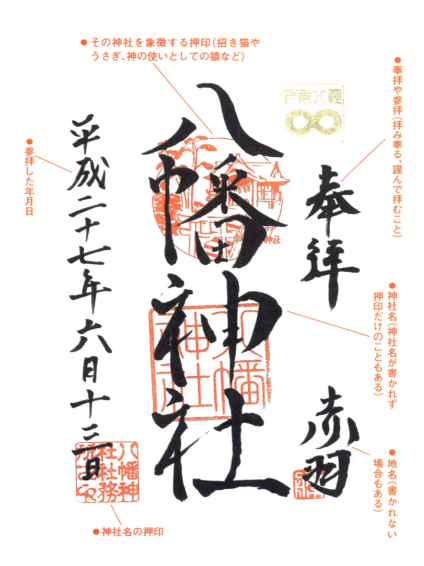

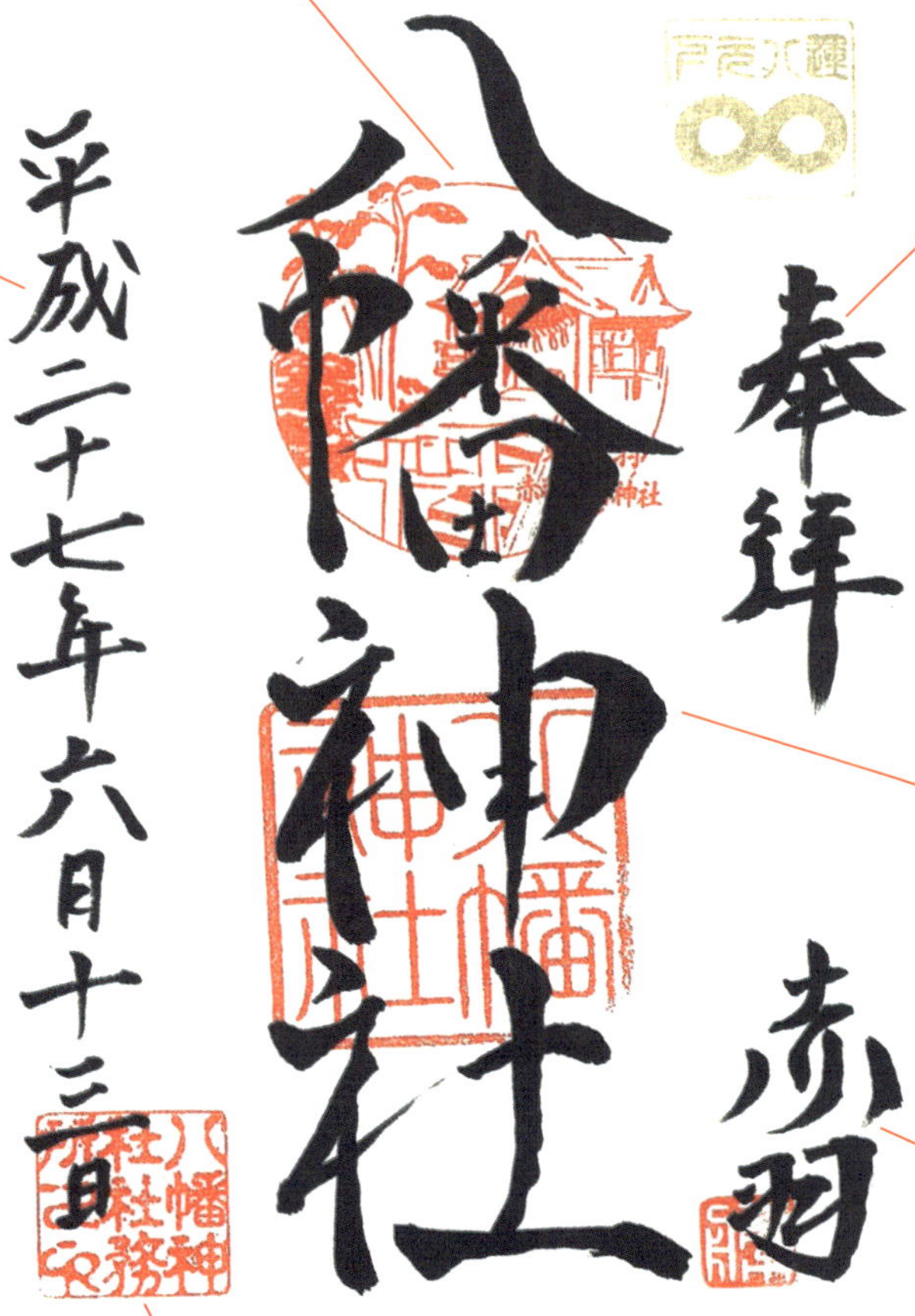

※神社によって御朱印のバリエーションは多数あります。

御朱印をいただく際のマナー

御朱印のあり方は時代に応じて変わってきましたが、変わらないこともあります。それは、御朱印はたんなる記念スタンプなどではなく、お寺の御本尊や、神社名（神様そのもの）が書かれた貴いものであるということです。

昨今の御朱印ブームについて、批判的な声が聞こえてくるのは事実です。参拝もせずに御朱印だけいただいて帰る、寺社の都合が悪いにもかかわらず、御朱印への対応を無理に要求するなど、寺社への配慮を欠いた参拝者の行動が散見されることが、その理由のようです。

しかし、御朱印は貴いものであるという基本の認識さえ間違わなければ、おのずとマナーや作法に沿った行動ができ、お寺の御本尊への崇《すう》敬《けい》の念、神社の神様への畏敬《いけい》の念も自然と湧いてくるはずです。参拝者と寺社の双方が気持ちのいい関係を築くために、参拝者は最低限、次にあげるマナーを守ってください。

❶ お寺の御本尊や神社の本殿の神様を参拝する（一般的な参拝の作法は、お寺は「合掌」。神社は「二拝二拍手一拝」）。

参拝してから御朱印をいただくことが望まし

いといえますが、参拝者が多い大きな寺社のなかには、先に御朱印帳を預けておき、参拝後に御朱印をいただく形式をとっている場合があります。

参拝する寺社のルールにあわせて御朱印をいただきましょう。

②御朱印を無理にお願いすることはやめましょう。

御朱印を受けつけている時間以外や、小さい寺社などでご住職や神主さまが忙しくされているときは、無理に御朱印をお願いすることはやめましょう。

また、いただいた御朱印がどんなものであれ、それもご縁です。ありがたくいただきましょう。

③できるだけ御朱印帳と小銭を用意しておきましょう。

御朱印は、御朱印帳以外には書いていただけない場合が多く、御朱印帳がない場合は書き置きの御朱印（あらかじめ書いて用意しておいた御朱印）をいただくことがあります。

ただ、寺社によっては書き置きの御朱印が印刷されていることもありますので、できるだけ御朱印帳を用意するようにしましょう。

また、御朱印代として三〇〇円を納めることが多いのですが、その際はできるだけ小銭を用意してください。一万円札などを出すのは（そのまま納めるなら別ですが）寺社にとって迷惑となります。

御朱印の集め方における注意点

寺社参拝や御朱印に興味をもったとしても、どこから参拝すればよいのかわからないという人は多いのではないでしょうか。

しかし、参拝の作法とは異なり、巡拝や御朱印の収集の順番に明確なルールはありません。実際には、どの寺社を参拝するか、人それぞれ自分の流儀で選んでいます。

お寺の御朱印帳の場合は、一枚目を自分の家の菩提寺《ぼだいじ》用に空けておく、神社の御朱印帳の場合は、伊勢神宮（内宮・外宮）の御朱印のために空けておくといったことが、寺社側から行われる場合もあるようです。

しかし、基本的には自分が書いてもらいたい箇所を開いて御朱印帳を差し出せば、その箇所に御朱印を書いていただけます。

自分が気になった寺社を気の向くままに参拝するのもよいでしょうし、何かテーマをもって参拝するのもよいでしょう。

テーマをもって参拝する例としては、次のようなことが考えられます。

- 特定の宗派の寺院だけを巡拝する。

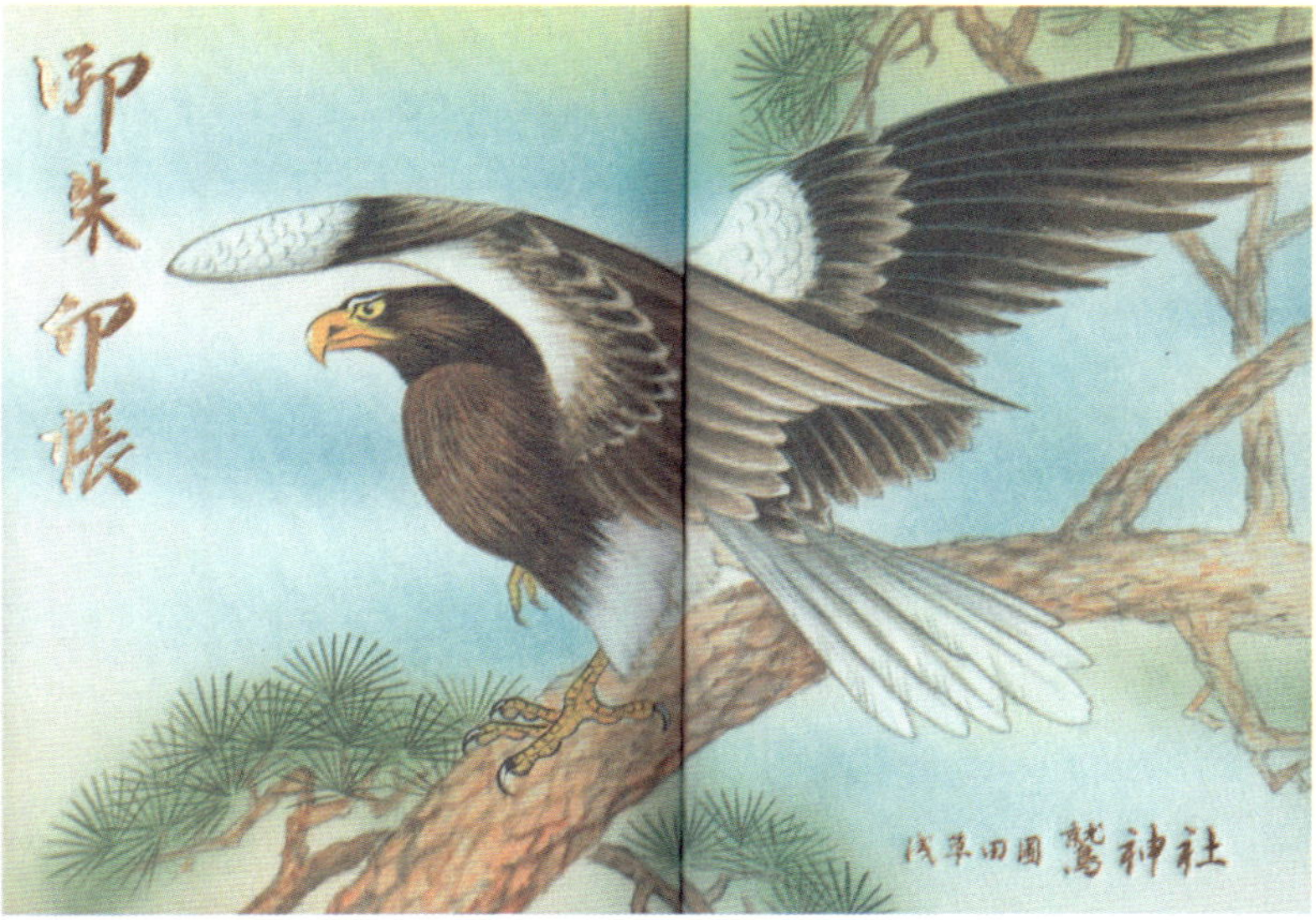

鷲神社の御朱印帳

- 一定の寺格（大本山など）以上の寺院のみを巡拝する。
- 仏教諸宗派の総本山を巡拝する。
- 霊場巡りの札所《ふだしょ》に従って巡拝する。
- 全国一之宮（各都道府県に存在するその地域でもっとも格の高いとされる神社）を巡拝する。
- 特定のエリアの寺社を巡拝する。
- 特定の人物にゆかりの寺社を巡拝する。
- 各地域の七福神を巡る。

テーマはそれこそ無限です。自分はどんなテーマで巡拝するかを決めるのも、楽しみの一つです。あまり深く考えず、気軽な気持ちで寺社参拝に出かけてみましょう。

御朱印のことがよくわかるQ&A

Q お寺と神社の違いって何？

仏教のお寺に対し、神道の神社。中世以降、神仏分離の動きは一部に見られたようですが、明治に入って明治政府が政治的理由から神仏分離令を出し、仏教と神道を明確に分けて以降、それぞれ作法も祀る対象も異なる別の宗教として現在にいたっています。

しかし、日本の歴史を見れば、仏教と神道は長いあいだ混合した一つの宗教として共存してきました。いわゆる神仏習合です。

平安時代以降、神社の境内に神宮寺《じんぐうじ》というお寺が建てられ、逆に、お寺の境内に境内社《けいだいしゃ》として神社が建てられるなど、仏教と神道は混然一体となって信仰の対象とされてきた長い歴史があります。お寺の境内に神社の鳥居が建っている場合があるのも、理由はそのためです。

Q 御朱印をいただくことができない宗派がある？

鎌倉時代に親鸞《しんらん》が開いた浄土真宗の寺院は、その宗旨から御朱印を授与していない場合がほとんどです（浄土真宗の寺院でも御朱印を授与しているお寺は一部あります）。逆にいうと、その他の仏教諸宗派（天台宗、真言宗、臨済宗、曹洞宗、黄《おう》檗《ばく》宗、浄土宗、日蓮宗など）や神道の神社では、御朱印をいただくことができます。

ただし、浄土真宗以外の寺社なら必ず御朱印をいただけるというわけではなく、人手やそのほかの事情により御朱印を授与していない場合があることに留意してください。

Q 「御首題」って何？

「南無妙法蓮華経」というお題目《だいもく》が書かれた日蓮宗寺院特有の御朱印を「御首題《ごしゅだい》」といいます。「南無」は「信仰します」「帰依《きえ》します」といった意味合いの言葉ですから、「南無妙法蓮華経」は「私は妙法蓮華経に帰依します」という意味になります。

御首題は、他宗派の御朱印と比較すると信仰の証という意味合いが強く、日蓮宗の寺院で他宗派の御朱印が混じった御朱印帳を出すと、御首題ではなく、「妙法」や、そのほかの文字の御朱印を書いていただくことが多くなります。

Q お寺と神社の御朱印は分けたほうがいい？

御朱印を収集する仕方に関する考え方は人それぞれで、これが正しいというものはありません。こだわりたい人はお寺と神社で御朱印帳を分けるもよし、一冊の御朱印帳に混在させるもよし、です。

個人的には、御朱印帳をお寺と神社で分ける必要はないと考えています。京都や鎌倉など複数の寺社を参拝する場合にも、一冊の御朱印帳を持参すればすむという実用面もありますが、なにより、仏教伝来以降の神仏習合の長い歴史を考えたとき、むしろ混在させたほうが自然であると考えるからです。

ただし、ごく一部の神社では、神社のみの御朱印を集めた御朱印帳でないと御朱印をいただくことができない場合があります。

Q 御朱印帳の裏面は使ってもいい？

御朱印帳の裏面は使用してかまいません。表裏を使用して、一冊の御朱印帳を御朱印でびっしり埋めつくす人もいますし、逆に、片面のみしか使用しないという人も多いです。

ただ、表裏を使用する場合、紙の薄い御朱印帳ですと、裏に書いていただいた御朱印が表に滲んでくる場合があります。表裏両面を使用する場合は、比較的紙が厚い御朱印帳を使用するようにしましょう。

Q 御朱印を受け取ったら、いくら納めればいい？

御朱印代は、見開きの御朱印や特別な御朱印の場合、五〇〇円や七〇〇円といった寺社もありますが、ほとんどの寺社が三〇〇円としています。また、お気持ちということで、具体的に設定していない寺社もあります。いずれにしろ、なるべく小銭で納めるようにしましょう。

Q 仏教とも神道とも違う修験道って何？

修験道《しゅげんどう》とは、日本古来の山岳信仰と外来の仏教が混淆《こんこう》した日本独特の宗教で、修験宗ということもあります。山にこもって修行をする山伏《やまぶし》や、そのイメージはよく知られていますが、山伏は修験道の修行者のことをいうのです。

修験道の開祖は奈良時代の役《えんの》小角《おづぬ》で、さまざまな伝承に彩《いろど》られた人物です。修験道の御本尊は、インドに起源をもたない日本独自の神・蔵《ざ》王権現《おうごんげん》で、奈良の金峯山寺《きんぷせんじ》が有名です。

修験道のお寺でも御朱印をいただくことは可能です。

深山幽谷にある永平寺の全景

Q 「開山」と「開基」の違いって何？

お寺の由来について書かれた説明を読んでいると、よく「開山《かいさん》」と「開基《かいき》」という言葉を目にします。両方ともお寺の創建にかかわった人物であることは理解できると思いますが、その違いは何でしょうか。

宗派によって言葉の意味の違いはあるものの、一般的には、開山はお寺を開いた初代住職のことで、開基は経済的、政治的援助によりそのお寺を創建した人物を指します。ただし、「開山」と書かれていても、名前を借りた「勧請《かんじょう》開山」という場合もあったりします。また、権力者が出家し、みずからお寺を開いた場合、開山と開基が同一人物という場合もあります。

永平寺の勅使門（唐門）

第2章

美しい御朱印セレクション

〈東日本のお寺と神社〉

中《ちゅう》尊《そん》寺《じ》

岩手県西磐井郡

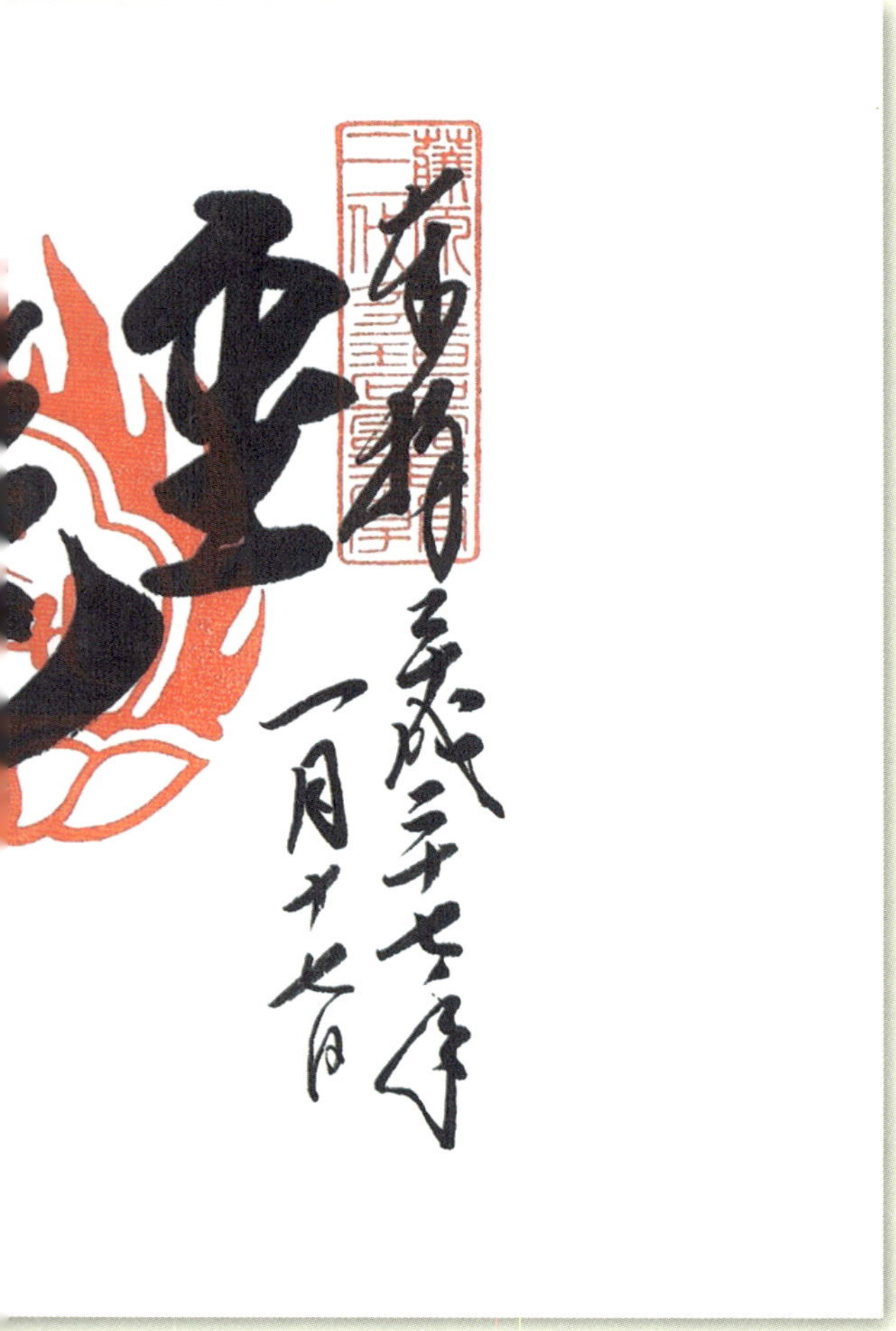

奥州藤原氏ゆかりのお寺・中尊寺でいただける「金色堂《こんじきどう》」の御朱印。この御朱印は、金

荘厳な金色堂にふさわしい、均整のとれた美しい御朱印

色堂でオリジナルの御朱印帳を新規に購入した場合のみいただける見開きの御朱印です。

　中尊寺内でも本堂やほかのお堂、ほかの寺社の御朱印帳では、見開きの御朱印はいただけないので、参拝した際は、ぜひ金色堂で御朱印帳を購入したいところです。

　内陣すべての仏像が国宝に指定されているという金色堂のお堂自体は、決して大きなものではありませんが、それゆえに、見る者に凝縮された浄土世界の印象を与えてくれます。荘厳な金色堂にふさわしい、均整のとれた非常に美しい御朱印です。

住所
〒029-4102
岩手県西磐井郡平泉町平泉衣関202

寛《かん》永《えい》寺《じ》

東京都台東区

正統派の美しい御朱印

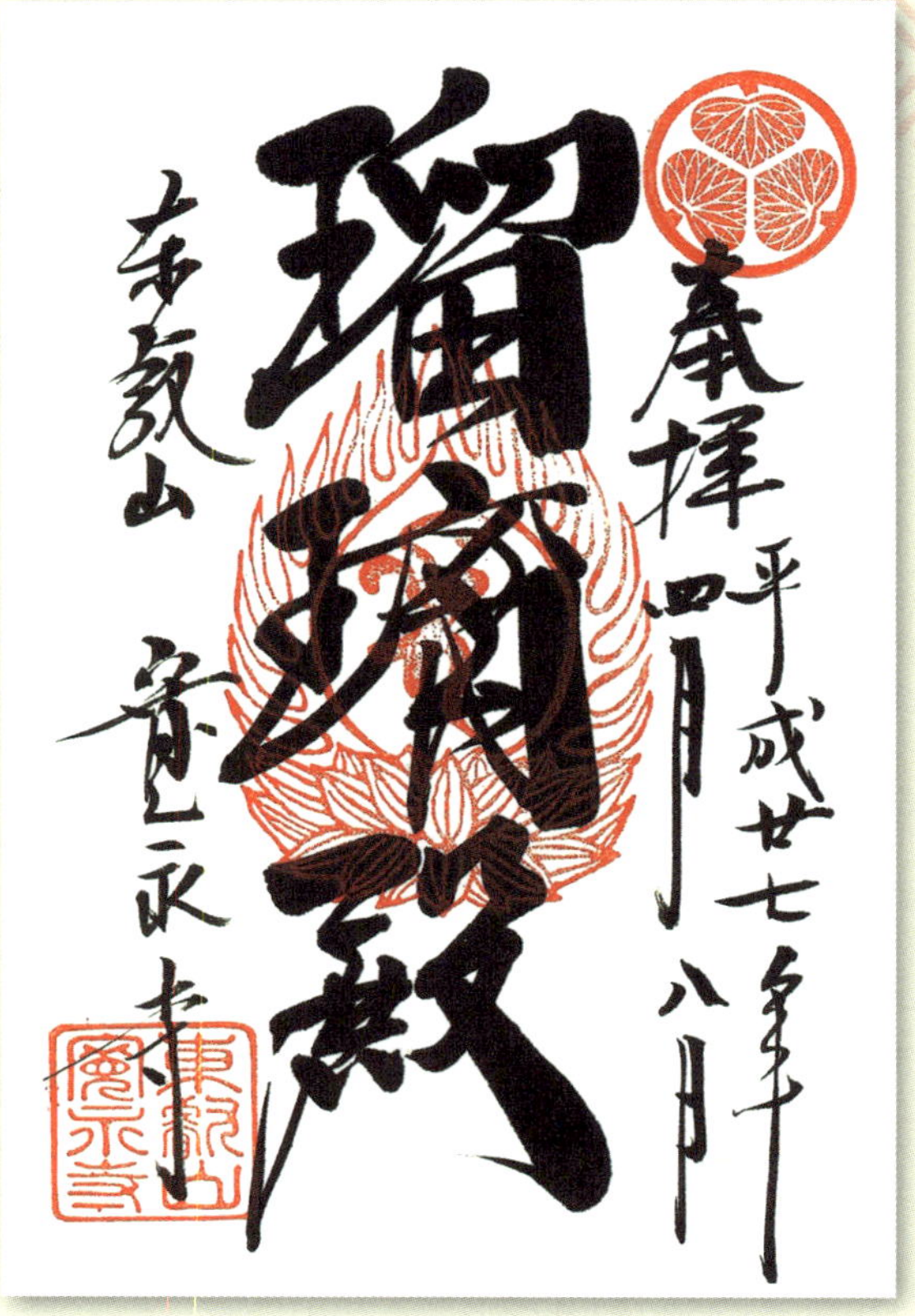

関東における天台宗の中心的寺院である寛永寺。徳川家康、秀忠、家光の帰依を受けていた天海を開山とし、三代将軍家光が開基のお寺です。

寛永寺は、「東の比叡山」という意味で、山号を「東叡山《とうえいざん》」にしたという歴史をもち、江戸時代の一時は比叡山を凌《しの》ぐほどの強大な寺勢を誇っていたといいます。

幕末の内乱や戦災などで、主要な伽《が》藍《らん》は焼失してしまい、現在は規模を大きく縮小していますが、都会のなかにありながら静かな境内で心を落ち着けることができます。

御本尊は薬師如来で、いただくことができる御朱印は「瑠璃殿《るりでん》」。正統派の美しい御朱印です。

住所
〒110-0002
東京都台東区上野桜木1-14-11

建《けん》長《ちょう》寺《じ》

神奈川県鎌倉市

これこそ、アートな御朱印!!

臨済宗建長寺派大本山・建長寺の御朱印「南無地蔵尊」。繊細で流れるような筆跡、バランス、デザインがかった配置、「これこそアート!」と感じさせてくれる御朱印です。

建長寺は鎌倉五山第一位のお寺で、古都鎌倉を代表するお寺の一つ。広大な境内は「建長寺境内」として国の史跡および名勝に指定されており、心を落ち着け、時間をかけてゆっくり散策するのにぴったりのお寺です。

また、三門(山門)、仏殿、法堂《はっとう》、唐門《からもん》など、いずれも重要文化財に指定されており、境内の各建造物も見ごたえがあります。

鎌倉にはたくさんの寺社がありますが、建長寺を訪れる場合は、目的をいくつかの寺社に絞って、ゆったり参拝、散策するのがおすすめです。

住所
〒247-8525
神奈川県鎌倉市山ノ内8

善光寺《ぜんこうじ》

長野県長野市

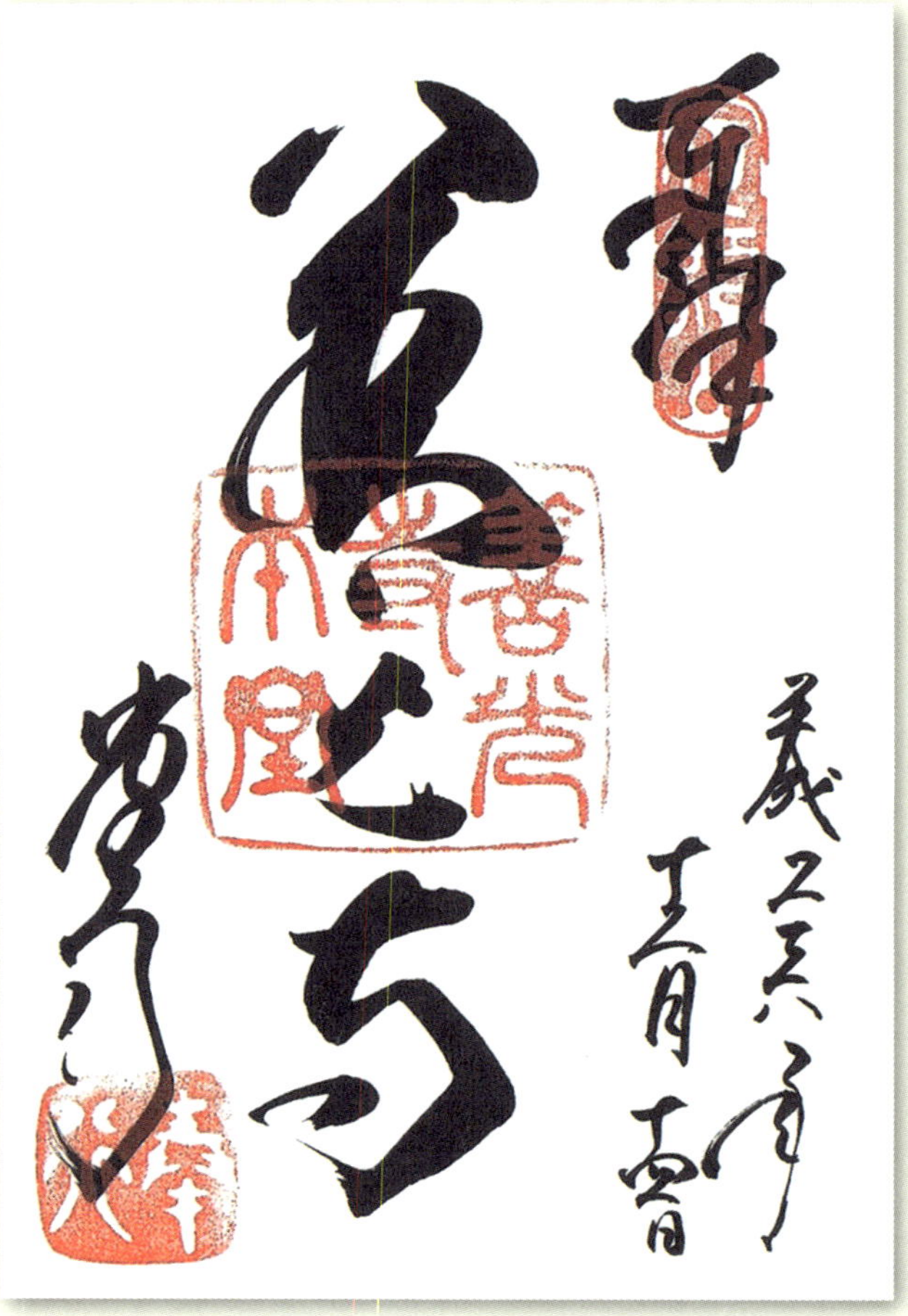

善光寺本堂の御朱印「善光寺」

「牛に引かれて善光寺参り」で有名な善光寺は、めずらしい無宗派の単立寺院です。現在のように仏教が各宗派に分かれる以前からあったことから無宗派であるとされており、宗派を問わず重要な寺院として位置づけられている稀《け》有《う》な寺院です。

日本最古の仏像とされる秘仏「一光三尊阿弥陀如来」を御本尊とし、毎年、数多くの参拝者が訪れる本堂は国宝にも指定されています。

本堂内では、真っ暗な回廊を進み、「極楽の錠前」にさわることで、その上部に位置する秘仏の御本尊と結縁《けちえん》できるという「お戒壇《かいだん》巡り」も体験できます。

御朱印の文字は、寺院にはめずらしい寺名の「善光寺」です。お寺の御朱印は神社と違い、御本尊など、寺名とは異なる墨書きが多いものですが、この御朱印からも善光寺の特殊性を感じることができます。

住所
〒380-0851
長野県長野市大字長野元善町491-イ

宗派を問わない庶民の寺 善光寺の御朱印

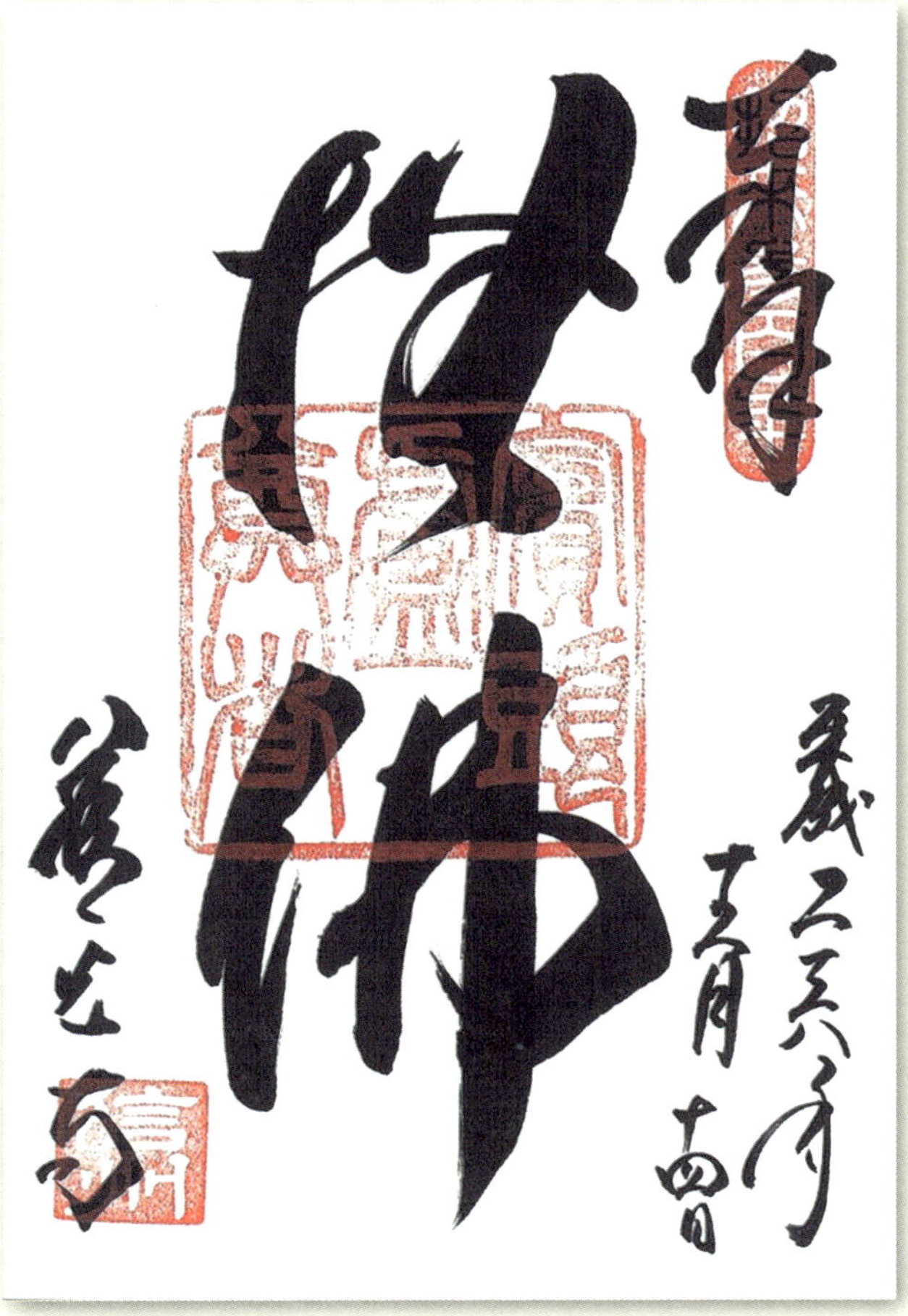

期間限定の「撫佛《なでぼとけ》」(賓頭盧尊者《びんずるそんじゃ》)の御朱印

一心寺《いっしんじ》

東京都品川区

「心」と大書された印象的な御朱印

一心寺は、幕末の大老・井伊《いい》直弼《なおすけ》が開基の真言宗智山《ちさん》派の寺院です。御本尊は不動明王で、品川のお不動様として親しまれてきた歴史をもち、小規模な境内ながらも、聖観音《しょうかんのん》菩薩像（江戸三十三観音霊場三十番札所）や寿老人《じゅろうじん》（東海七福神）が安置されています。延命や商売繁盛に御利益《ごりやく》があるとして、地域の信仰を集めてきました。

御朱印は「心」と大きく書かれた印象的なものです。この特徴的な御朱印を求めて、関西や東北など遠方から参拝に来られる方も多いとか。

旧東海道品川宿にあり、近くには東京十社の一つである品川神社など複数の寺社があるので、時間に余裕をもっての参拝がおすすめです。

住所
〒140-0001
東京都品川区北品川2-4-18

正《しょう》宝《ぼう》院《いん》

東京都台東区

躍動感あふれる「飛不動」の御朱印

正宝院は、戦国時代に開かれた天台宗系の単立寺院です。

開山の由来から、古くより旅人の守り本尊として、旅先まで飛んできて守る「空飛ぶお不動様」、厄災を吹き飛ばす「厄飛ばしのお不動様」と信仰されてきました。

現在では、航空技術の発達と空飛ぶお不動様が結びつき、航空安全、旅行の道中安全など、飛行機を利用する人が参拝することが多いそうです。

また、空飛ぶお不動様は決して「落ちない」ことから、受験の合格祈願で訪れる人もいるとか。

御朱印も飛《とび》不動尊にふさわしい躍動感あふれるものとなっており、いかにも御利益がありそうな感じがします。

住所
〒110-0012
東京都台東区竜泉3-11-11

経《きょう》王《おう》寺《じ》

東京都新宿区

御朱印帳からはみださんばかりの福々しい「大黒天」の御朱印

東京・新宿区の大通り沿いにある日蓮宗・経王寺。日蓮宗の聖地である身《み》延山《のぶさん》久《く》遠《おん》寺《じ》（山梨県）から移されてきたという「開運・大黒天像」が有名なお寺です。

たび重なる火災にあった歴史をもつ経王寺ですが、この大黒天像は焼失を免れてきたことから「火伏《ひぶ》せの大黒天」とあがめられ、江戸時代の庶民の信仰を集めることになったといいます。

経王寺では、御朱印帳からはみださんばかりの、とにかく太い筆跡で、福々しい「大黒天」の御朱印をいただくことができます。

思いがけず、こんな素敵な御朱印に出合えることが、寺社参拝の醍醐味の一つでもあります。

住所
〒162-0053
東京都新宿区原町1-14

円応寺《えんのうじ》

神奈川県鎌倉市

閻魔王のイメージそのままの剛毅な御朱印

閻魔《えんま》王を御本尊とし、冥界《めいかい》において亡者《もうじゃ》の裁きを行う「十王」を祀っているのが臨済宗建長寺派寺院・円応寺。

伝承では運慶作と伝わり、国の重要文化財にも指定されている木造の閻魔王坐像は、顔が笑っているようにも見えるため「笑い閻魔」とも呼ばれるのだとか。

円応寺は「十王堂」ともいわれ、畏怖を感じさせるとともに、どこかユーモラスな閻魔王を中心として、小さなお堂にずらっと並ぶ十王像は見ごたえ十分です。

建長寺のすぐ近くにある比較的小さなお寺ですが、御朱印は豪快そのもの。「十王」の文字が太く力強く、閻魔王ほか十王のイメージそのままの剛毅な御朱印となっています。

住所
〒247-0062
神奈川県鎌倉市山ノ内1543

良《りょう》観《かん》寺《じ》

東京都葛飾区

大きく太っ腹な「財福」の御朱印

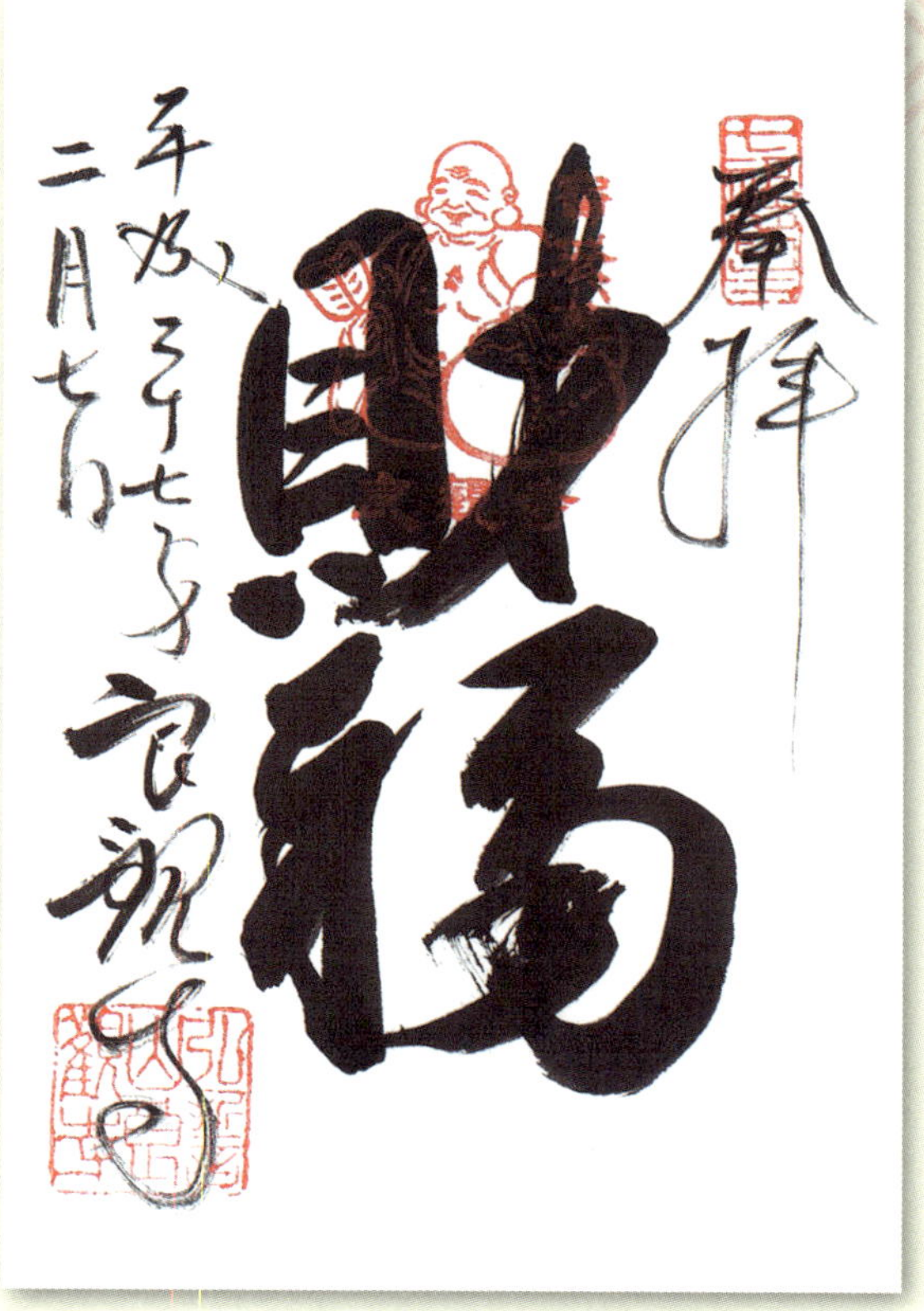

東京都葛飾区の柴又七福神のうちの宝袋尊《ほていそん》を祀る真言宗豊山《ぶざん》派・良観寺（良観寺では布袋尊を宝袋尊と表している）。良観寺の本堂手前には、いかにも御利益がありそうな大きな宝袋尊像が置かれており、笑顔で参詣者を迎えてくれます。

宝袋尊像の大きなお腹に両手を当てて、願い事を一心に念じながら三度、右回りにお腹をなでると、願いをやりぬく強い力を授かれるのだとか。

御朱印も、宝袋尊像同様に大きく太っ腹な「財福」の文字。見ているだけで福を分けていただけそうな御朱印です。

「柴又七福神めぐり」は昭和初期に始まったもので、比較的新しい七福神巡りですが、柴又帝釈天（題経寺）などの有名寺院も含まれており、また独特の御朱印が多いのでおすすめです。

住所
〒125-0052
東京都葛飾区柴又3-33-13

能《のう》成《じょう》寺《じ》

山梨県甲府市

円相が描かれた禅寺ならではの御朱印

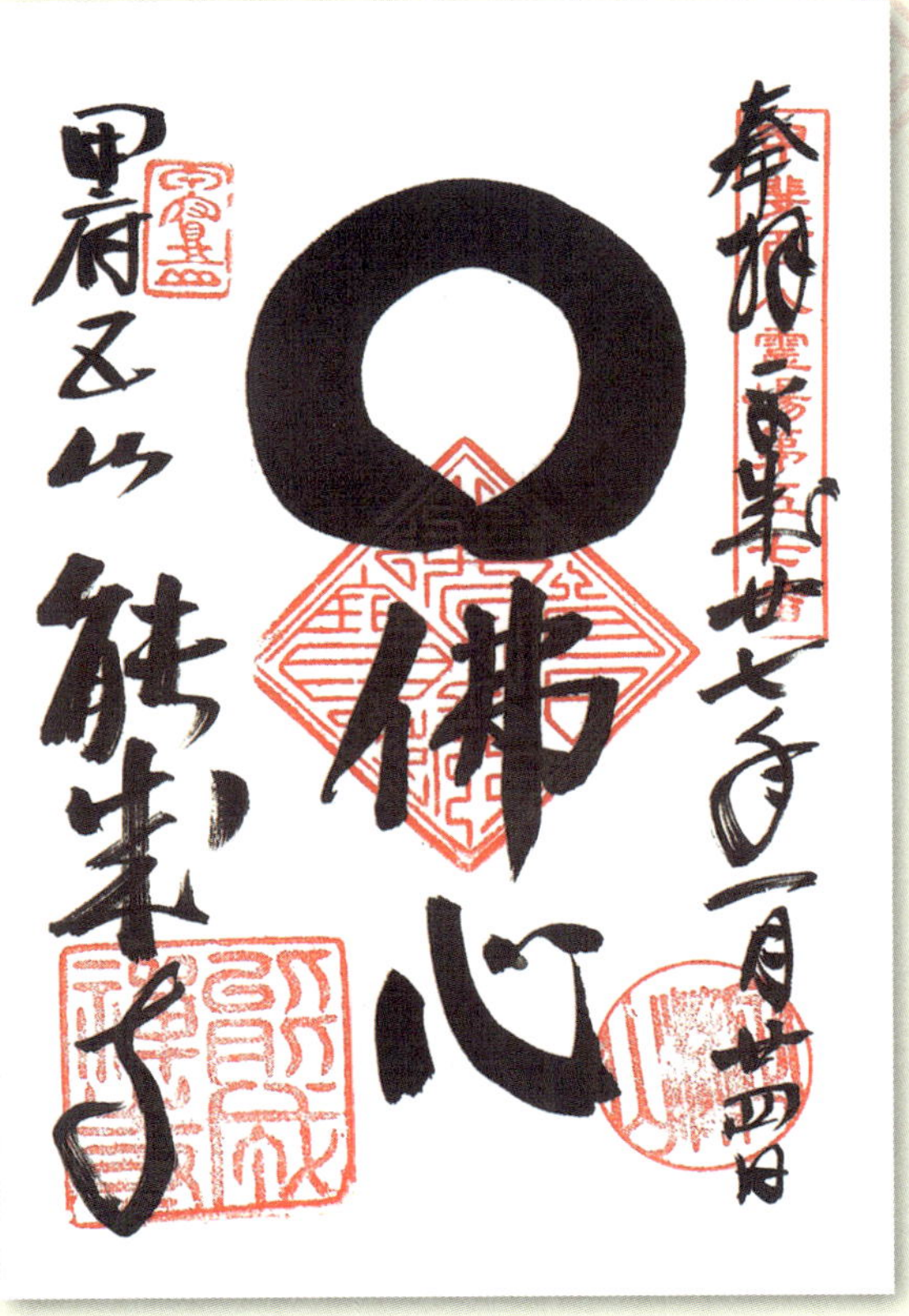

能成寺は、山梨県甲府市にある臨済宗妙心寺派のお寺で、「甲府五山」の一つです。

甲府五山とは、臨済宗の寺院の寺格制度である「京都五山」「鎌倉五山」にならい、臨済宗に帰依していた武田信玄が甲斐《かい》国府中（現在の甲府市）に定めたもの。

武田信玄の父である信虎の曽祖父・武田信守《のぶもり》の菩提寺でもあり、武田信玄が甲府城築城の際に現在地に移転したという、武田信玄と非常にゆかりの深いお寺です。

円相（丸を一筆で書いたもので、悟りや仏性などを円形で象徴的に描いたもの）が書かれているめずらしい御朱印で、禅宗のお寺ならではのものといえます。

住所
〒400-0808
山梨県甲府市東光寺町2153

身《み》延《のぶ》山《さん》久《く》遠《おん》寺《じ》

山梨県南巨摩郡

日蓮宗最高の聖地
身延山久遠寺の御首題

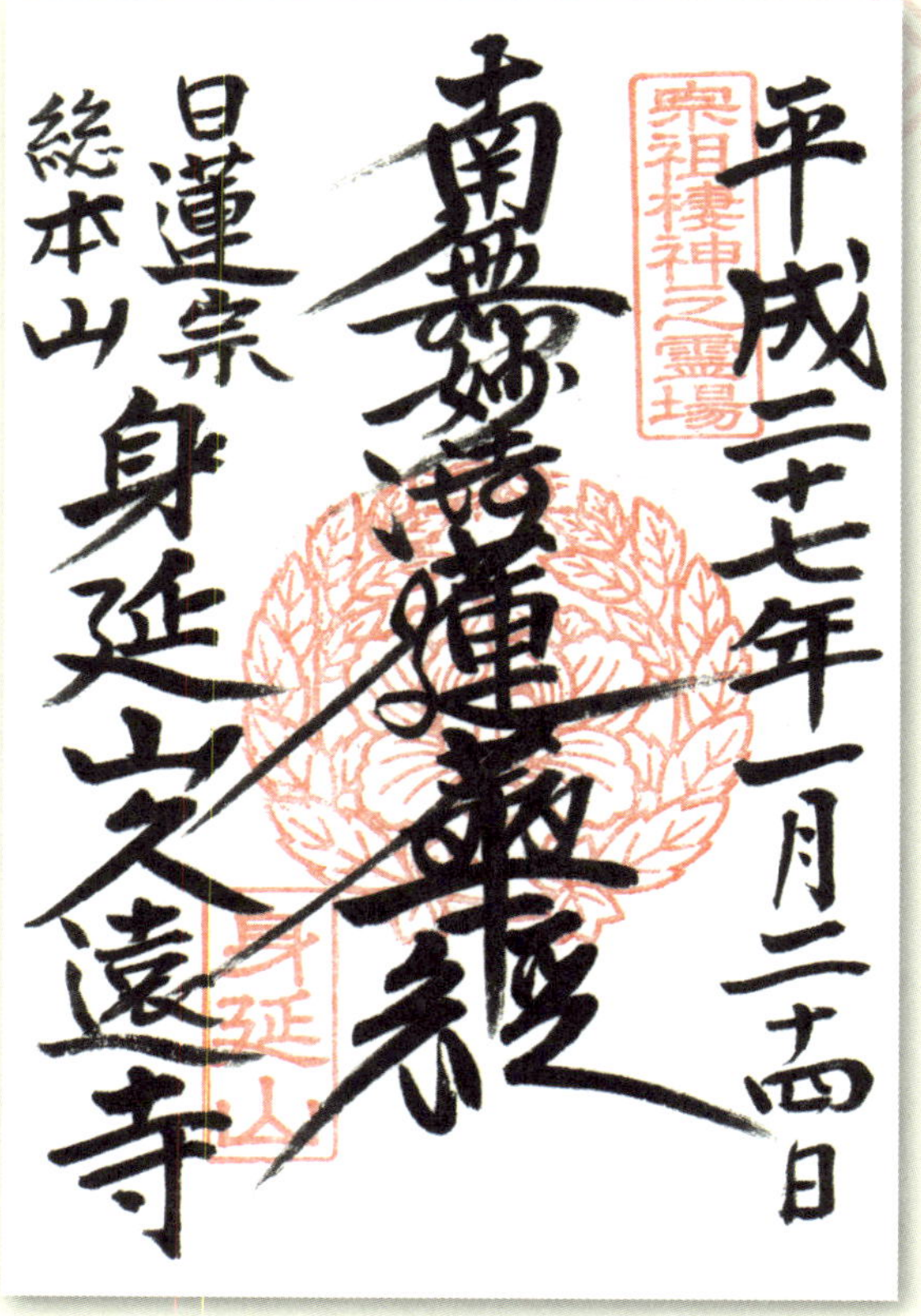

日蓮宗総本山（日蓮宗では祖山という）の身延山久遠寺は、日蓮上人《しょうにん》が晩年の九年間を過ごし、遺言により遺骨も安置されている日蓮宗最高の聖地です。

身延山は、都会のにぎわいから離れた場所にあり、いまなお観光地化されることなく、信仰の山としての雰囲気が強く残っている場所です。

巨大な三門の奥にある菩提梯《ぼだいてい》は、二八七段の急勾配の石段で、上りきると涅槃《ねはん》（悟り）に達することができるという階段です。大木に囲まれながら額に汗してなんとか上りきると、不思議と清浄な気分になります。

掲載したのは、お題目ともいわれる「南無妙法蓮華経」の御首題です。御朱印か御首題のいずれかをいただくことができます。

住所
〒409-2593
山梨県南巨摩郡身延町身延3567

清《せい》澄《ちょう》寺《じ》

千葉県鴨川市

日蓮上人が立教開宗を宣言した清澄寺の御首題

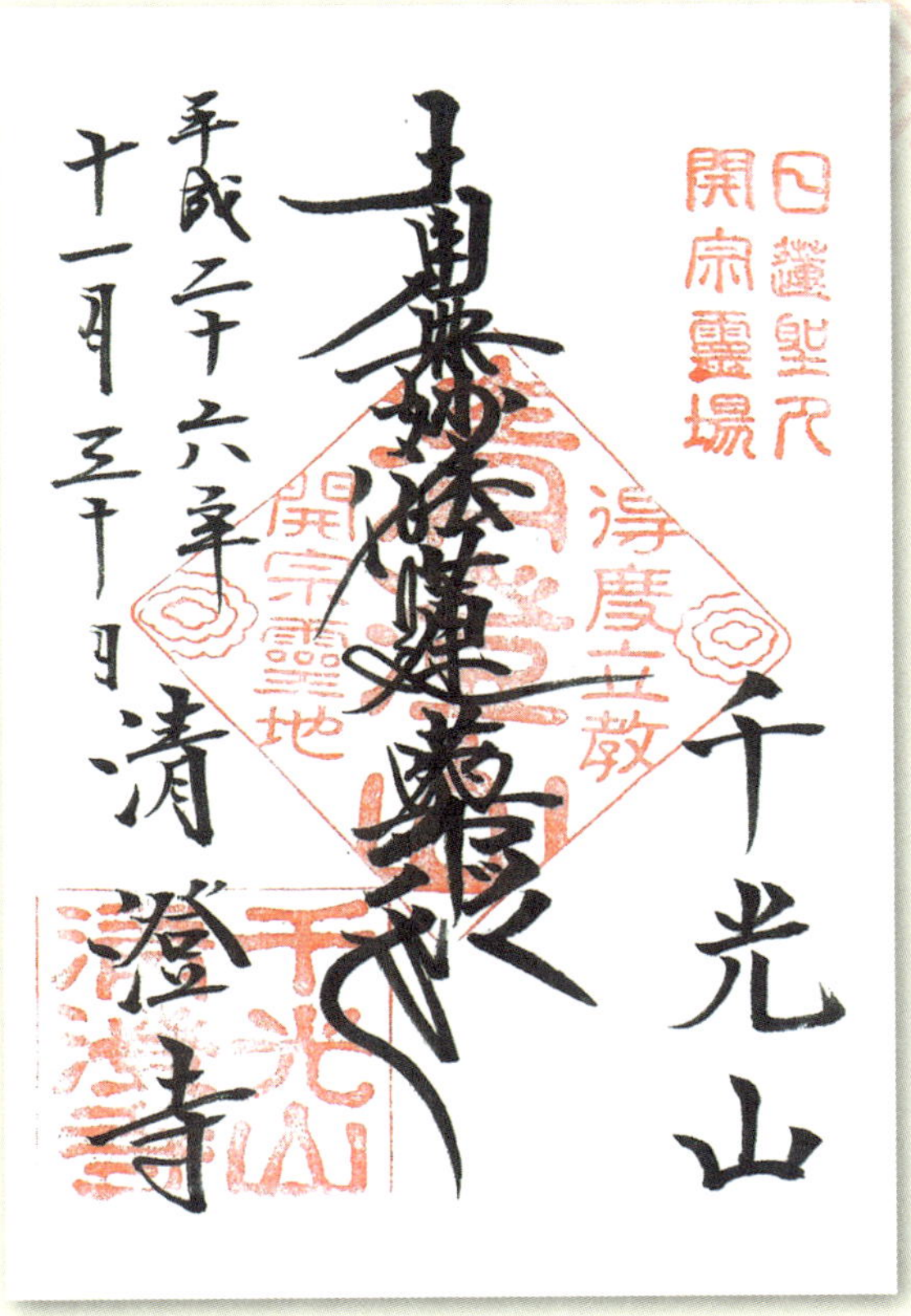

日蓮宗大本山・清澄寺は、日蓮上人が出家得度および日蓮宗の立教開宗を宣言したお寺で、日蓮宗四霊場（ほかに久遠寺、池上本門寺、誕生寺）の一つに数えられています。

虚空蔵《こくうぞう》菩薩の仏像を祀ったのが始まりで、その後、天台宗、真言宗智山派寺院と変遷を重ね、昭和に入って日蓮宗に改宗したという歴史をもちます。

日蓮上人は、安房《あわ》国（現在の千葉県）の海辺近くの漁師の子として生まれたことから、周辺には誕生寺（日蓮上人が誕生した場所に建つお寺）や鏡忍寺《きょうにんじ》（小松原法難の地）など、日蓮上人とゆかりの深い寺院が点在しています。

掲載したのは、「南無妙法蓮華経」の美しい御首題です。何度も眺めたくなる美しいお題目です。

住所
〒299-5505
千葉県鴨川市清澄322-1

常栄寺《じょうえいじ》（ぼたもち寺《でら》）

神奈川県鎌倉市

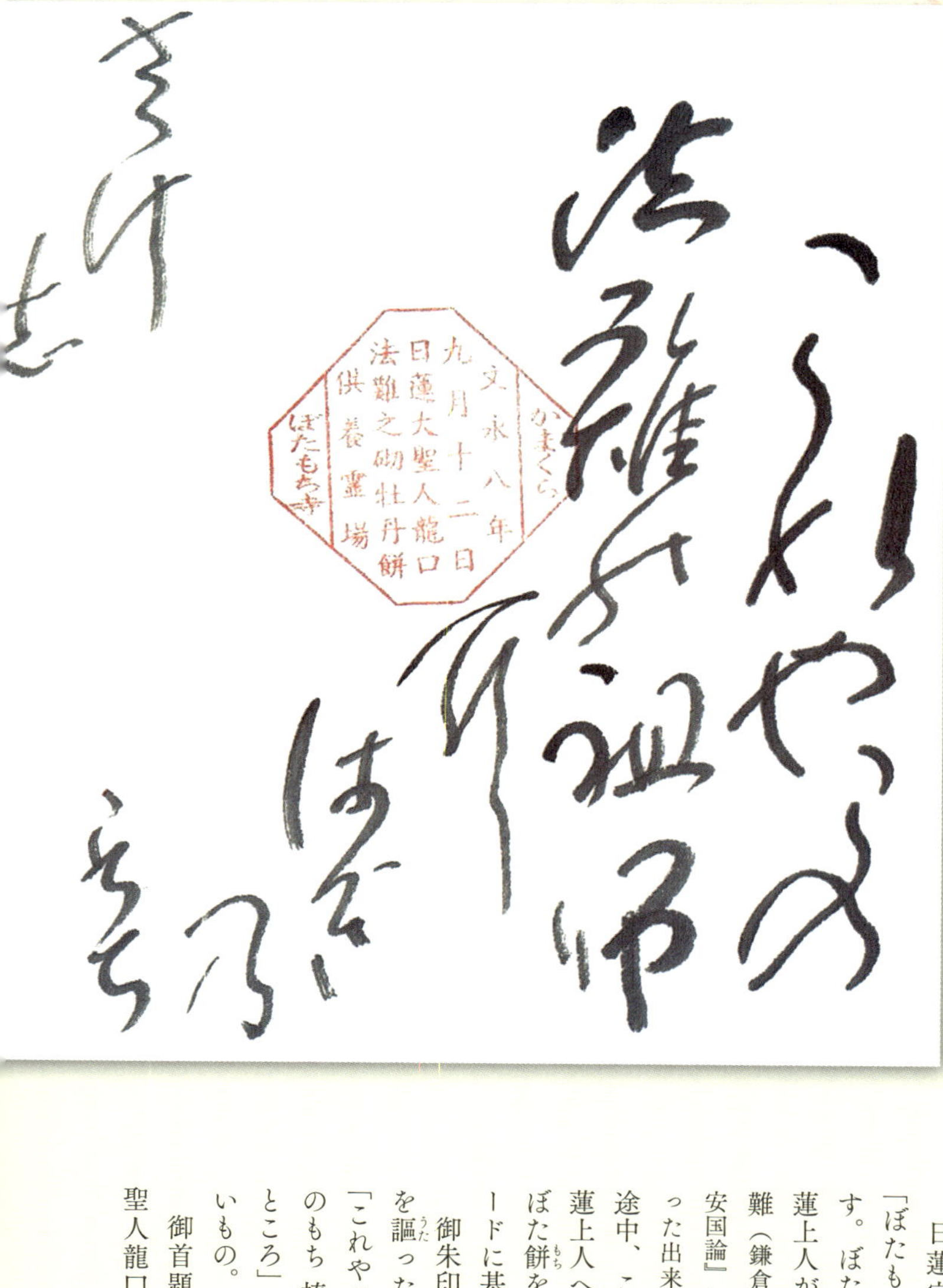

日蓮宗・常栄寺は、別名「ぼたもち寺」として有名です。ぼたもち寺の由来は、日蓮上人が、いわゆる龍ノ口法難（鎌倉幕府へ提出した『立正安国論』により処刑されそうになった出来事）で刑場に向かう途中、この地に住んでいた日蓮上人への信心が篤《あつ》い老尼がぼた餅《もち》を捧げたというエピソードに基づいています。

御朱印は、そのエピソードを謳《うた》った見開きの御朱印で、「これやこの 法難の祖師に萩のもち 捧げし尼が すみにしところ」と書かれためずらしいもの。

御首題の場合も、「日蓮大聖人龍口法難の砌《みぎり》」「ぼた餅

ぼたもち寺のエピソードが書かれた見開き御朱印

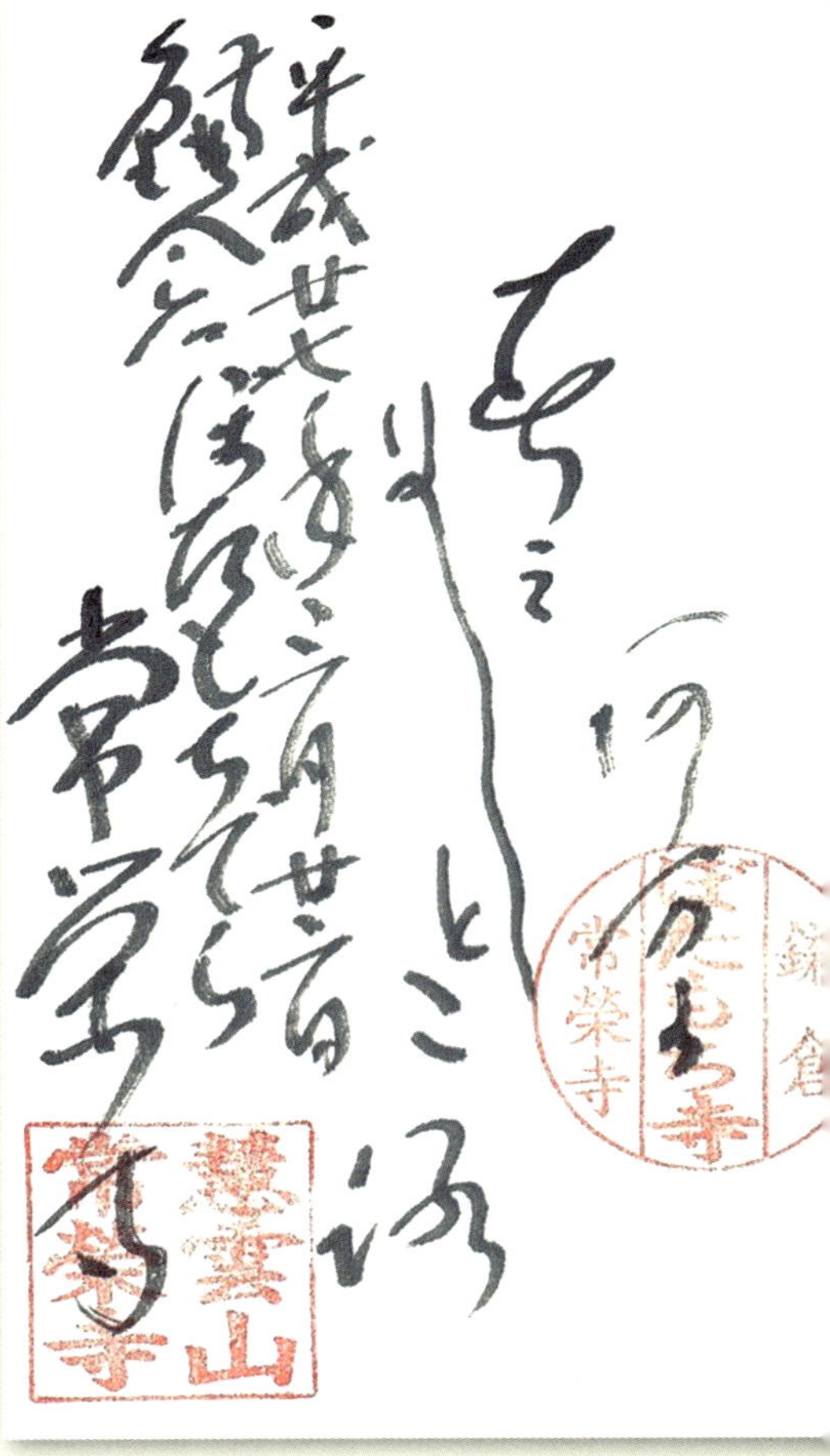

常栄寺の御首題

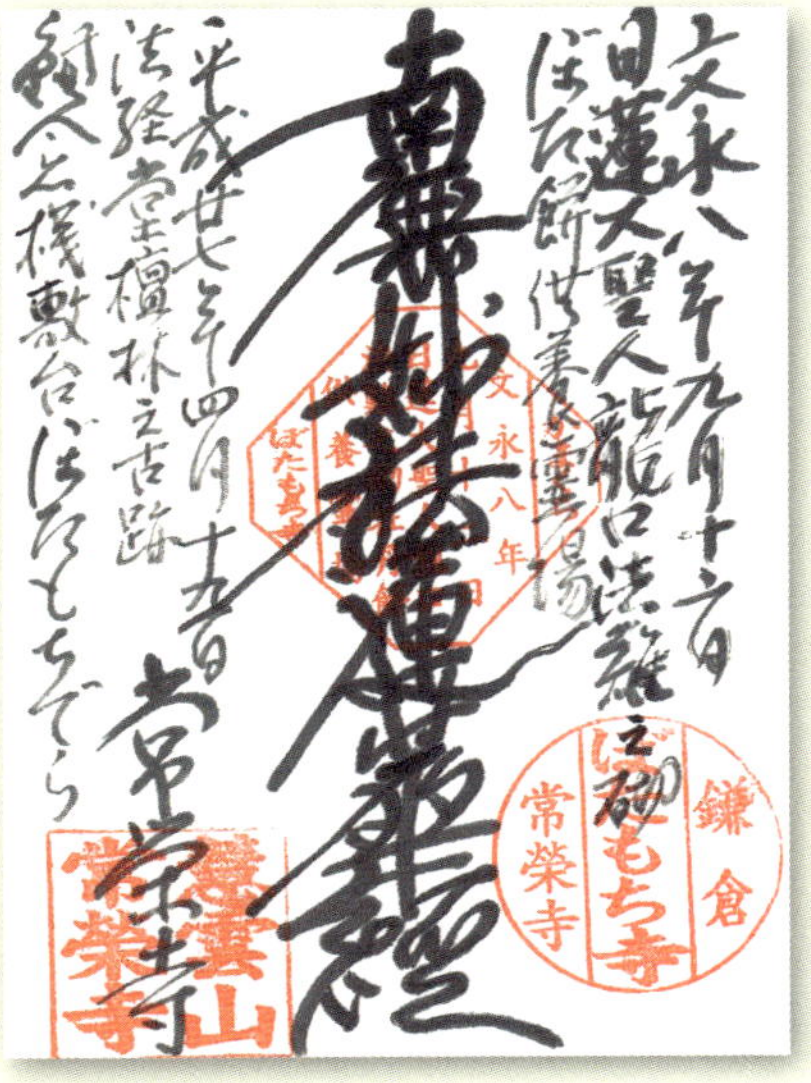

供養霊場」など、文字をびっしり書き込んでいただけます。なお、御首題は信仰の証の意味合いが強いものなので、御朱印と同時にいただくことはできません。

住所
〒248-0007
神奈川県鎌倉市大町1-12-11

題《だい》経《きょう》寺《じ》（柴《しば》又《また》帝《たい》釈《しゃく》天《てん》）

東京都葛飾区

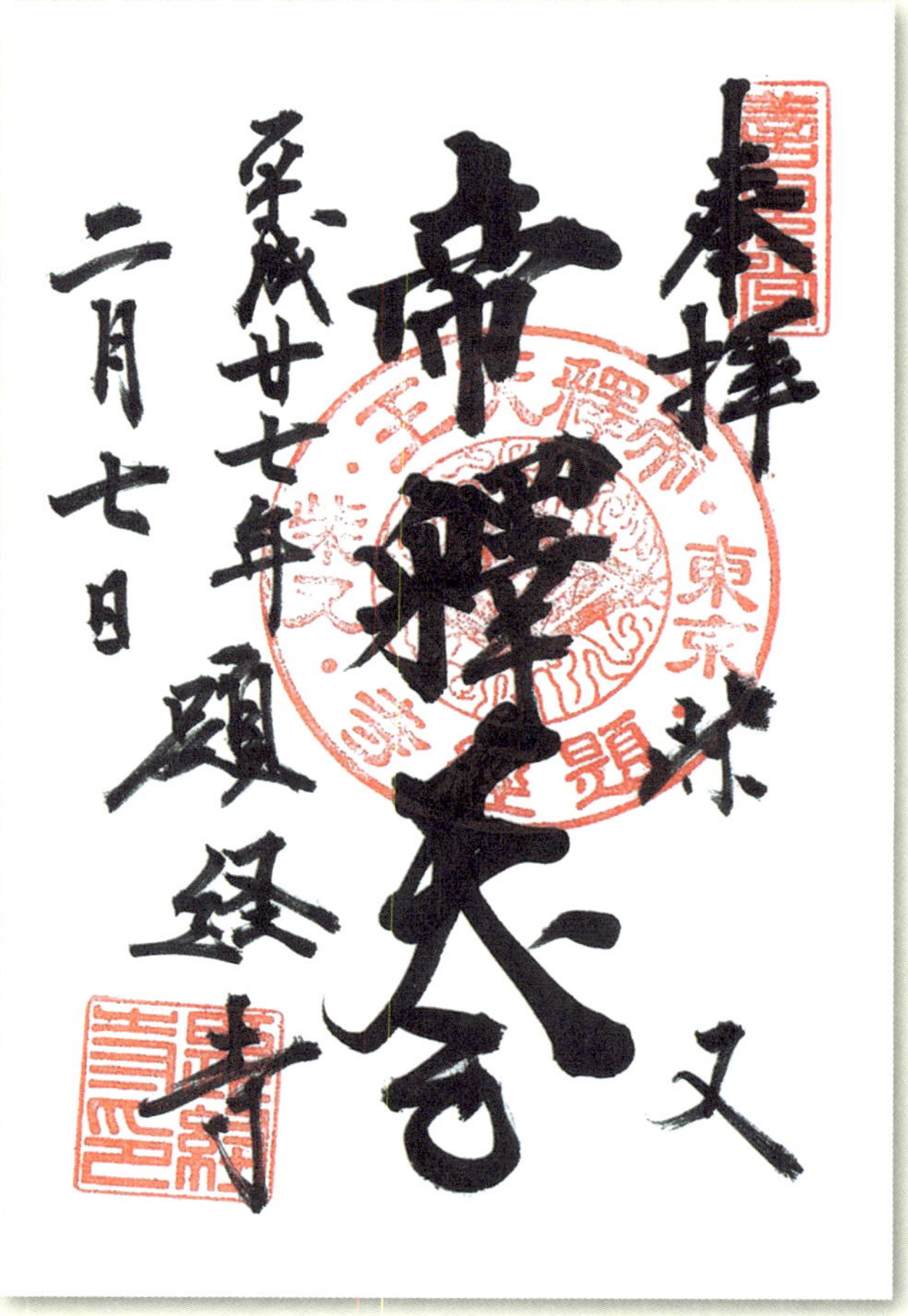

「帝釋天」の御朱印

映画『男はつらいよ』や夏目漱石の『彼岸過迄《ひがんすぎまで》』などでお馴染みの「柴又帝釈天」こと日蓮宗・題経寺。

題経寺は彫刻の寺としても知られ、お堂の随所に精巧な装飾彫刻を見ることができます。なかでも、帝釈堂内殿の外部に施された法華経《ほけきょう》説話の浮き彫りは必見。これらは彫刻ギャラリーとして見学者用の通路が設けられ、一般公開されています。

また、参道には団子屋さんなどのお店が連なり、毎日多くの人でにぎわっています。いただくことができる御朱印は、「帝釋天《たいしやくてん》」と柴又七福神の一つ「毘沙門天《びしやもんてん》」。帝釈天のイメージどおりの達筆で男性的な御朱印は、何度見ても飽きません。

住所 〒125-0052 東京都葛飾区柴又7-10-3

映画や文芸作品でお馴染みの題経寺の御朱印

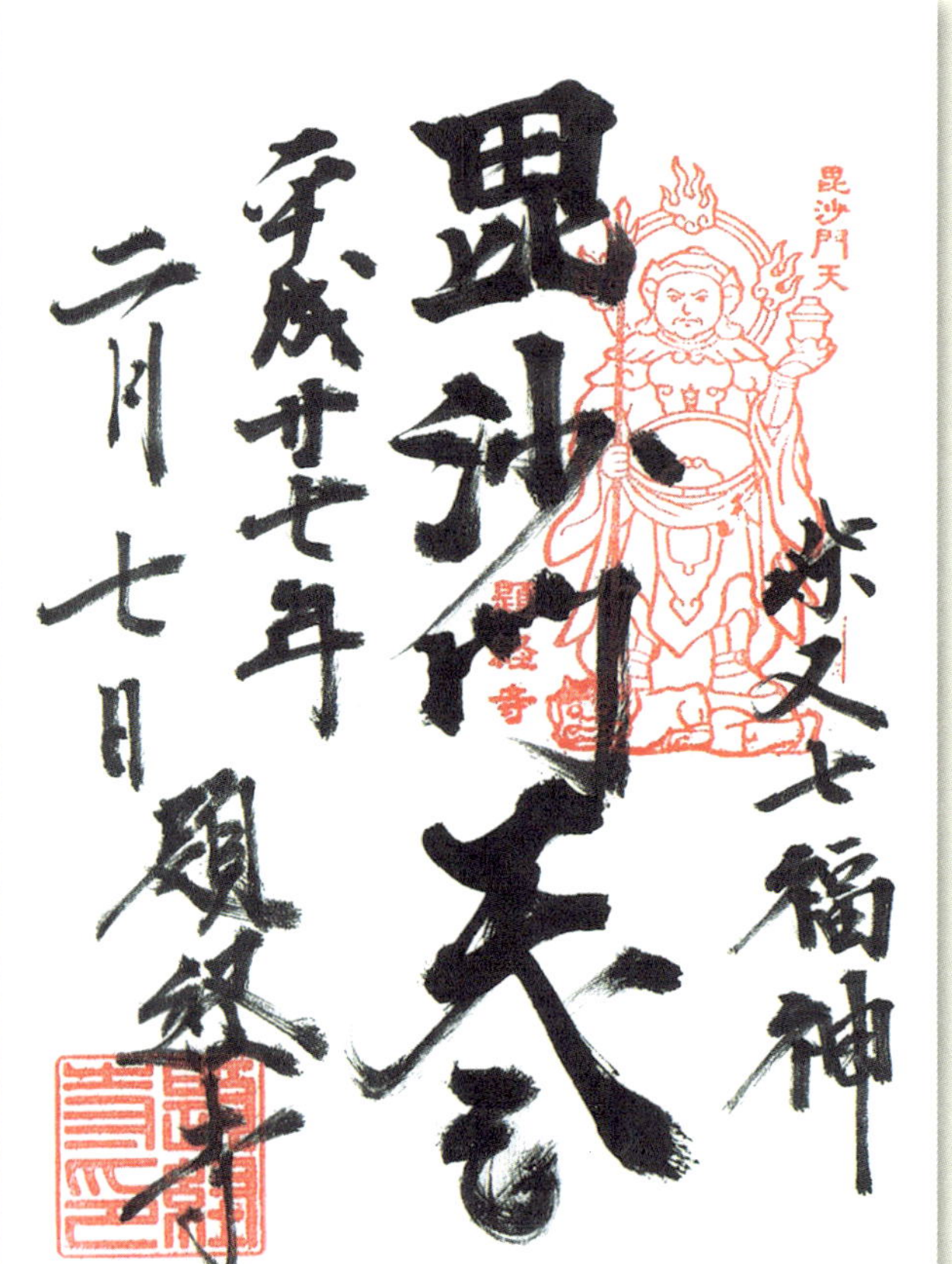

柴又七福神「毘沙門天」の御朱印

本覚寺《ほんがくじ》

神奈川県鎌倉市

日蓮上人の遺骨が分骨された東身延こと本覚寺の御首題

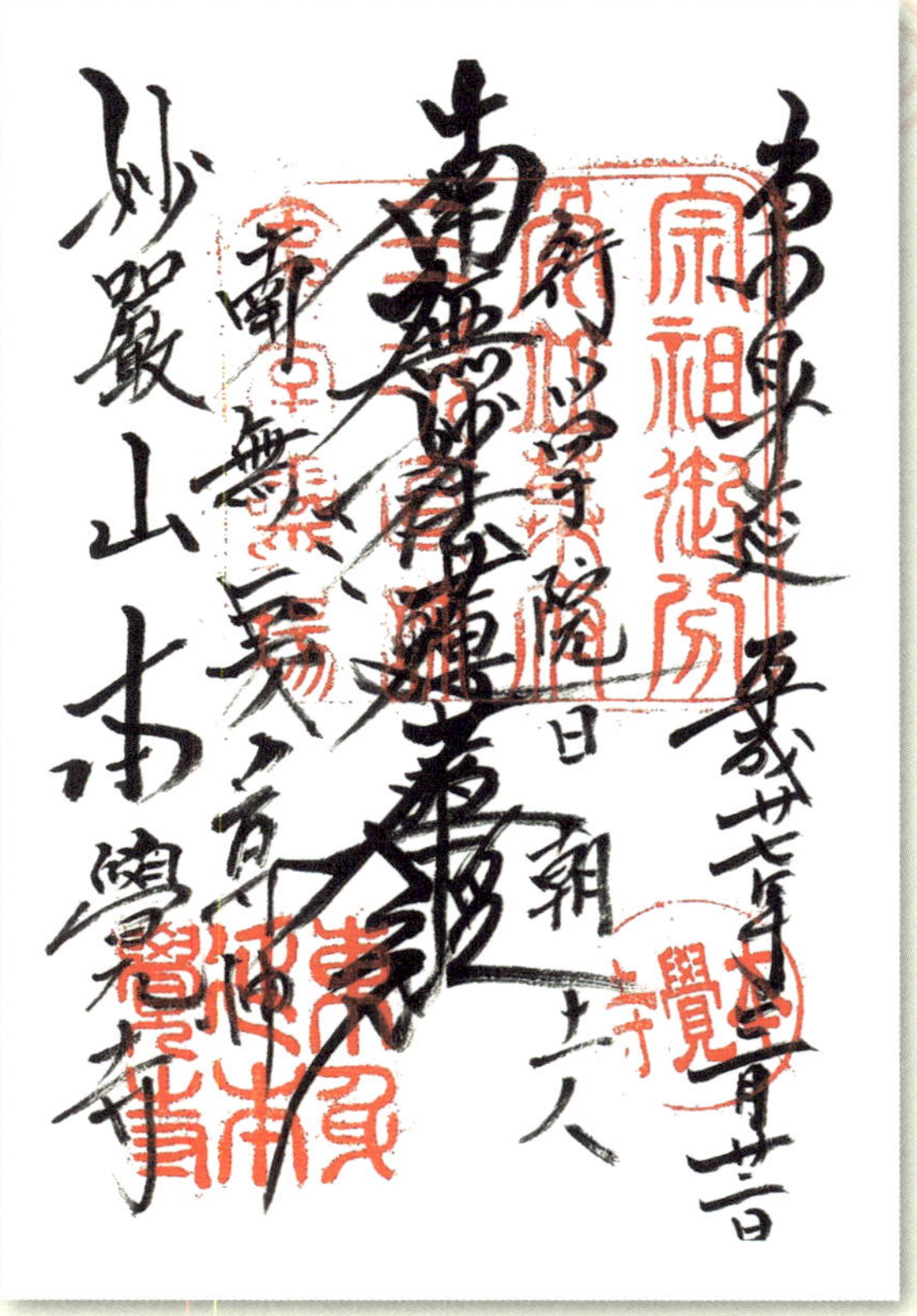

鎌倉には日蓮上人ゆかりの日蓮宗寺院が多数存在しますが、本覚寺もその一つです。現在の本覚寺の山門の前に、源頼朝が建てた夷《えびす》堂と呼ばれるお堂があり、佐渡配流を解かれた日蓮上人が一時、この夷堂を教化の拠点としていたといいます。その後、夷堂のあった場所に日出《にっしゅつ》上人を開山として建てられたのが始まりです。

本覚寺は、日蓮宗の総本山（祖山）である身延山への参詣が困難な人のために、身延山久遠寺から日蓮上人の遺骨が分骨されたため「東身延」とも呼ばれ、日蓮宗の本山（由緒寺院）の一つとなっています。

鎌倉江の島七福神の一つで、豪快な「夷神」の御朱印が授与されています。また、日蓮宗檀信徒は「南無妙法蓮華経」の御首題をいただくことができます。

住所
〒248-0006
神奈川県鎌倉市小町1-12-12

龍口寺《りゅうこうじ》

神奈川県藤沢市

龍ノ口法難の地に建つ霊跡の御首題

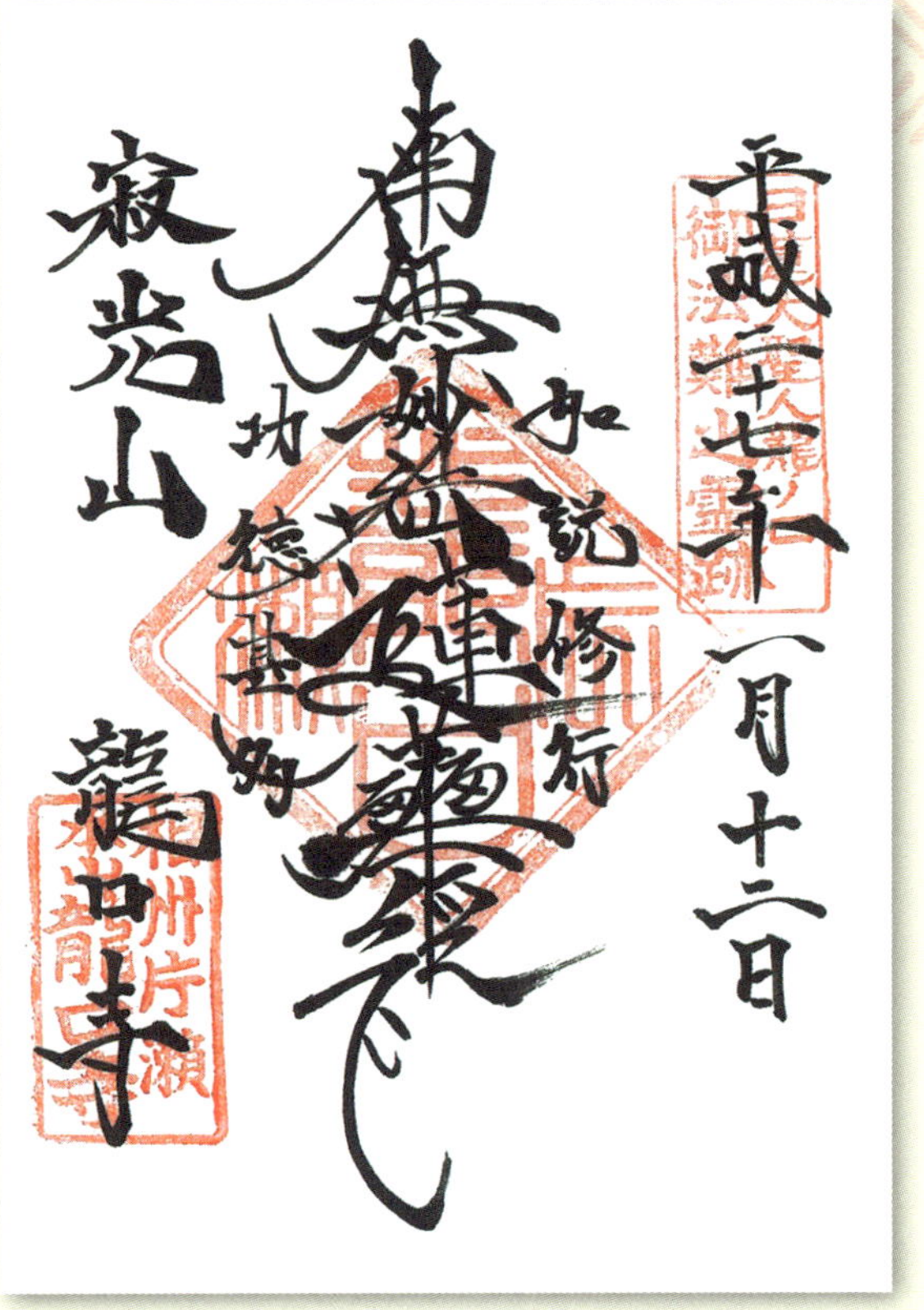

湘南海岸の近くに建つ日蓮宗本山・龍口寺。「龍ノ口法難」と呼ばれ、日蓮上人が処刑されそうになった鎌倉時代の処刑場跡に建つ日蓮宗の霊跡です。境内には、日蓮上人が入れられていたという御霊窟があり、中には日蓮像が安置されています。

土牢から引き出された日蓮上人が、あわや斬首《ざんしゅ》になるとき、「江ノ島の方より満月のような光ものが飛び来たって首斬り役人の目がくらみ、畏《おそ》れおののき倒れ」斬首の刑は中止になったといいます。

龍口寺では、毎年九月、龍ノ口法難を記念して法要が営まれ、参拝者には「難除けの牡丹《ぼた》餅」が振るまわれるそうです。

掲載したのは、ユニークな文字の「南無妙法蓮華経」の御首題です。

住所
〒251-0032
神奈川県藤沢市片瀬3-13-37

安国論寺《あんこくろんじ》

神奈川県鎌倉市

御朱印帳一面に描かれた豪快な「妙法」の御朱印

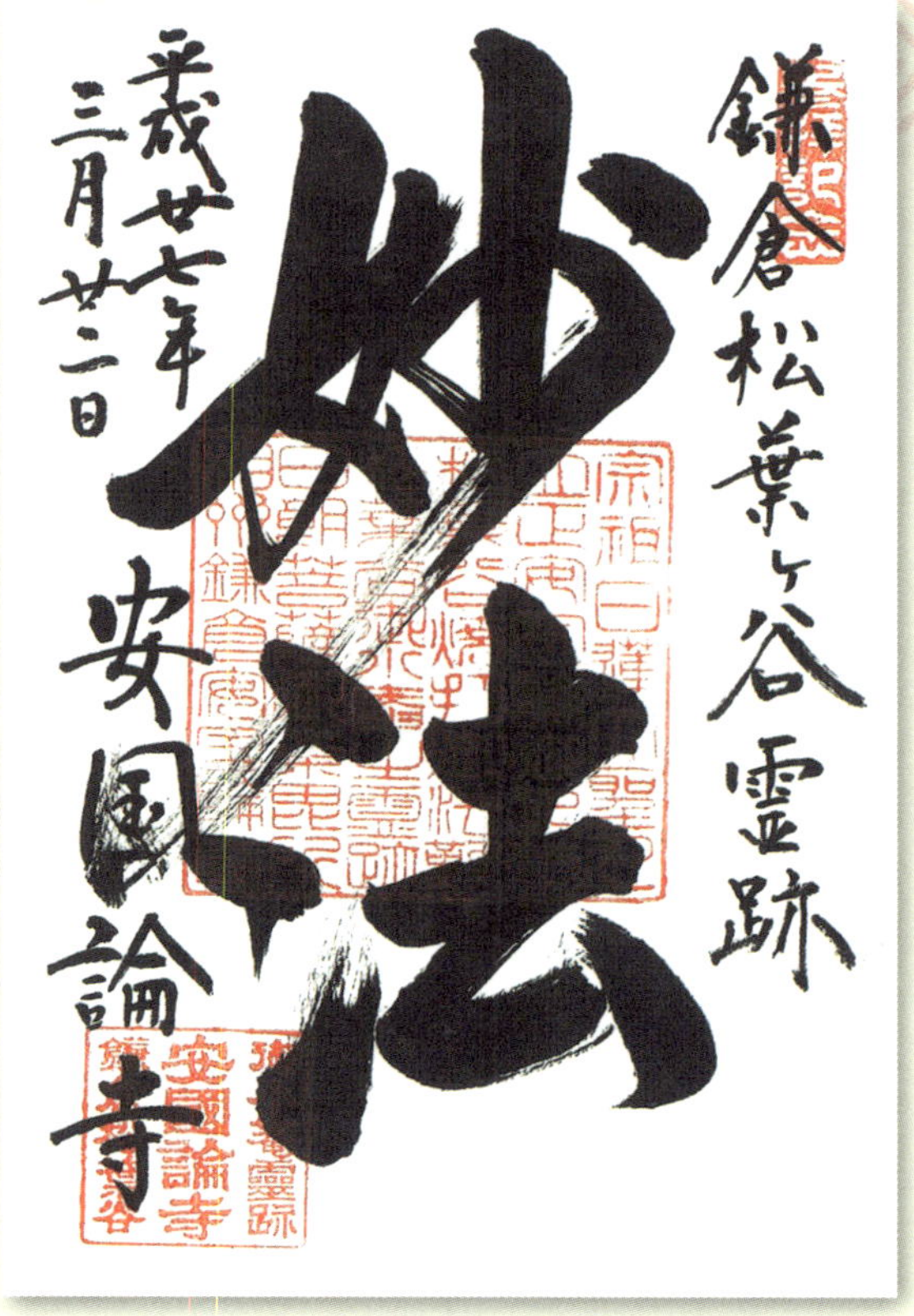

日蓮上人が安房国から鎌倉に入った際に最初に草庵《そうあん》を結んだとされる場所（松葉ケ谷草庵跡）に建つ日蓮宗・安国論寺。

得宗《とくそう》・北条時頼に建白した『立正安国論』を書いた場所という法窟も境内にあり、日蓮上人とゆかりの深い歴史あるお寺です。

境内の奥には、日蓮上人が毎日、法華経を唱えたと伝わる「富士見台」があり、天気のよい日は富士山を遠くに、鎌倉市街の景色を堪能することができます。

御朱印は、御朱印帳一面に描かれた達筆、豪快な「妙法」。他宗派の御朱印が交ざった御朱印帳を出すといただくことができます。

住所
〒248-0007
神奈川県鎌倉市大町4-4-18

浅《せん》草《そう》寺《じ》

東京都台東区

都内最古のお寺・浅草寺でいただく「聖観世音」の御朱印

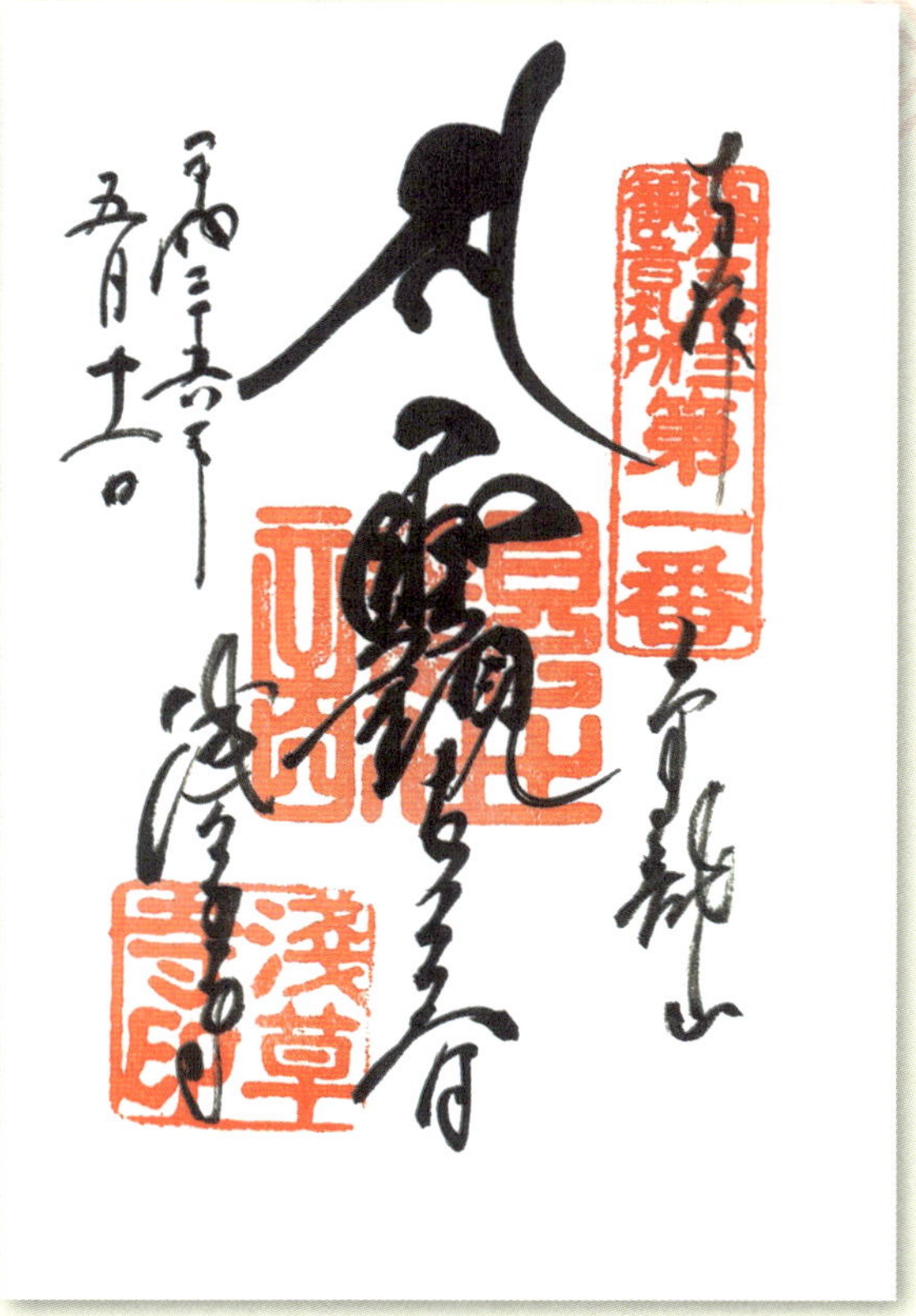

東京都内最古のお寺にして聖観音宗の総本山が浅草寺です。創建は古く、飛鳥時代にまでさかのぼります。

向かって右に風神像、左に雷神像を安置する、通称「雷門」（正式名称は「風雷神門《ふうらいじんもん》」）、そして、宝蔵門へと続く仲見世は連日、大勢の参拝者でにぎわっており、外国人観光客も多く訪れる世界的にも有名なお寺です。

御本尊は秘仏・聖観《しょうかん》世音《ぜおん》菩薩で、坂《ばん》東《どう》三十三観音霊場第十三番札所、江戸三十三観音霊場第一番札所ともなっています。

日没後は、本堂や五重塔などがライトアップされ、幻想的で美しい境内を楽しむことができるので、夜の浅草寺も非常におすすめです。

御朱印は、御本尊の「聖観世音」。ぜひ一度は訪れておきたいお寺です。

住所
〒111-0032
東京都台東区浅草2-3-1

彌勒密寺《みろくみつじ》（岩槻大師《いわつきだいし》）

埼玉県さいたま市

五つの梵字が描かれた アートな梵字御朱印

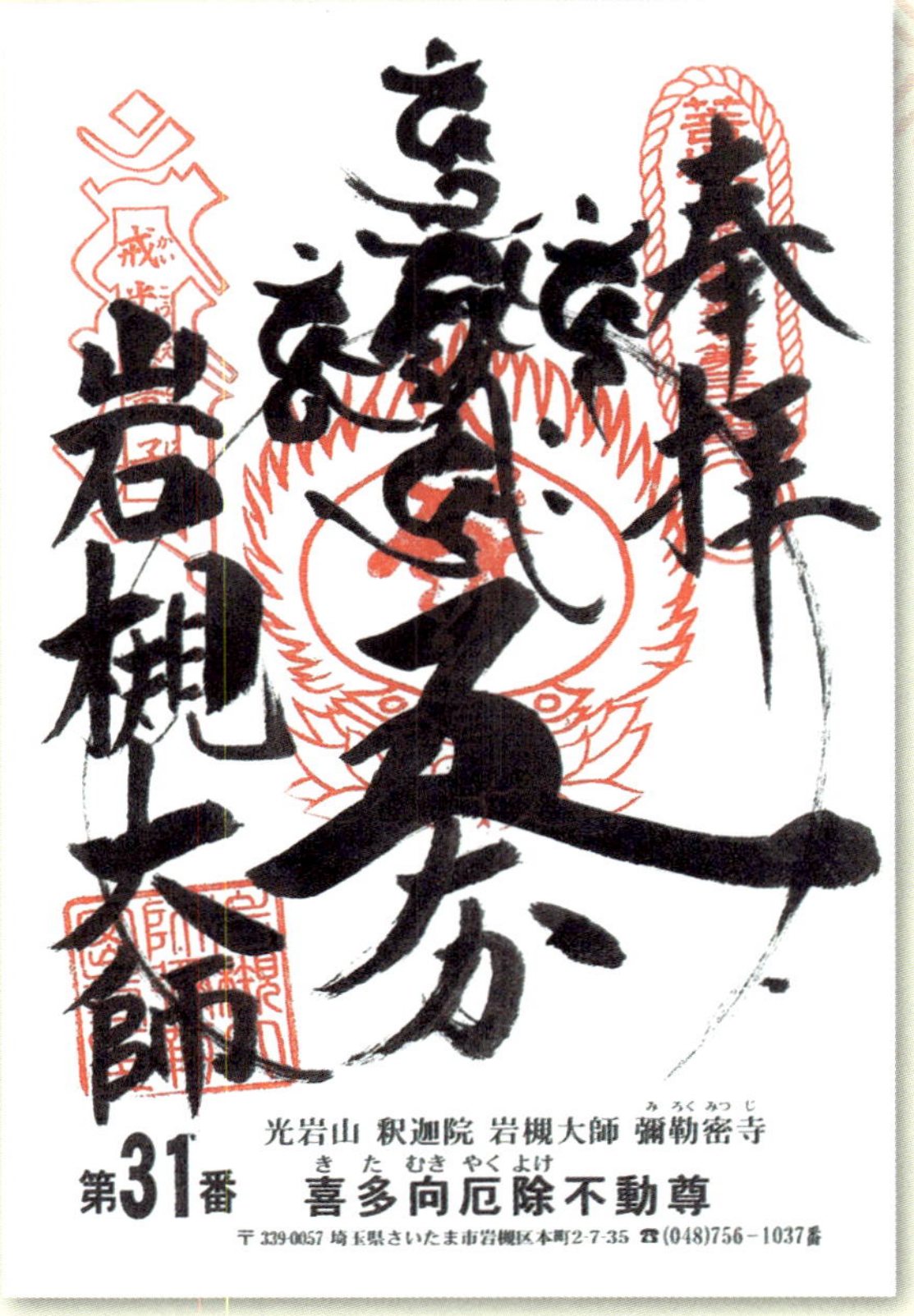

真言宗智山派・岩槻大師こと彌勒密寺は、奈良時代末期に開かれたという古刹《こさつ》です。

岩槻大師の特徴は、なんといっても地下仏殿。地下仏殿には四国八十八ヶ所の御本尊が勧請され安置されているほか、坂東、西国《さいごく》、秩父の各霊場（百観音）の砂が足元に置かれており、それを踏みながら巡拝ができるようになっています。岩槻大師の地下仏殿を八八回満願することによって、四国の本場霊場を満願したのと同じ功徳を得ることができるとか。

御朱印は、御本尊・大日大聖不動明王、東方を守護する降三世《ごうざんぜ》明王、南方を守護する軍荼利《ぐんだり》明王、西方を守護する大威徳《だいいとく》明王、北方を守護する金剛夜叉《こんごうやしゃ》明王の五大明王を表した「五大力」。五つの梵字が描かれたアートな梵字御朱印です。

住所 〒339-0057 埼玉県さいたま市岩槻区本町2-7-35

笠《かさ》森《もり》寺《じ》

千葉県長生郡

古刹にふさわしい 品格を感じさせる美しい御朱印

天台宗別格大本山・笠森寺は、天台宗の開祖である最澄《さいちょう》（伝教大師《でんぎょうだいし》）が開基で、最澄がみずから彫ったという十一面観音を御本尊とする、格式と歴史を誇るお寺です。

境内にある笠森観音堂は、国の重要文化財にも指定されており、四方懸《かけ》造りという日本で唯一現存する構造の建物だそうで、大きな岩の上に立つ特異な建築様式となっています。

緑に囲まれた笠森観音堂に上ると、そこはまさにヒーリングスポット。いつまでもいたくなる癒《いや》しの空間となっています。

また、参道の途中にあり、霊木の隙間から仰ぎ見る光を浴びた子授け観音は、形容しがたい美しさです。御朱印も、奈良時代からの古刹にふさわしい品格と格式を感じさせてくれます。

住所
〒297-0125
千葉県長生郡長南町笠森302

塩《しお》船《ふね》観《かん》音《のん》寺《じ》

東京都青梅市

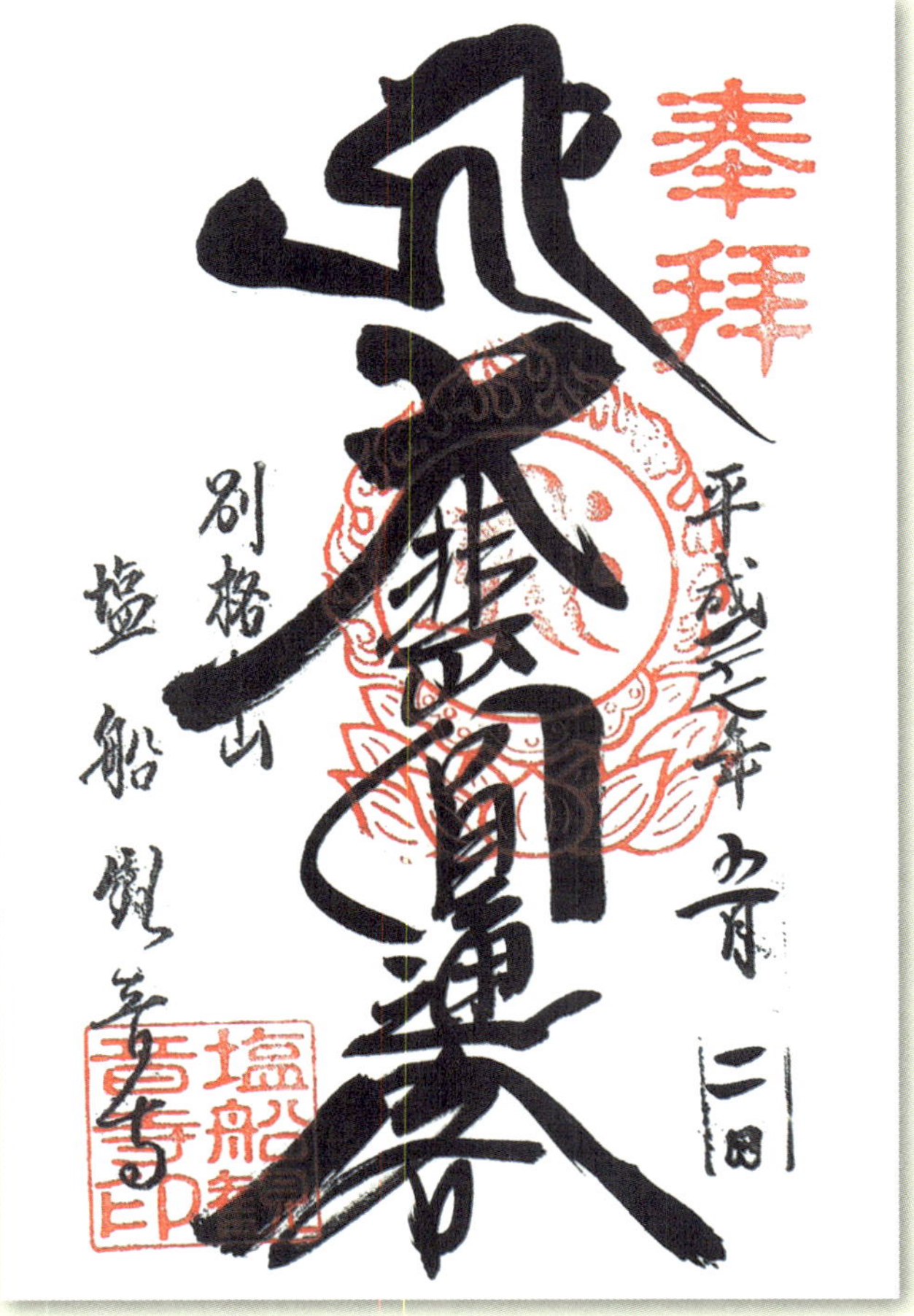

塩船観音寺の御朱印「大悲山圓通閣」

塩船観音寺の創建は飛鳥時代と古く、開山は八百歳まで生きたなどの伝説に彩られる八百比丘尼《やおびくに》とされています。

また、日本最初の大僧正である行基《ぎょうき》がこの地を訪れた際に、地形が船の形に似ていることから、衆生《しゅじょう》を救おうとする仏の願い「弘誓《ぐぜい》の舟」になぞらえ、塩船と名づけられたといいます。

「東国花の寺百ヶ寺」にも選ばれており、境内のツツジは大変有名です。毎年春になると「つつじ祭り」が開催され、色とりどりのツツジに彩られた境内は、参拝者を魅了します。

豊かな自然が残る東京・青梅市に位置する、真言宗醍醐派別格本山の格式あるお寺です。

御朱印は、「東国花の寺百ヶ寺」の御朱印と合わせ、二種類いただくことができます。

住所
〒198-0011
東京都青梅市塩船194

衆生救済の願いが込められた弘誓の舟の御朱印

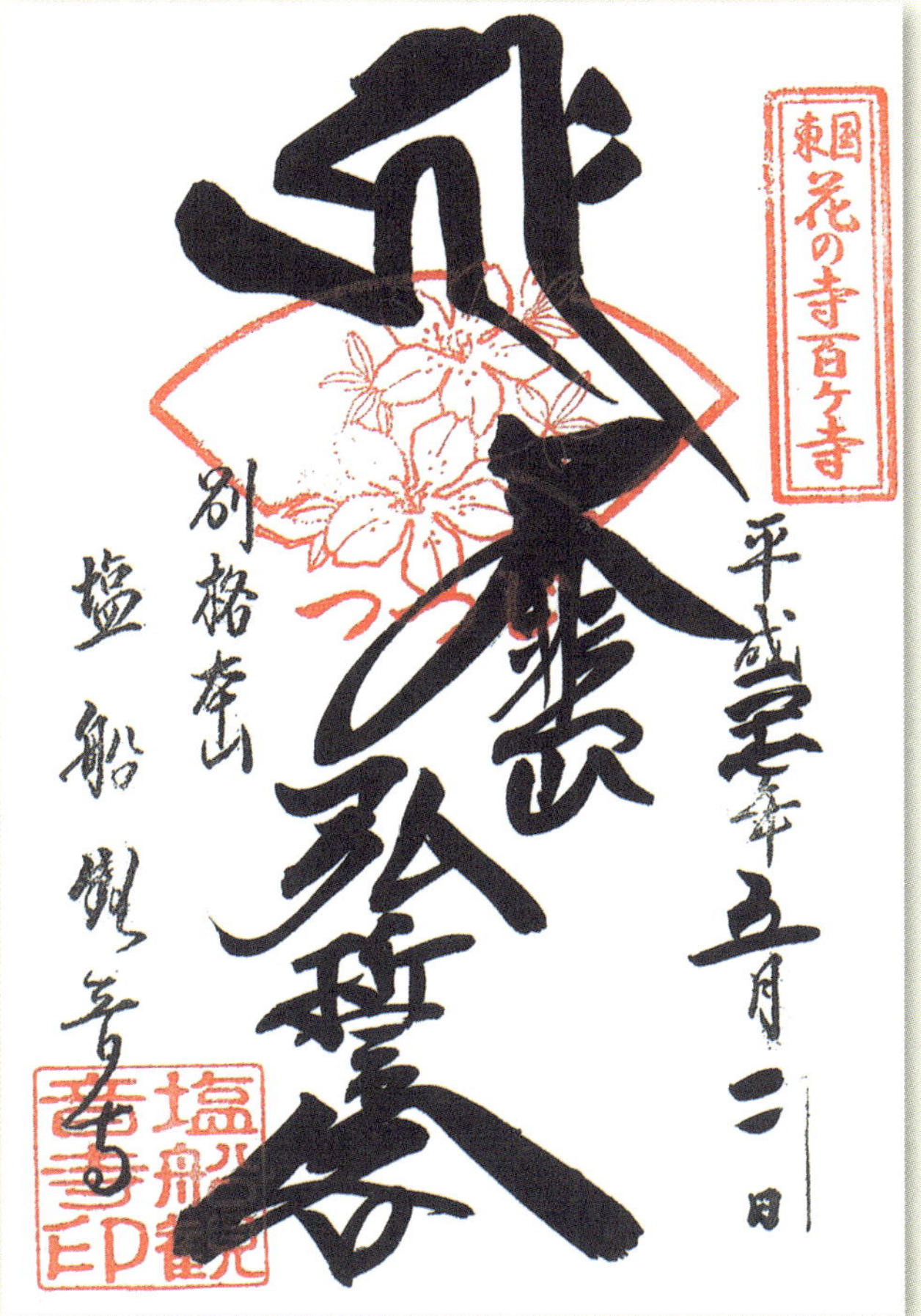

東国花の寺百ヶ寺の御朱印「大悲山弘誓閣」

法乗院《ほうじょういん》（深川《ふかがわ》ゑんま堂《どう》）

東京都江東区

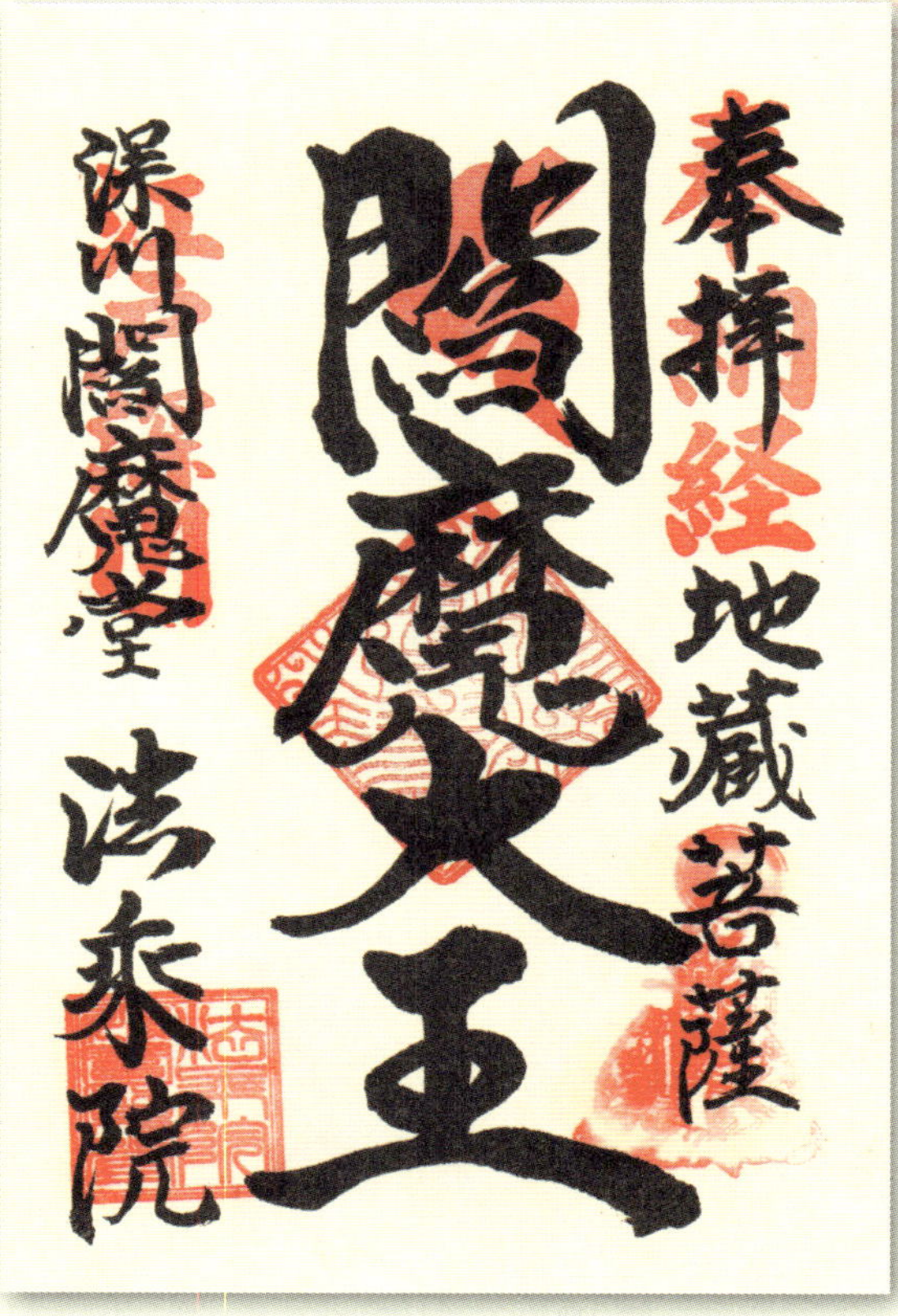

ユニーク！「閻魔大王」の御朱印

「江戸三えんま」の一つで、日本最大の閻魔大王座像を祀る真言宗豊山派・法乗院。一般的には「深川ゑんま堂」として有名なお寺です。

お賽銭《さいせん》を入れると、堂内の照明が自動で灯り、祈願の内容に応じた閻魔様からの説教が流れる仕組みになっており、ハイテク技術を駆使したシステムが楽しめます。

ちなみに、あまり知られていませんが、日本の仏教において閻魔王は、地蔵菩薩と同一の存在とされ、地蔵菩薩の化身《けしん》とされています。

お寺のシステム同様にユニークさを感じさせる「閻魔大王」の御朱印は、右下には閻魔様がデザインされた押印がされており、朱印、墨書きともに独特の印象を与えてくれるものとなっています。

住所
〒135-0033
東京都江東区深川2-16-3

梅《ばい》照《しょう》院《いん》（新《あら》井《い》薬《やく》師《し》）

東京都中野区

品を感じるデザインがかった「薬師如来」の御朱印

東京都内の桜の名所の一つで、「新東京百景」にも選出されている梅照院。西武新宿線の駅名にもなっている「新井薬師」の別称のほうが有名かもしれません。

梅照院は真言宗豊山派のお寺で、御本尊は空海《くうかい》（弘法大師《こうぼう》）作と伝えられる薬師如来と如意輪《にょいりん》観音の像です。表を薬師如来、裏を如意輪観音とする一体の像で、普段は秘仏ですが、十二年に一度の寅年のみ開帳されているそうです。

毎月の縁日の際には露店が並び、東京都内で昔ながらの風情《ふぜい》を感じることができる数少ない場所でもあります。

御朱印は、崩し字ながら品を感じるデザインがかった「薬師如来」。バランスがとれた美しい御朱印で、見ていて飽きることがありません。

住所
〒165-0026
東京都中野区新井5-3-5

甲斐善光寺《かいぜんこうじ》

山梨県甲府市

武田信玄が建立した甲斐善光寺の御朱印

甲斐善光寺は、川中島の合戦で兵火が善光寺（長野市）におよぶのを避けるため、武田信玄が仏像や教典を甲府に移して建立《こんりゅう》したのが始まりの浄土宗のお寺です。

甲斐武田家の滅亡後、御本尊の善光寺如来像が信濃善光寺へもどされると、その尊像を写した仏像が造立《ぞうりゅう》され、以後、甲斐善光寺の御本尊として祀られてきました。

江戸時代には徳川家の庇護《ひご》を受け、寛政年間に竣工した金堂は、東日本最大級の木造建造物として、国の重要文化財に指定されています。

金堂下には「心」の字をかたどったお戒壇廻りがあるので、参拝の際はぜひ体験してみてください。

御朱印は、御本尊の「善光寺如来」です。

住所　〒400-0806
山梨県甲府市善光寺3-36-1

観蔵院《かんぞういん》

東京都練馬区

平筆で描かれた「不動明王」の梵字御朱印

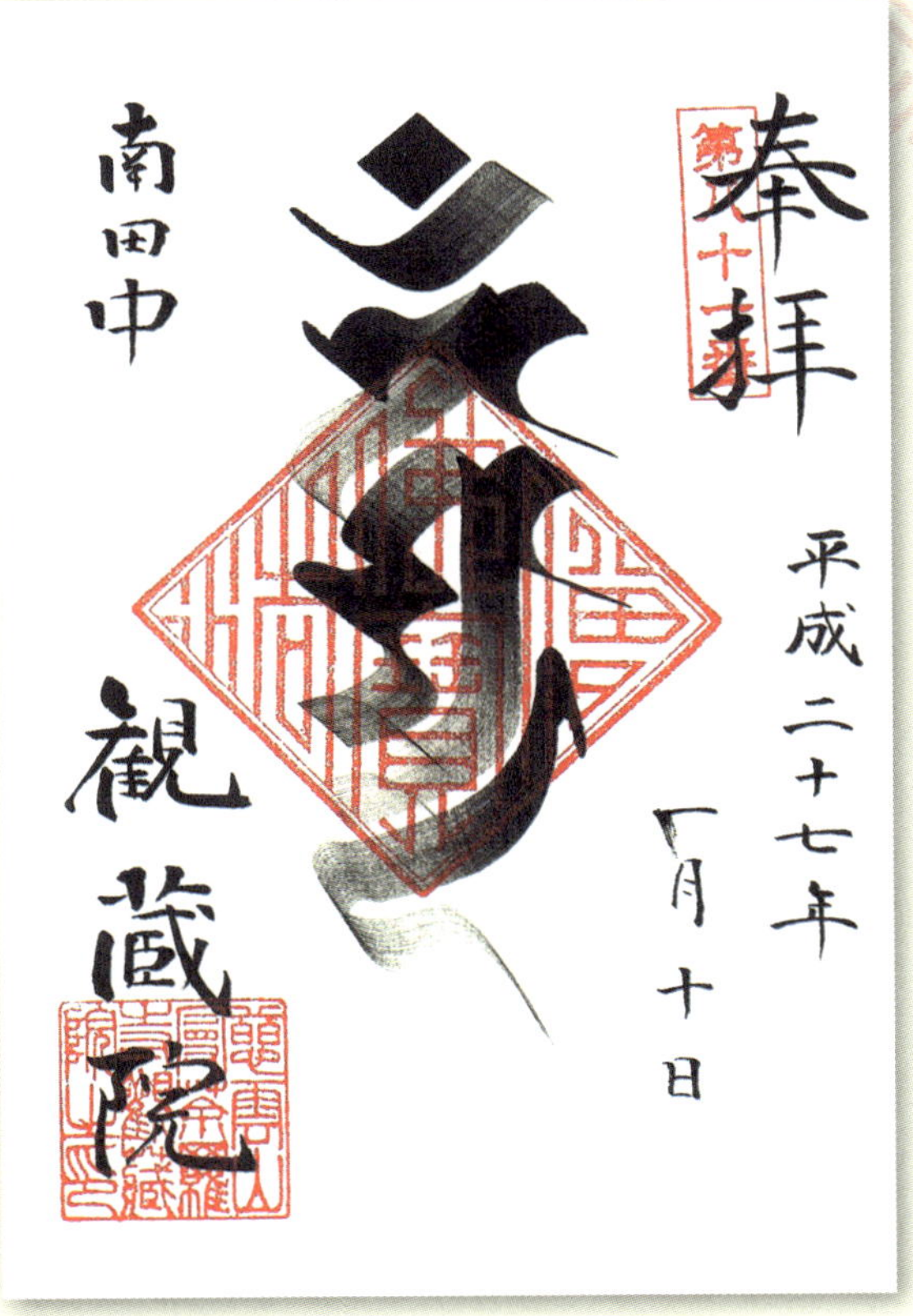

真言宗智山派・観蔵院は、豊島八十八ヶ所霊場第八十一番札所です。御本尊「不動明王」の梵字御朱印をいただくことができるお寺として有名です。

御朱印は通常、毛筆を使用して書かれますが、観蔵院では、梵字を書くために毛先がそろった平筆《ひらふで》で書いていただけます。

なお、梵字の御朱印は副住職のみが書かれますが、ご不在の場合でも、あらかじめ書かれた書き置きの御朱印をいただくことができます。

境内には全国でもめずらしい曼荼羅《まんだら》美術館が併設されており、曼荼羅や日本の仏画、ネパールの仏画、悉曇《しったん》（日本に伝わった梵字の一種）などのコレクションが展示されています。開館は毎週土曜日、日曜日のみです。

住所
〒177-0035
東京都練馬区南田中4-15-24

輪王寺《りんのうじ》

栃木県日光市

不動明王を中心とした五大明王のイメージと重なる力強い御朱印

輪王寺は天台宗の門跡《もんぜき》寺院（皇族や貴族が住職を務めた寺）で、「日光の社寺」としてユネスコの世界遺産にも登録されています。奈良時代に創建されたという古い歴史があり、江戸時代には徳川家代々の庇護のもとで繁栄を極めてきました。

徳川三代将軍家光公の霊廟《れいびょう》である大《たい》猷院《ゆういん》は、祖父・家康公を畏敬していた家光公のために、四代将軍家綱公によって建造されたものです。

徳川家康公を祀る東照宮とは異なる趣があり、拝殿・相《あい》の間《ま》、本殿は国宝にも指定されているので、ぜひ拝観しておきたい場所です。なお、大猷院でも御朱印をいただくことができます。

掲載した御朱印は輪王寺大護摩堂のもので、「五大尊」と書かれています。不動明王を中心とした五大明王のイメージにぴったりの力強い御朱印です。

住所
〒３２１-１４９４
栃木県日光市山内２３００

牛久大仏《うしくだいぶつ》

茨城県牛久市

「ギネスブック」にも登録されている巨大な牛久大仏の御朱印

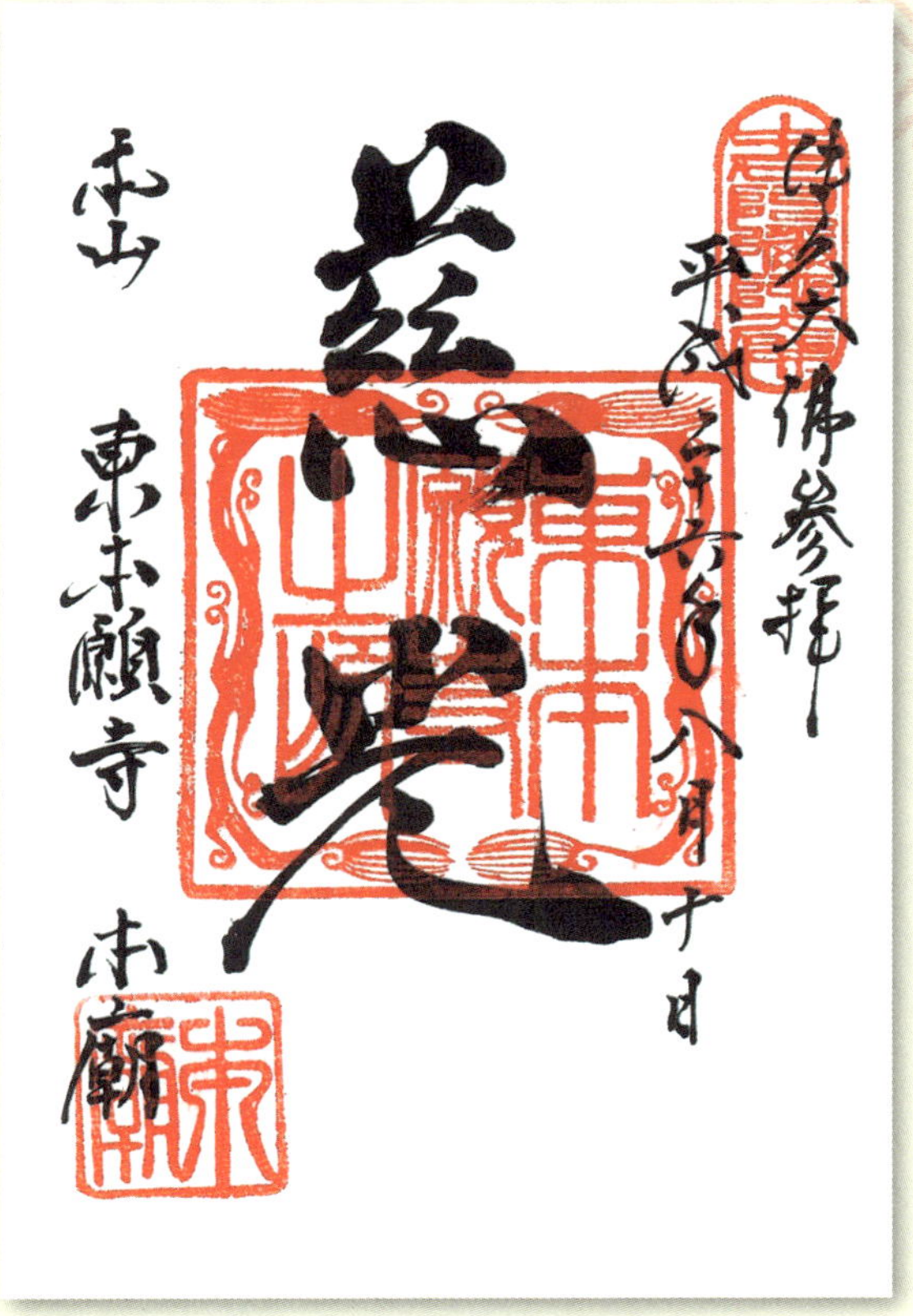

茨城県牛久市にある世界最大の青銅製の大仏立像、それが牛久大仏（正式名称は牛久阿弥陀大佛）です。世界一の大きさの青銅製仏像として「ギネスブック」にも登録されている大仏の全高は、なんと一二〇メートル（像高一〇〇メートル、台座二〇メートル）！　超高層ビル並みの大きさに、見る者はみな圧倒されることでしょう。

浄土真宗の開祖・親鸞上人が関東における布教の拠点とした地（茨城県）であることにちなみ、浄土真宗東本願寺派本山東本願寺によって造立されました。

いただける御朱印は「光雲無碍《むげ》」「慈光」「無碍光」など、複数の種類があります。いずれも「阿弥陀如来の光明は雲のように、あまねくゆきわたって衆生を包む」という意味の巨大な大仏様にふさわしい言葉となっています。

住所
〒300-1288
茨城県牛久市久野町2083

平間寺《へいけんじ》（川崎大師《かわさきだいし》）

神奈川県川崎市

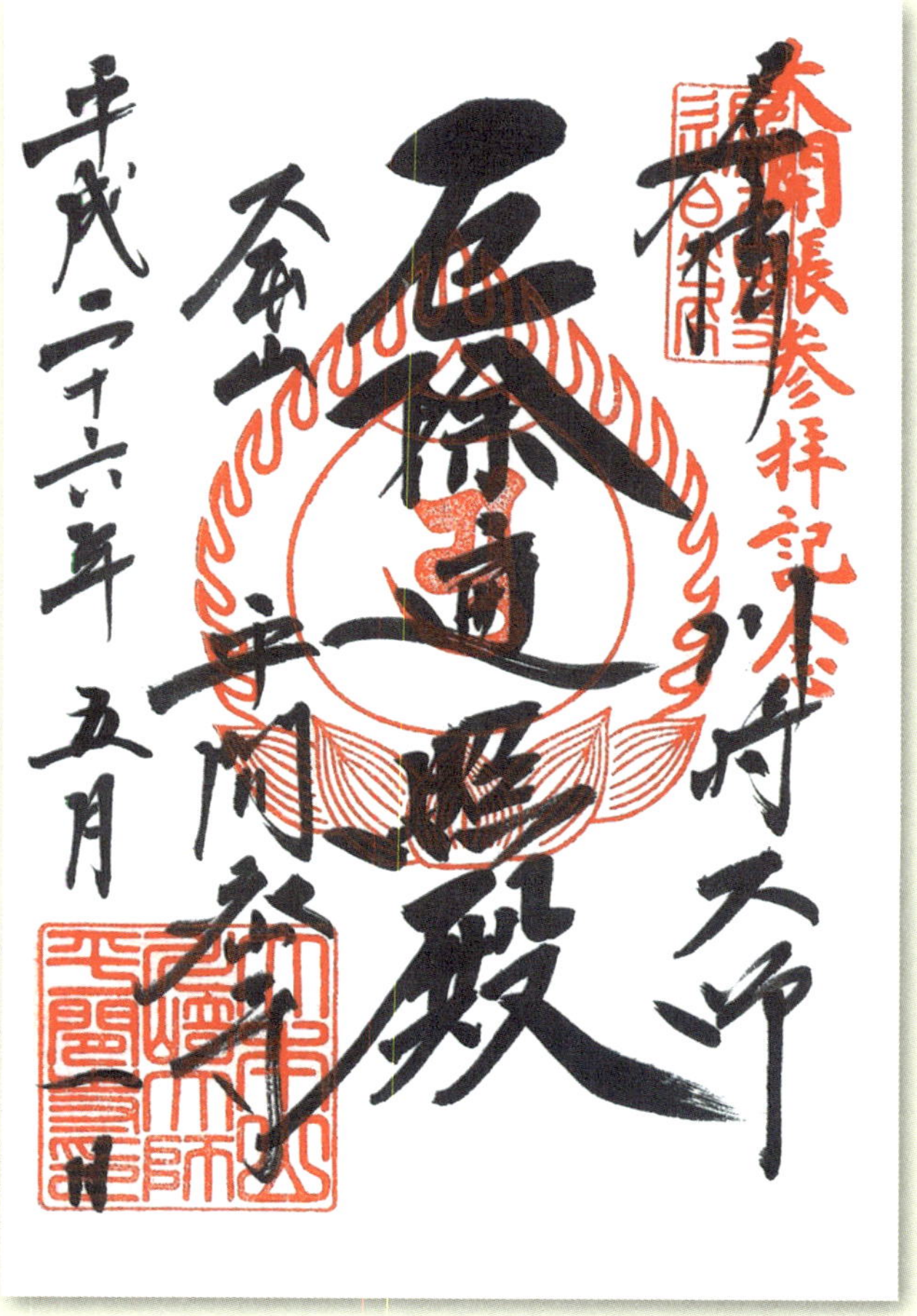

平間寺大本堂の御朱印「厄除遍照殿《へんしょうでん》」

平間寺は、真言宗智山派の大本山ですが、「川崎大師」という通称のほうが有名でしょう。真言宗関東三山の一つでもあり、毎年正月には、初詣の参拝者で大変なにぎわいとなります。

平安時代に平間兼乗《ひらまかねのり》という武士が、夢のお告げに従い弘法大師の木像を海中から網で引き揚げ、その像を祀ったのが始まりで、御本尊は厄除弘法大師となっています。

御朱印は、大本堂のほかに、薬師殿、不動堂、自動車交通安全祈禱殿《きとうでん》でいただくことができます。

　掲載した大本堂の御朱印の右上にある「大開帳参拝記念」の押印は、十年に一度の大開帳奉修期間のみいただけるもので、その期間は無量の功徳を授かることができるという「赤札」も参拝者に授与されます。
　次回の大開帳奉修は二〇二四年です。

住所
〒210－8521
神奈川県川崎市川崎区大師町4－48

真言宗関東三山の一つ 川崎大師の御朱印

平間寺薬師殿の御朱印「薬師如来」

成田山新勝寺《なりたさんしんしょうじ》

千葉県成田市

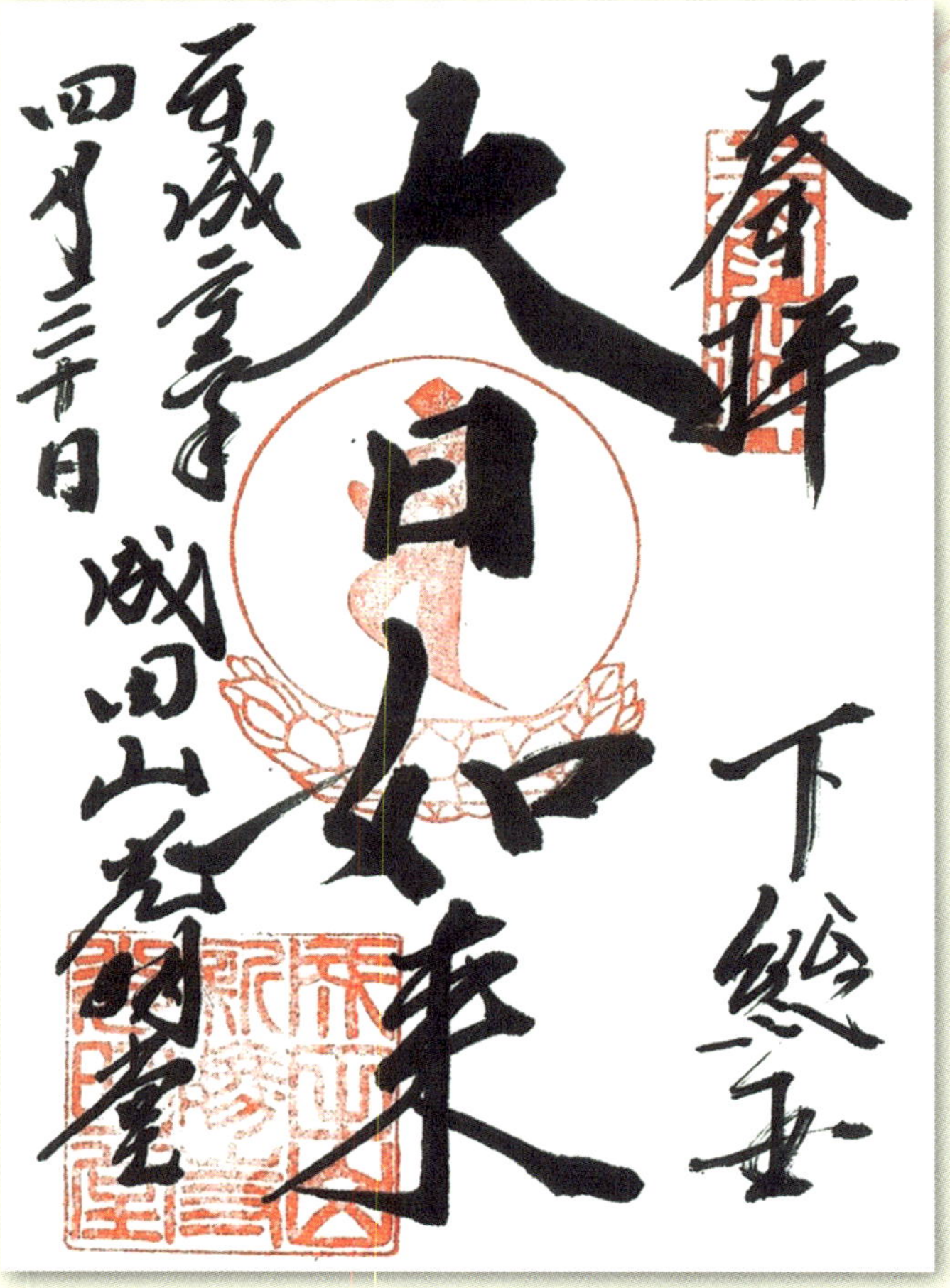

成田山新勝寺光明堂の御朱印「大日如来」

新勝寺は、昔から「成田山」として親しまれている真言宗智山派の大本山で、正月の参拝者の数は全国でも有数の多さを誇るお寺です。

平安時代中期に起きた平《たいらの》将門《まさかど》の乱の際、朱雀《すざく》天皇の密勅により東国へ遣わされた寛《かん》朝《ちょう》大僧正によって成田山が開山されました。

御本尊の不動明王は、平安時代、嵯峨天皇の勅願により弘法大師空海が開眼《かいげん》したもので、大本堂では不動明王を表した梵字の御朱印が授与されています。広大な境内では、そのほかにも光明堂、釈迦堂、平和の大塔、境内社である出世稲荷《いなり》のそれぞれで御朱印をいただくことができます。

　掲載したものは、光明堂「大日如来」と釈迦堂「釋迦如来」の御朱印です。

住所
〒286-0023
千葉県成田市成田1

全国有数の初詣参拝者を誇る新勝寺の御朱印

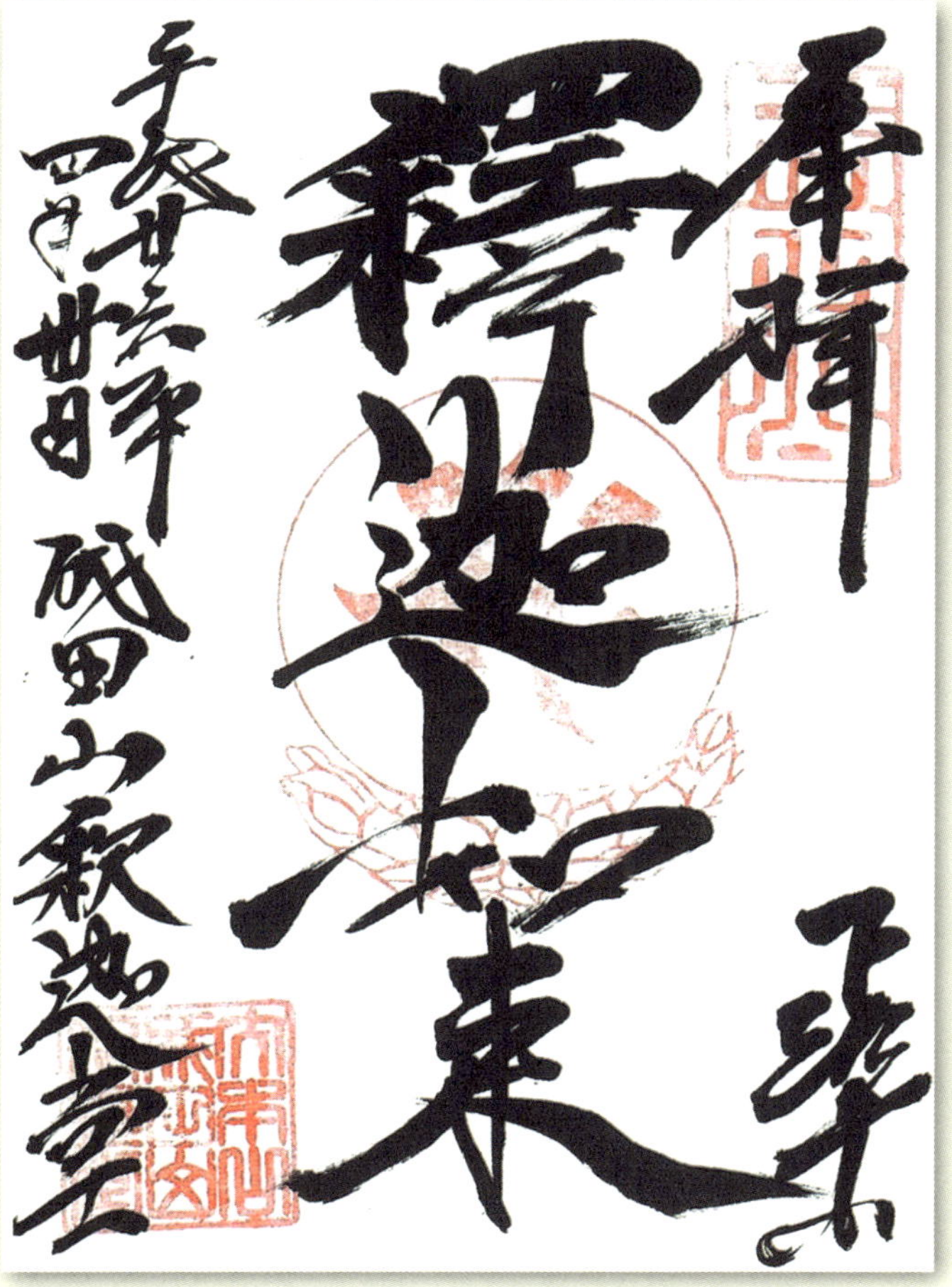

成田山新勝寺釈迦堂の御朱印「釋迦如来」

豪《ごう》徳《とく》寺《じ》

東京都世田谷区

招き猫発祥の地・豪徳寺の正統派の美しい御朱印

東京・世田谷の閑静な住宅街にある曹洞宗・豪徳寺は、彦根藩井伊家の菩提寺です。境内には幕末の大老で安政の大獄を断行し、桜田門外の変で暗殺された井伊直弼の墓があります。

また、招き猫発祥の地とされる寺社はいくつかありますが、豪徳寺もその一つで、滋賀県彦根市のゆるキャラとして有名な「ひこにゃん」は、豪徳寺の招き猫がモデルとされています。

彦根藩二代藩主・井伊直孝が猫によって門内に招き入れられ、そのお陰で雷雨を避け、和尚の法談を聞くことができたというエピソードにちなむそうです。

境内には招猫観音を祀る招猫殿があり、その横には驚くほど数多くの素焼きの招き猫が奉納されています。

御朱印は、御本尊の「釋迦牟尼佛」。達筆で正統派の御朱印です。

住所
〒154-0021
東京都世田谷区豪徳寺2-24-7

円覚寺《えんがくじ》

神奈川県鎌倉市

頭に装飾が冠された「宝冠釋迦如来」の御朱印

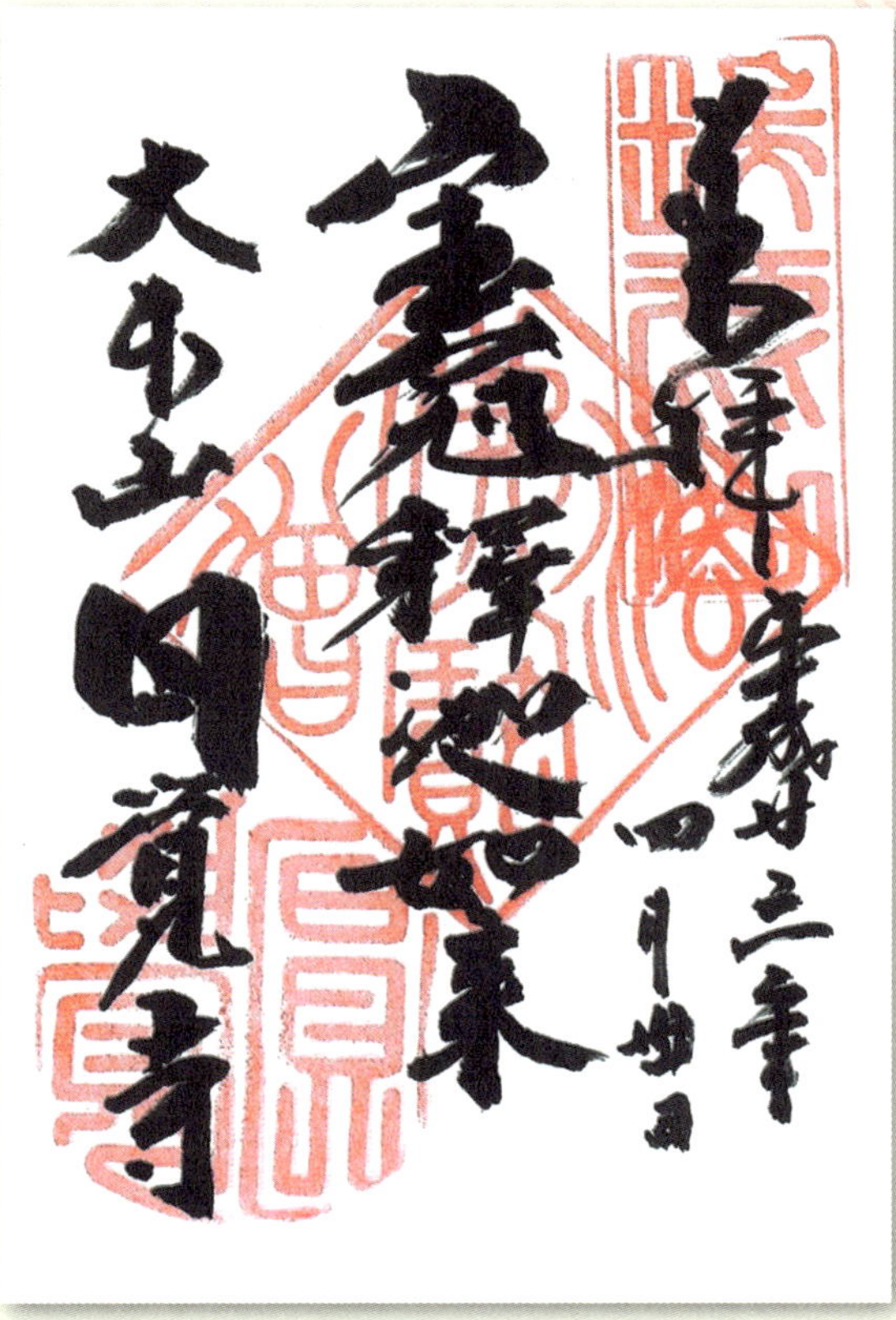

臨済宗円覚寺派の大本山・円覚寺は、鎌倉を代表する寺院の一つ。執権・北条時宗が元寇《げんこう》の戦没者追悼のため、中国僧の無学祖元《むがくそげん》を招いて創建した由緒あるお寺です。鎌倉五山の第二位にも列せられています。

ＪＲ北鎌倉駅の駅前に山門があり、広大な境内には、数ある鎌倉の古刹のなかでも、唯一、国宝の指定を受けている舎利殿《しゃりでん》（釈迦の遺骨が分骨されているという施設）を有し、いつも参拝者でにぎわっています。

境内には現在も禅僧が修行をしている道場があり、週末には、一般の人も参加できる坐禅会が実施されているそうです。

御本尊は、頭に装飾が冠された宝冠釈迦如来。御朱印も独特の文字で書いていただけます。

住所
〒２４７－００６２
神奈川県鎌倉市山ノ内４０９

高《こう》徳《とく》院《いん》

神奈川県鎌倉市

鎌倉のシンボルである大仏様の御朱印

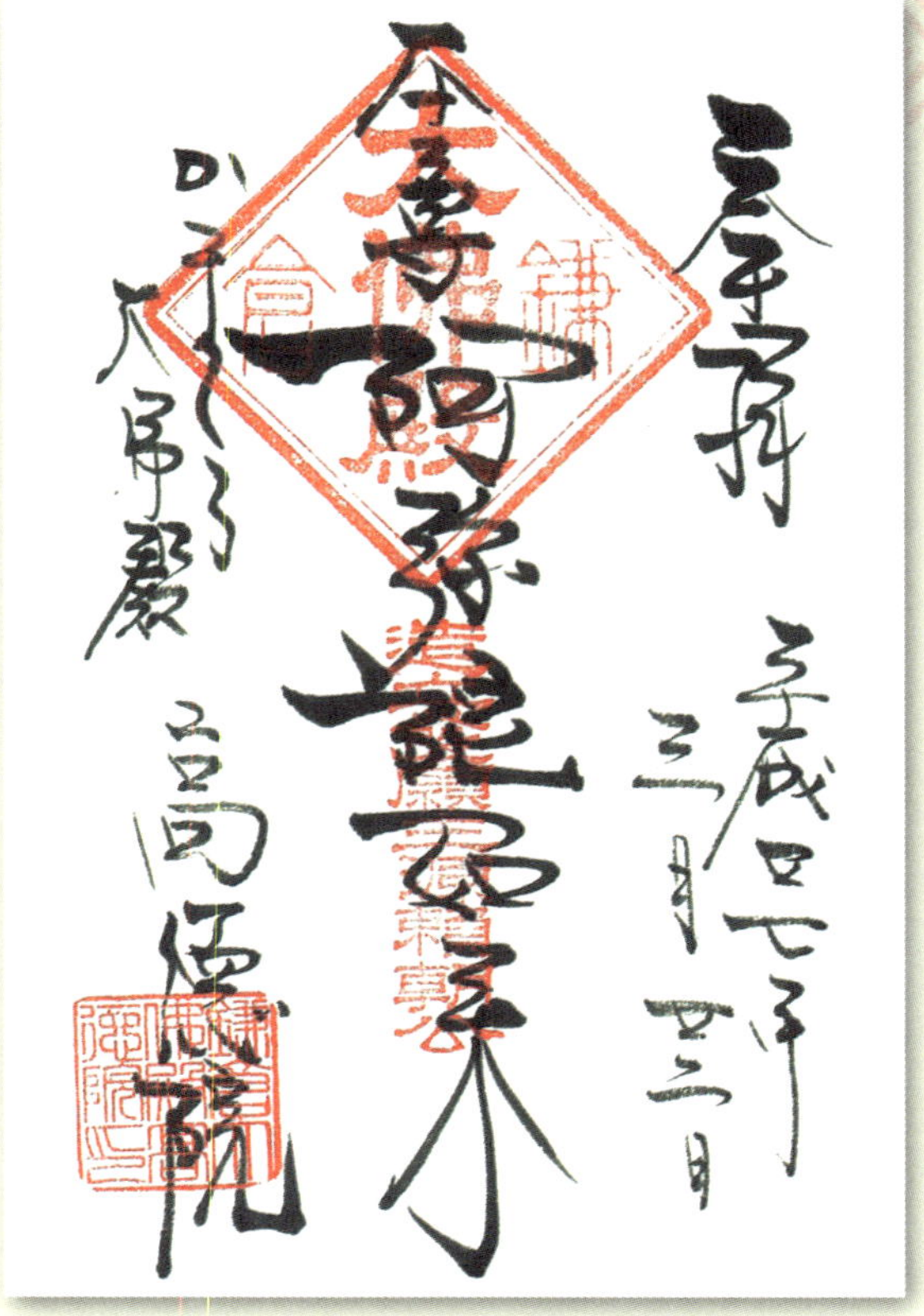

「鎌倉の大仏様」として古くから親しまれてきた浄土宗・高徳院の阿弥陀如来像。造立の経緯については諸説あるようですが、鎌倉時代を代表する仏像彫刻として、数ある鎌倉の仏像のなかでも唯一、国宝に指定されています。

ほかではなかなか見ることができない国宝の大仏の胎内に入ることもでき、鎌倉を訪れた際には外せないスポットの一つとなっています。休憩所には、奉納された大仏様用の巨大な「わらじ」もかけられています。

高徳院にいたるまでの道にはさまざまなお店が並んでいますので、楽しみながら参拝してみましょう。

いただくことができる御朱印は、「本尊阿弥陀如来」。東大寺の大仏様とともに、日本人なら一度は参拝してみたい大仏様です。

住所
〒248-0016
神奈川県鎌倉市長谷4-2-28

祐天寺《ゆうてんじ》

東京都目黒区

祐天上人が書き残した独特な文字の御朱印

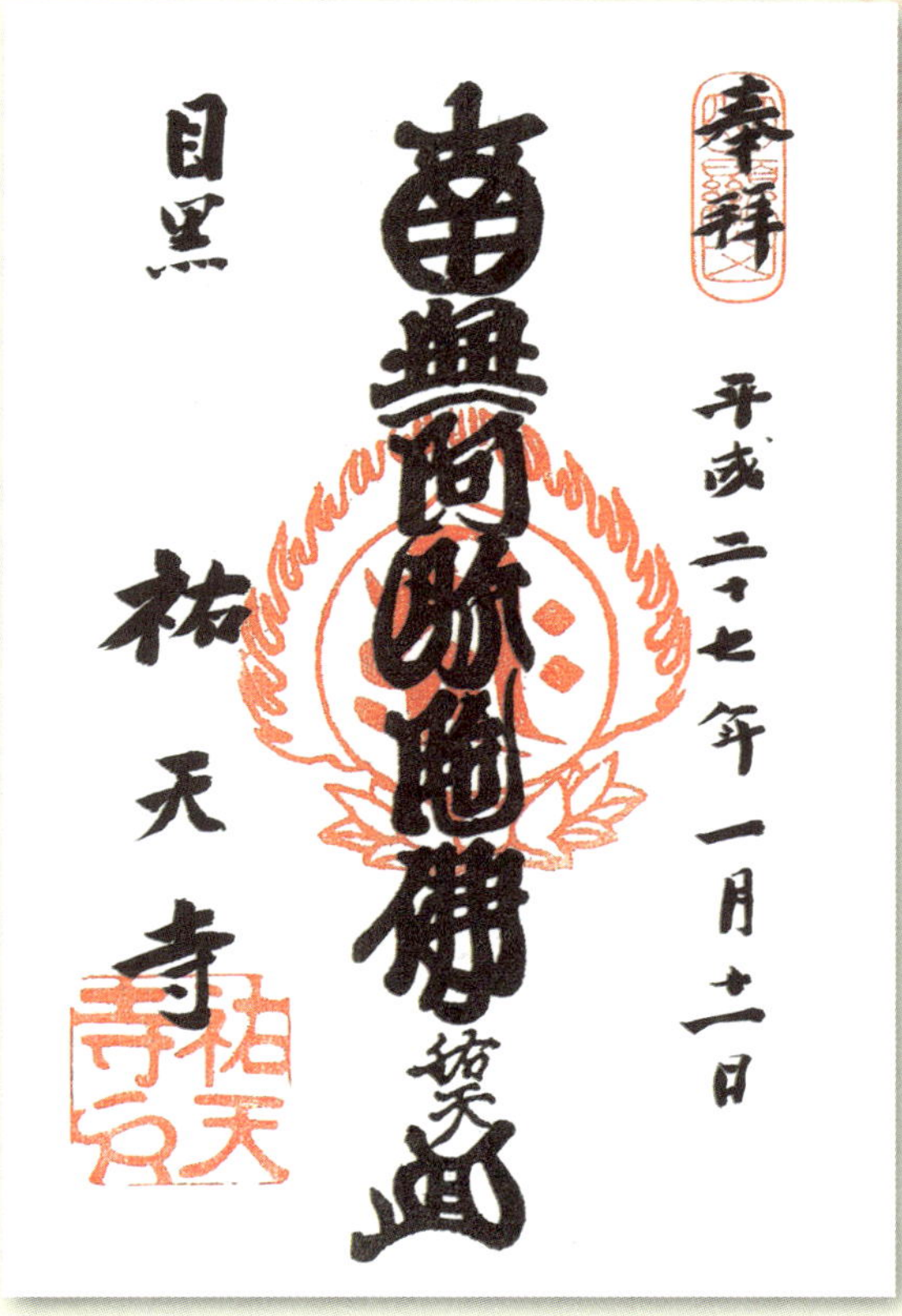

祐天寺は、江戸時代中期の浄土宗の高僧で、増上寺法主《ほっす》も務めた祐天上人を開山と仰ぐ高弟が創建した寺院です。

祐天上人は、徳川五代将軍綱吉などの帰依を受け、大僧正に任じられた人物で、念仏の力で怨霊を成仏《じょうぶつ》させたという逸話があります。

本堂には祐天上人像が安置されており、境内の墓地には、「祐天上人の墓」(都旧跡指定)もあり、祐天上人のお寺といっても過言ではありません。

また、お寺の名前が東急東横線の駅名にもなっており、多くの人に親しまれてきたことがわかります。

住所
〒153-0061
東京都目黒区中目黒5-24-53

高《た》尾《かお》山《さん》薬《やく》王《おう》院《いん》

東京都八王子市

天狗信仰の山・高尾山薬王院のユニークな御朱印

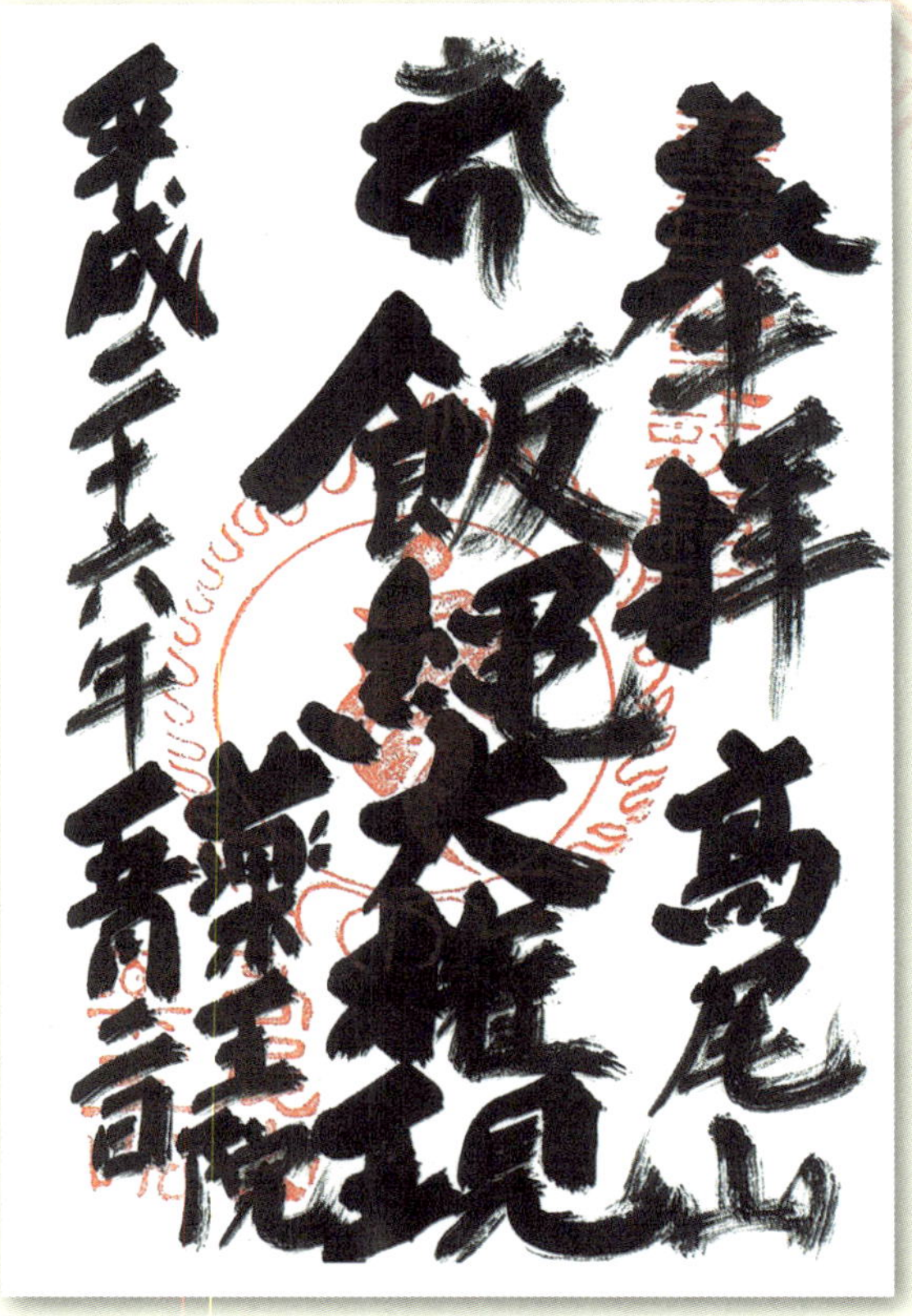

平間寺（川崎大師）、成田山新勝寺と並び、真言宗智山派の関東三山の一つである高尾山薬王院。正式な寺名は高尾山薬王院有喜寺《ゆうきじ》といいます。

奈良時代に聖武《しょうむ》天皇の勅命により、東国鎮護の祈願寺として行基が開山したと伝えられ、その際、御本尊として薬師如来を安置。その後、室町時代に飯縄権現《いづなごんげん》を守護神として奉ったことから、飯縄信仰の霊山になるとともに、修験道の道場として繁栄し、現在にいたります。

高尾山は「ミシュランガイド」で三ツ星を獲得し、東京近郊にあるレジャースポットとしても注目されており、老若男女、誰もが楽しめます。家族、友人などを誘って出かけてみましょう。

いただくことができる「飯縄大権現」の御朱印は書体が独特で、ユニークなものです。

住所
〒193-8686
東京都八王子市高尾町2177

護《ご》国《こく》寺《じ》

東京都文京区

明治維新の元勲たちが眠る 護国寺の御朱印

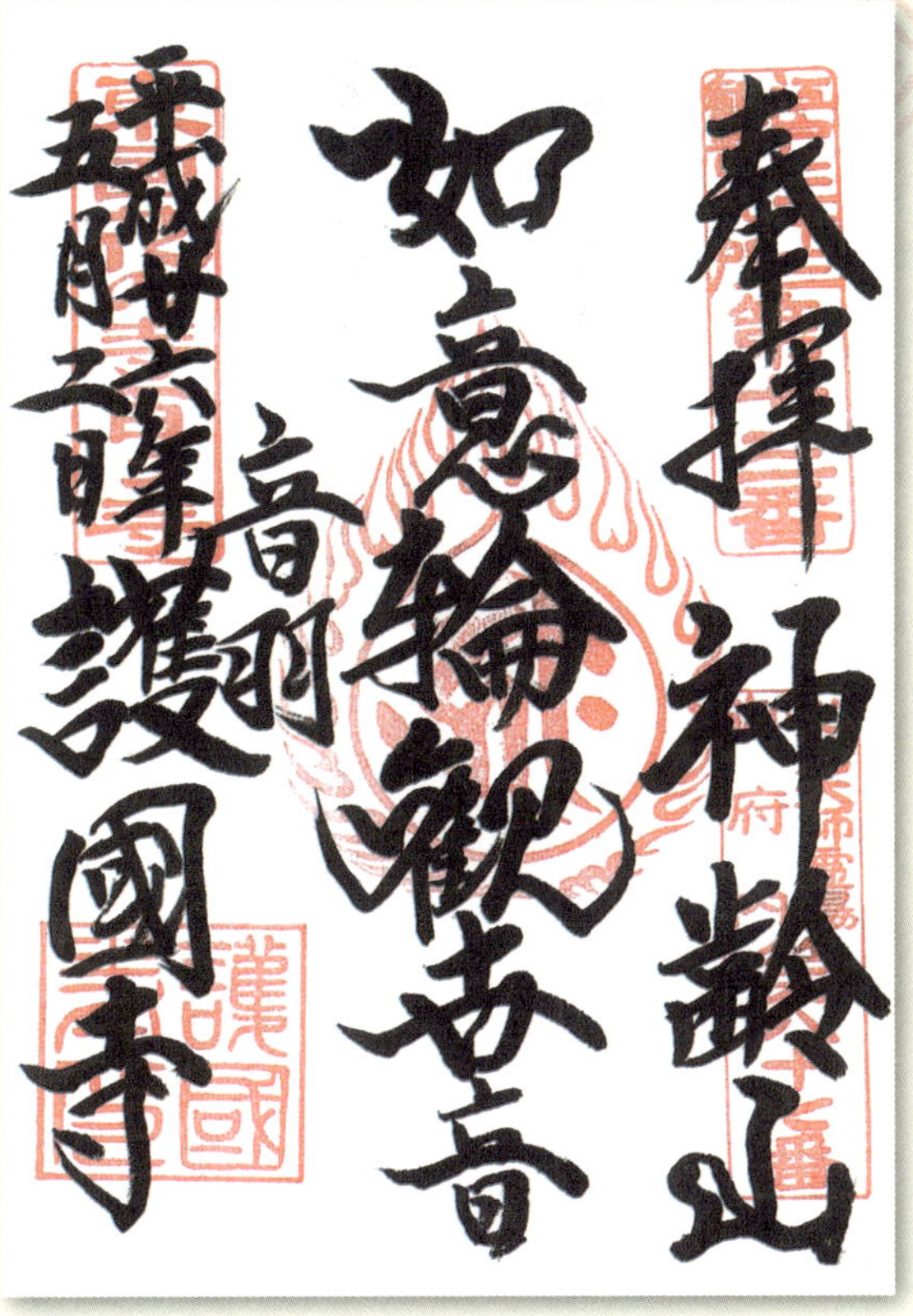

徳川五代将軍綱吉の母である桂昌院《けいしょういん》の発願で建立されたのが、真言宗豊山派・護国寺です。元禄時代に造営された本堂（観音堂）、滋賀の園城寺《おんじょうじ》（三井《みい》寺《でら》）から移築された月光殿は国の重要文化財に指定されており、また、幕末から明治にかけての著名人の墓が多数あることでも知られています。

三条実美《さねとみ》、山縣有朋《やまがたありとも》、大隈《おおくま》重信（早稲田大学創立者）、松下村塾門下生の一人である初代司法大臣・山田顕義《あきよし》（日本大学創立者）、梅謙次郎（法政大学初代総長）ら多くの著名人が眠っています。

徳川家ゆかりのお寺に、徳川幕府を倒した明治政府の重鎮たちが眠っているのは、護国寺がたどってきた歴史の皮肉ともいえます。

御朱印は、本堂の御本尊である「如意輪観世音」です。江戸三十三観音霊場第十三番札所でもあります。

住所
〒112-0012
東京都文京区大塚5-40-1

大《だい》悲《ひ》願《がん》寺《じ》

東京都あきる野市

観音様を安置する仏堂「無畏閣」の御朱印

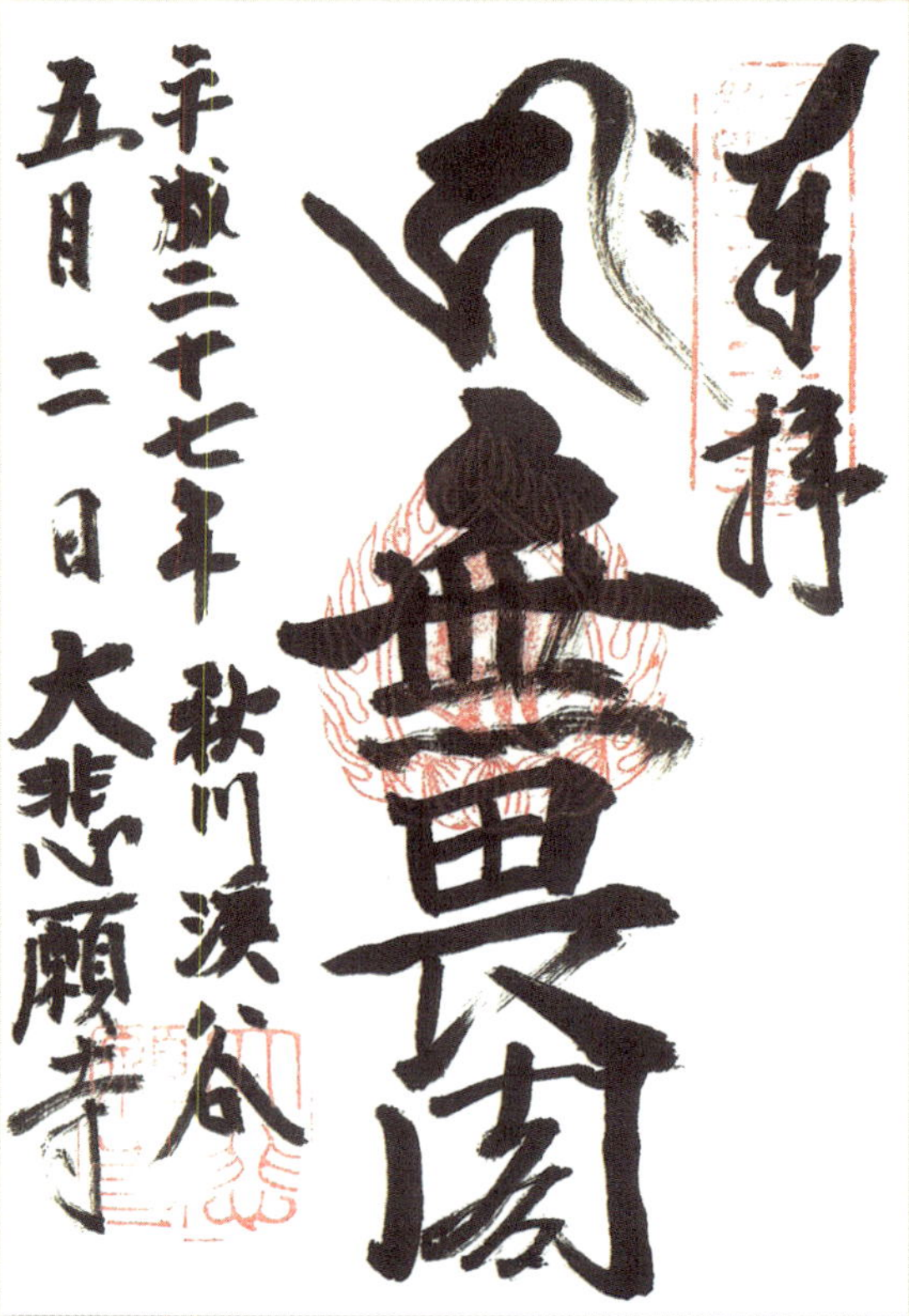

東京都内とは思えない、緑豊かで情緒あふれるあきる野市内にある真言宗豊山派・大悲願寺。

鎌倉時代に源頼朝の命により創建され、江戸時代には幕府から朱印状を与えられていたという歴史をもち、立派な山門や本堂、庫裡《くり》、鐘楼《しょうろう》のほかに、国の重要文化財に指定されている阿弥陀如来像などを有しています。

九月に花をつける白萩《しろはぎ》の寺としても有名で、東国花の寺百ヶ寺札所に指定されています。伊達政宗が大悲願寺を訪れた際に庭の白萩を気に入り、住職に送ったという白萩所望の文書が残っているそうです。都内に残る歴史情緒と自然を楽しめる素敵なお寺としておすすめです。

御朱印は、観音様を安置する仏堂である「無畏閣《むいかく》」です。

住所

〒190-0141

東京都あきる野市横沢134

大《おお》船《ふな》観《かん》音《のん》寺《じ》

神奈川県鎌倉市

やさしい微笑で衆生を見守る「白衣観音」の御朱印

JR大船駅に近づくと車窓から見える巨大で真っ白な観音様、それが曹洞宗・大船観音寺の白衣《びゃくい》観音像です。

大船のシンボルとして、「大船観音」の呼称で親しまれているその像は、白衣をまとった上半身だけの観音様で、高さは約二五メートル。地元の有志により、鉄筋コンクリート造りの聖観音上半身像として、昭和三十年代に完成しました。

微笑をたたえたやさしい顔は、夜間はライトアップもされ、見る者を魅了します。また、奉納された灯籠には多国籍の名前が並んでおり、日本人ばかりではなく、東南アジアなどからの参拝者が多いのも特徴です。

御朱印は、独創的な文字の「白衣観音」。何度も観音様に会いにいきたくなるお寺です。

住所
〒247-0072
神奈川県鎌倉市岡本1-5-3

宝戒寺《ほうかいじ》

神奈川県鎌倉市

「佛母 准胝尊」のめずらしい御朱印

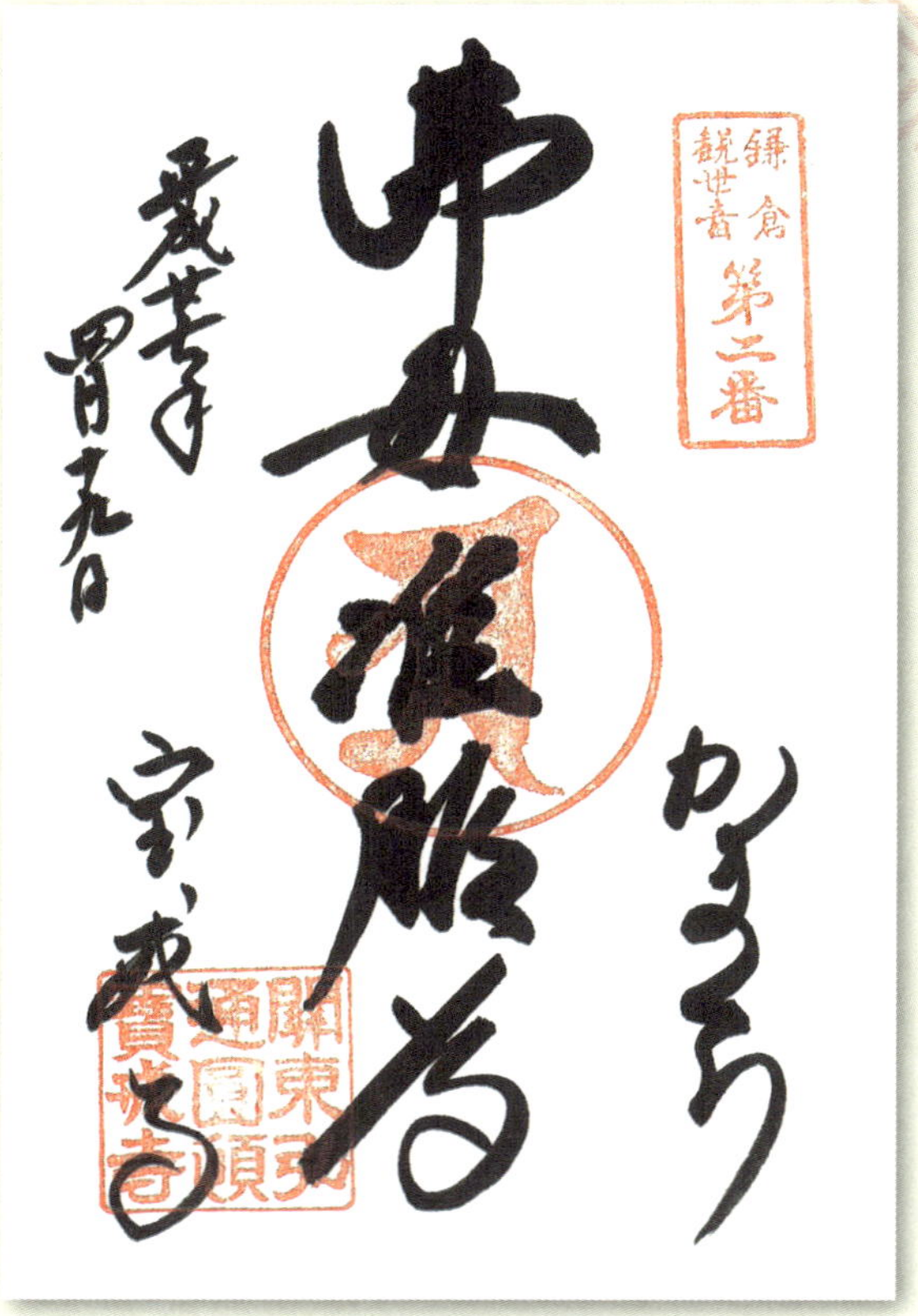

鶴岡《つるがおか》八幡宮から歩いてすぐの場所に建つ宝戒寺。鎌倉幕府第二代執権・北条義時以来、歴代の執権の屋敷があったという場所に建つ天台宗のお寺です。

鎌倉幕府滅亡後、北条氏を供養するため、後醍醐天皇が足利尊氏《たかうじ》に命じて建立したといわれ、御本尊の地蔵菩薩坐像は国の重要文化財に指定されています。

晩夏から初秋にかけて咲く萩の名所として知られ、「萩寺」とも呼ばれており、秋のお彼岸の頃は境内中が白萩で埋めつくされます。

御朱印は、御本尊の「子育経読《こそだてきょうよみ》地蔵尊」（鎌倉二十四地蔵尊霊場第一番札所）と「佛母准胝尊《じゅんていそん》」（鎌倉三十三観音霊場第二番札所）、鎌倉江の島七福神の「毘沙門天」と複数いただくことができます。

住所
〒248-0006
神奈川県鎌倉市小町3-5-22

大《だい》安《あん》楽《らく》寺《じ》

東京都中央区

歴史に消えた罪人を弔う「十一面観世音」の御朱印

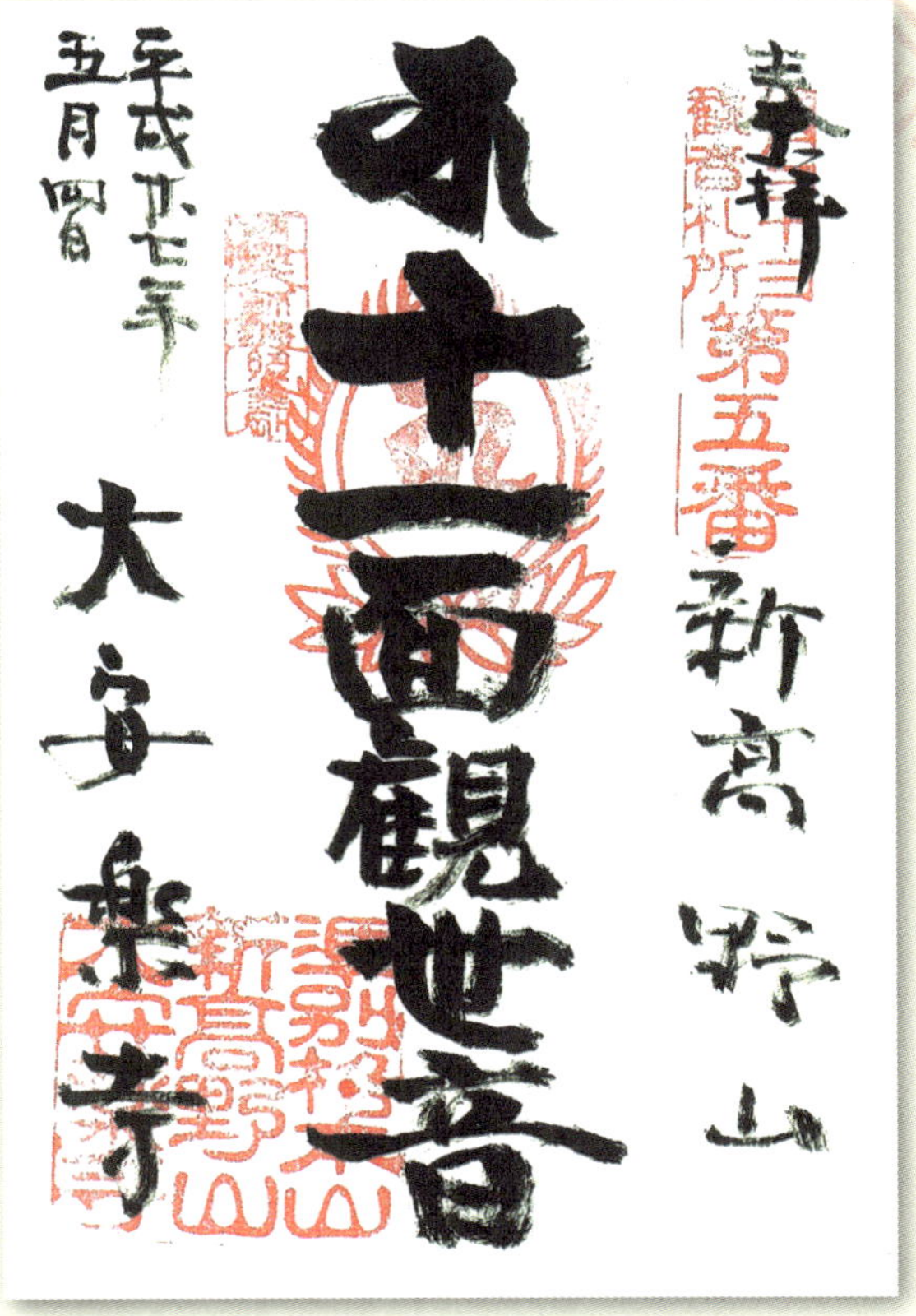

大安楽寺は、江戸時代に伝馬町《てんまちょう》牢屋敷と処刑場があった場所に建つ高野山真言宗のお寺です。

この場所で幾多の罪人たちが投獄・処刑されました。とくに、安政の大獄では、幕末の思想家・吉田松陰や橋本左内らがこの付近で処刑されました。隣接する十思《じっし》公園には、「松陰先生終《しゅう》焉《えん》之地」の石碑が建てられています。

処刑場で亡くなった人たちを慰霊しようと創建されたのが大安楽寺の始まりで、御本尊は十一面観世音菩薩です。現在の周辺からは当時を想像することはできませんが、無念のうちに歴史のなかに消えていった人びとを、いまも弔《とむら》っているのです。

御朱印は、御本尊の「十一面観世音」。江戸三十三観音霊場第五番札所となっています。

住所
〒103-0001
東京都中央区日本橋小伝馬町3-5

深《じん》大《だい》寺《じ》

東京都調布市

白鳳時代の仏像を有する
都内有数の古刹の御朱印

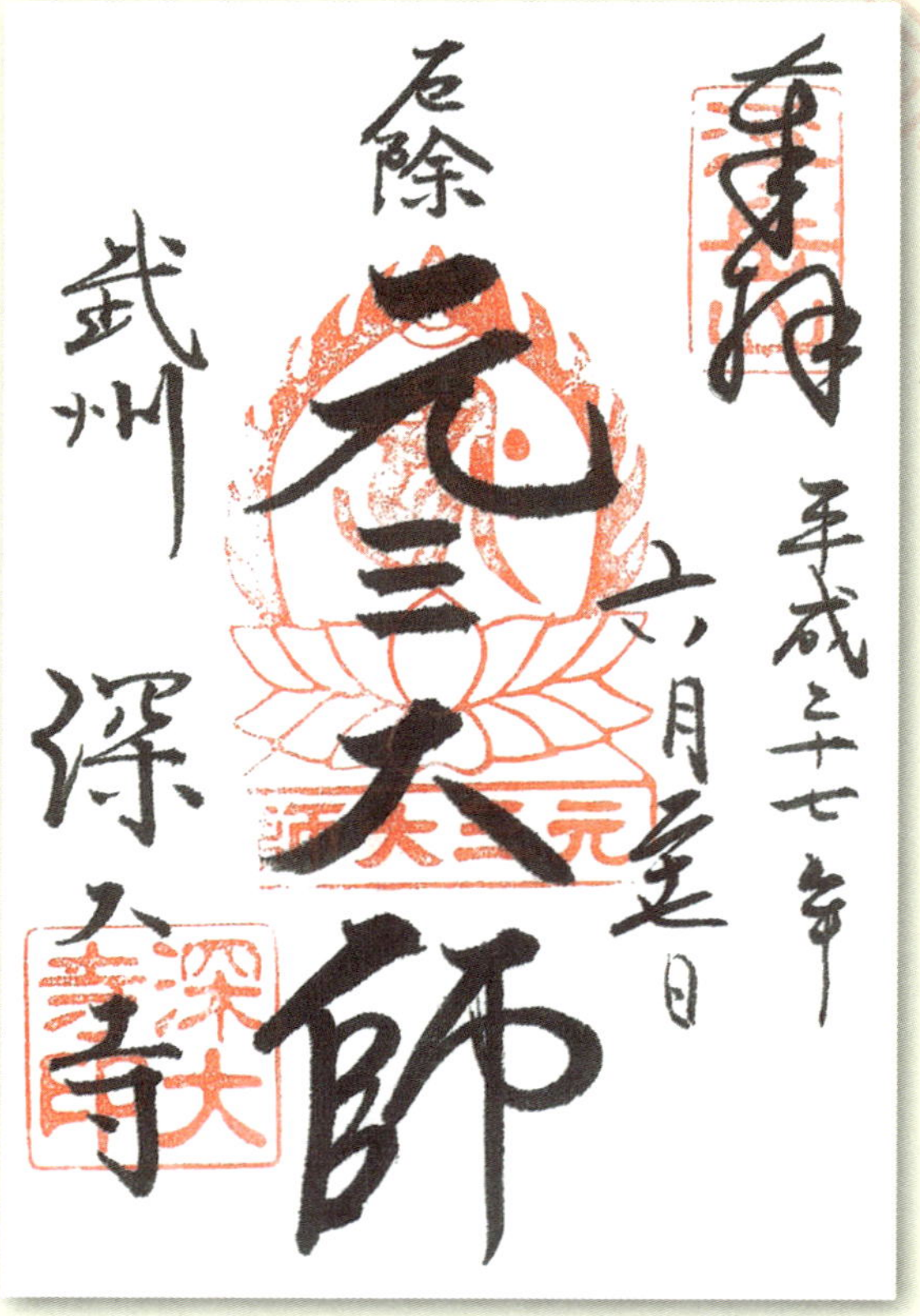

東京都内では浅草の浅草寺に次ぐ古刹である天台宗別格本山・深大寺。奈良時代に法相《ほっそう》宗の寺院として開創したと伝えられ、その後、天台宗に改宗され現在にいたります。

本堂の御本尊は阿弥陀三尊像ですが、釈迦堂に安置されている釈迦如来倚像《いぞう》は、ぜひ見ておきたい仏像です。台座に座り、両足を前に垂らす「倚座」というめずらしい姿をした古仏で、白鳳《はくほう》時代につくられた仏像といわれています。

湧水があふれる深大寺周辺は、そばの栽培にその水が利用され、「深大寺そば」が名物となっています。参道にはさまざまな店が並び、毎週末、たくさんの参拝者でにぎわいます。「元三《がんざん》大師」と「白鳳仏」の御朱印をいただくことができます。

住所
〒182-0017
東京都調布市深大寺元町5-15-1

喜《き》多《た》院《いん》（川越大師《かわごえだいし》）

埼玉県川越市

厄除け大師として独特の信仰を集める「川越大師」の御朱印

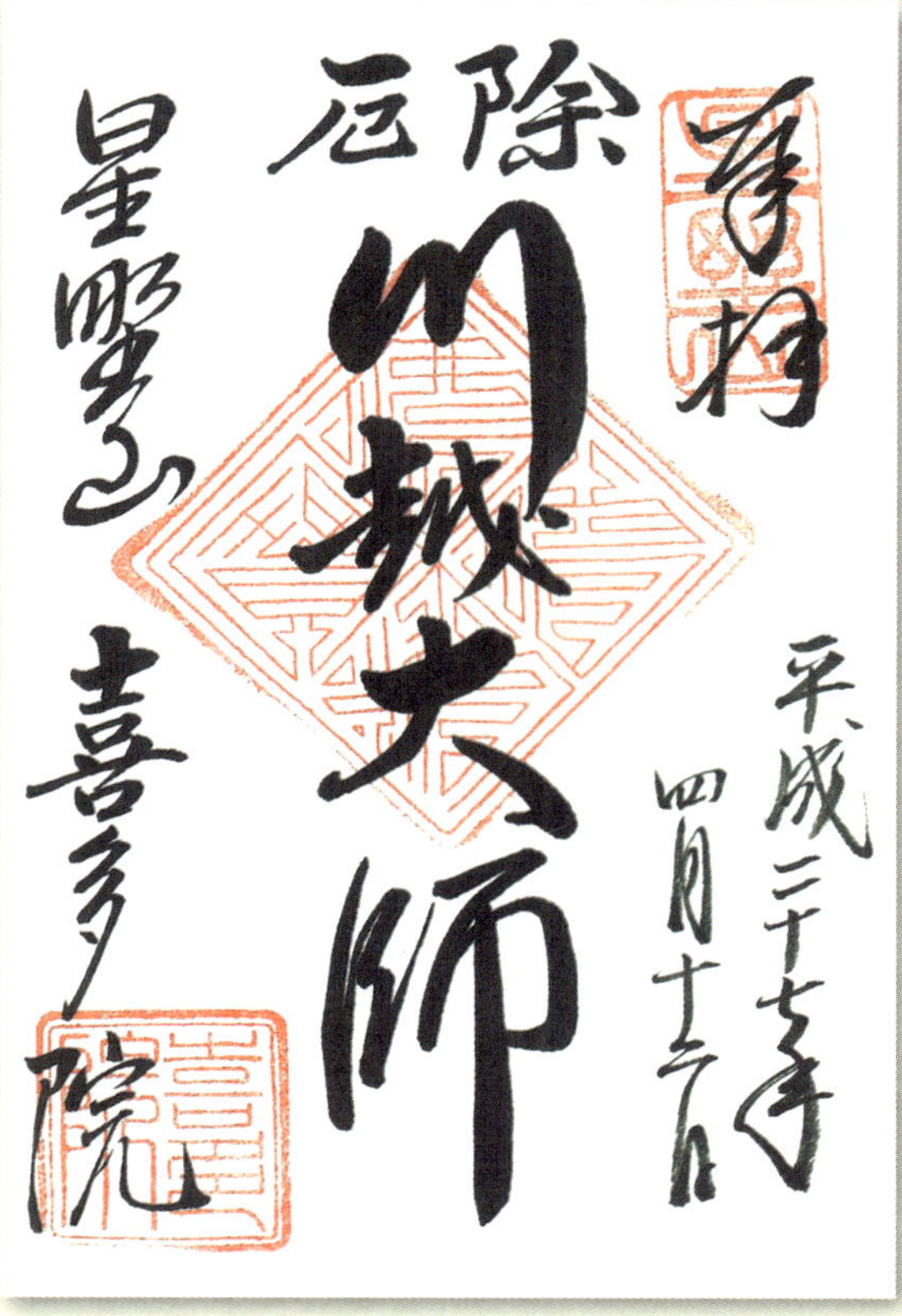

喜多院は、埼玉県川越市にある天台宗の寺院で、「川越大師」の別名で知られています。

徳川家康の側近として知られる僧・天海が住職を務めるなど、徳川家とのゆかりが深いお寺です。三代将軍家光が大火により全焼した喜多院の再建を行った際は、江戸城の一部を解体して喜多院に移築し、現在も喜多院の書院として残されています。

境内にある五〇〇体以上からなる五百羅漢の石像は日本三大羅漢の一つです。石仏はすべてが異なる表情、ポーズをしているといいます。

祀っているのは、比叡山延暦寺中興の祖として知られる良源（元三大師）。御朱印は、喜多院の別称である「川越大師」です。

住所
〒350-0036
埼玉県川越市小仙波町1-20-1

蓮馨寺《れんけいじ》

埼玉県川越市

慈悲の心あふれる「呑龍上人」の御朱印

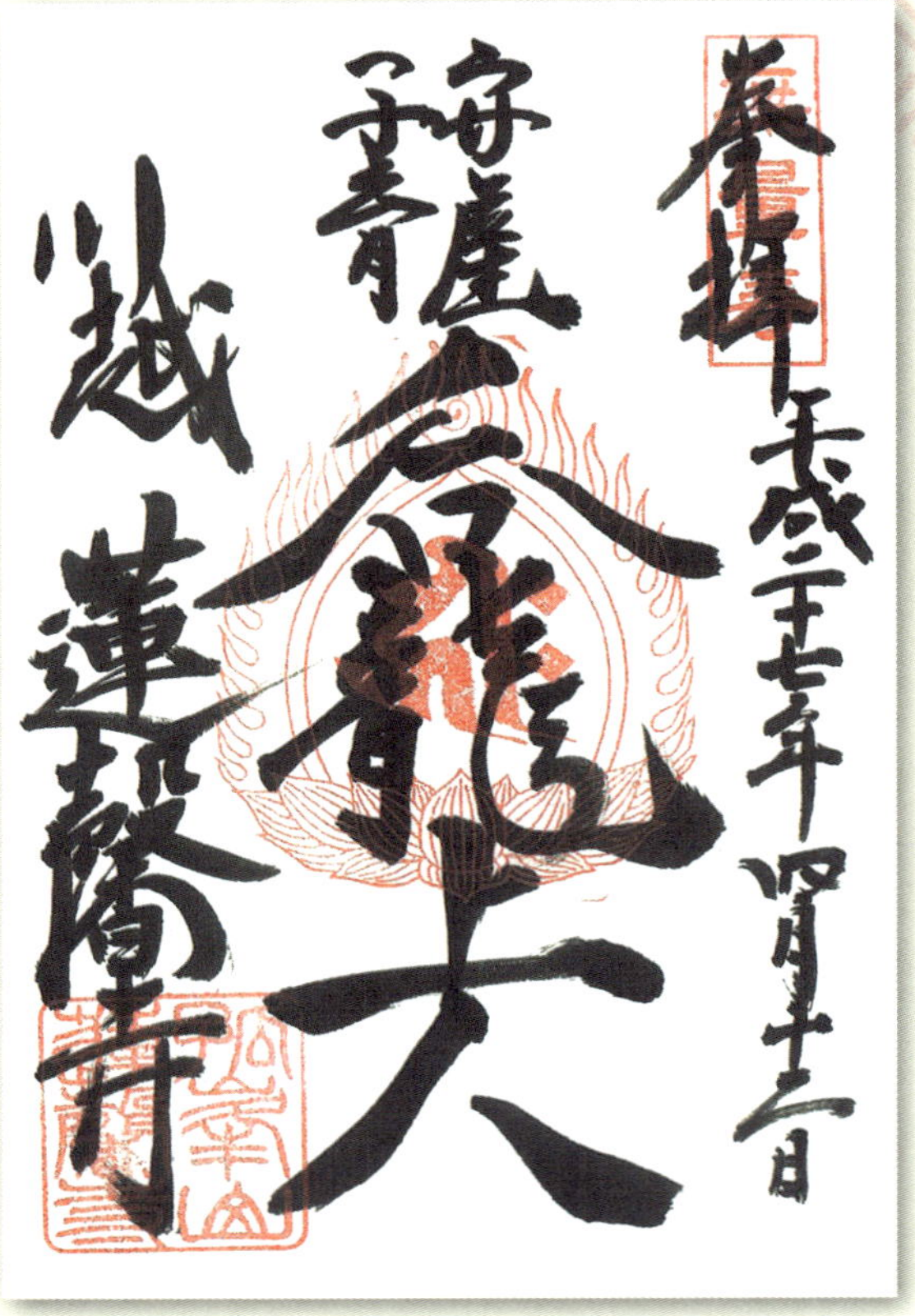

江戸の文化を感じさせる町・川越。休日になると多くの観光客でにぎわう町の一画にあるのが、浄土宗・蓮馨寺です。

戦国時代の後北条氏の重臣であり、川越城主であった大道寺政繁《だいどうじまさしげ》の母・蓮馨が開基です。政繁の甥にあたり、のちに増上寺の法主となった感誉存貞《かんよぞんてい》上人が開山のお寺です。

江戸時代には、浄土宗の僧侶養成機関である「関東十八檀林《だんりん》」の一つといわれ、多くの学僧を輩出しました。

境内には、貧しい子供たちを預かって育て、貧民救済などに尽力し、「子育て呑龍《どんりゅう》」と呼ばれる浄土宗の僧・呑龍上人を祀る呑龍堂があり、毎月八日の「呑龍デー」にはさまざまな出店が並びます。

御朱印は「安産子育 呑龍上人」というめずらしいものです。

住所
〒350-0066
埼玉県川越市連雀町7-1

最乗寺《さいじょうじ》

神奈川県南足柄市

最乗寺の守護「道了尊」の御朱印

最乗寺は、室町時代の開創以来六百年の歴史をもつ関東の霊場として知られ、全国に四〇〇〇あまりの門流をもつ曹洞宗の寺院です。

老杉が茂り、三十余棟の堂塔が建ち並ぶ広大な境内には、修行道場としての僧堂も設置されており、凜《りん》とした空気と霊気があふれています。

いただくことができる御朱印は、「道《どう》了尊《りょうそん》」です。道了は、開山である曹洞宗の僧・了庵《りょうあん》慧《え》明《みょう》が最乗寺を開く際に創建に尽力した人物で、了庵の没後は衆生救済と寺門の守護を誓って天狗のような姿となり、山中に身を隠したといわれます。以来、「道了大薩埵《だいさった》」と呼ばれ、信仰を集めてきました。

道了大薩埵を御本尊とする御真殿《ごしんでん》には、大天狗、小天狗が両脇侍《りょうわきじ》として奉祀されており、天狗の像が複数安置されていることも最乗寺の特徴です。

住所
〒250-0127
神奈川県南足柄市大雄町1157

恵《え》林《りん》寺《じ》

山梨県甲州市

武田信玄をイメージさせる大胆かつ緻密な御朱印

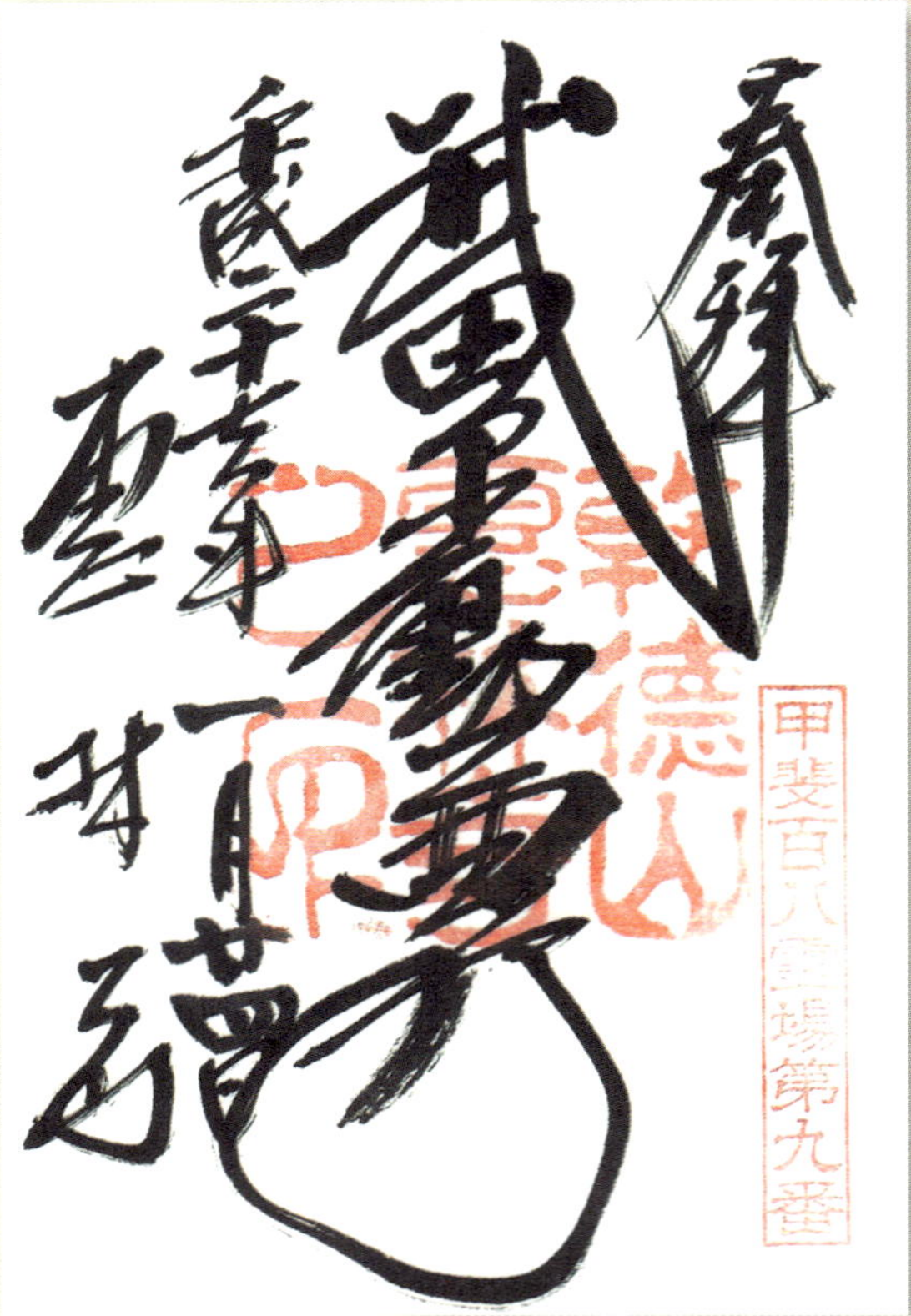

臨済宗妙心寺派・恵林寺は、戦国時代の雄にして「甲斐の虎」との異名をもつ武田信玄とゆかりの深い、甲斐武田氏の菩提寺として知られています。

見どころの一つが、明王殿に安置されている「武田不動尊」と称される不動明王坐像です。この像は、武田信玄が京から仏師を招き、信玄と対面して彫刻させ、信玄みずからの頭髪を焼いて彩色させたものだといわれており、その憤怒の相は戦国の世を生きた武田信玄を彷彿《ほうふつ》とさせるものです。

境内には武田信玄の墓もあり、戦国時代ファンにはたまらないお寺といえます。

いただける御朱印は、武田信玄をイメージさせる大胆かつ緻密な書体の「武田不動尊」です。

住所
〒４０４－００５３
山梨県甲州市塩山小屋敷２２８０

覚林寺《かくりんじ》

東京都港区

加藤清正ゆかりの寺院の御朱印

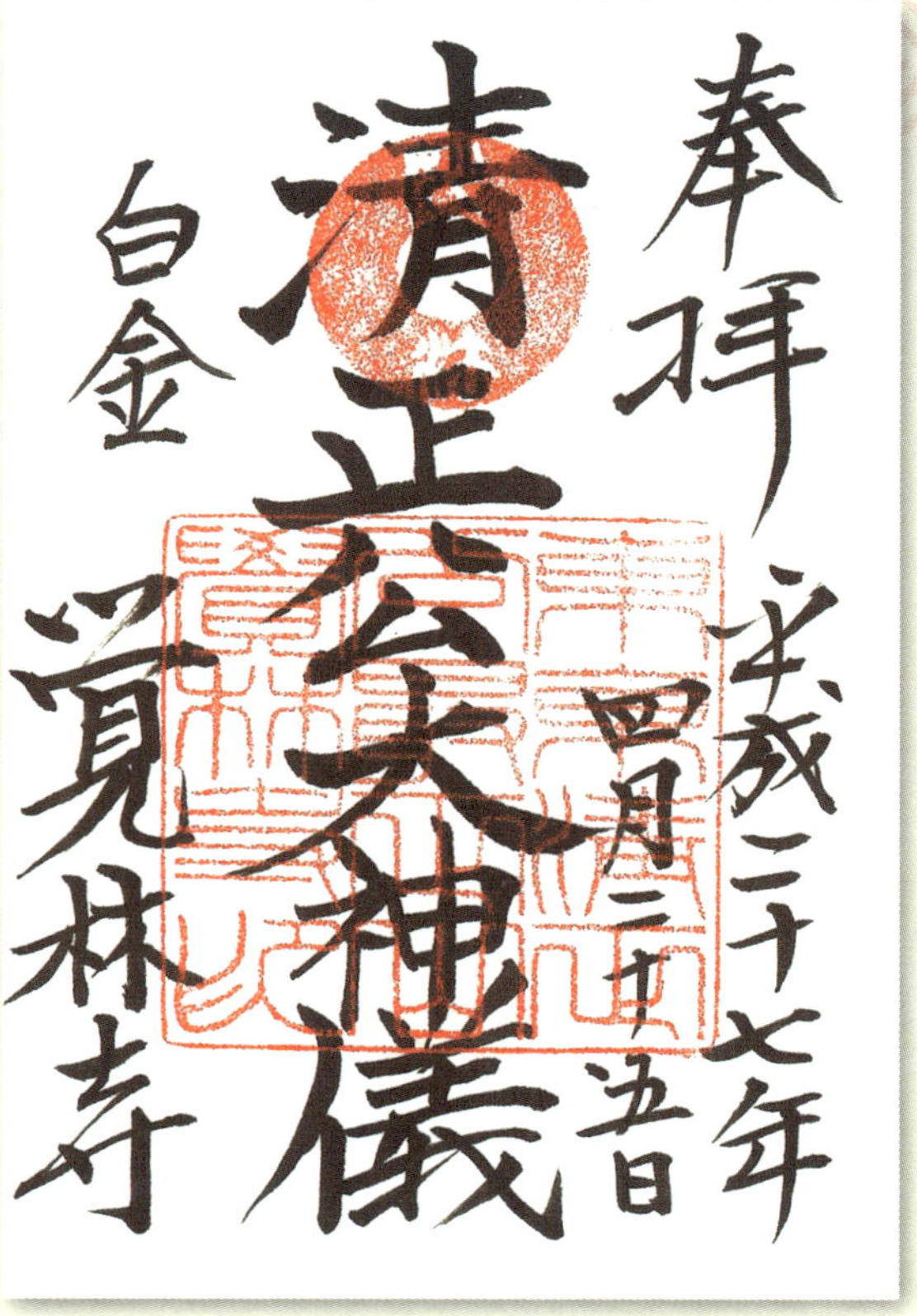

東京・白金台の大通りに面する加藤清正《きよまさ》ゆかりの日蓮宗寺院・覚林寺。

覚林寺は、加藤清正が文禄・慶長の役の際に日本に連れてきた朝鮮王族の子（のちの日延《にちえん》上人）が開山となったお寺です。加藤清正の御尊像を安置し、江戸時代から「白金の清正公《せいしょうこう》さま」と呼ばれて親しまれてきたといいます。

毎年五月四日、五日には清正公大祭が行われ、菖蒲《しょうぶ》の入った「御勝守《おかちまもり》」が授けられるため、それを求めて多くの人でにぎわいます。

御朱印は「清正公大神儀」。日蓮宗寺院の御朱印は、その寺院独自のめずらしい文言が多く、覚林寺もその一つです。

覚林寺オリジナルの御朱印帳にも、加藤清正所用の兜《かぶと》がデザインされています。

住所
〒108-0071
東京都港区白金台1-1-47

徳大寺《とくだいじ》

東京都台東区

幾多の厄災を免れてきた 開運「摩利支天」の御朱印

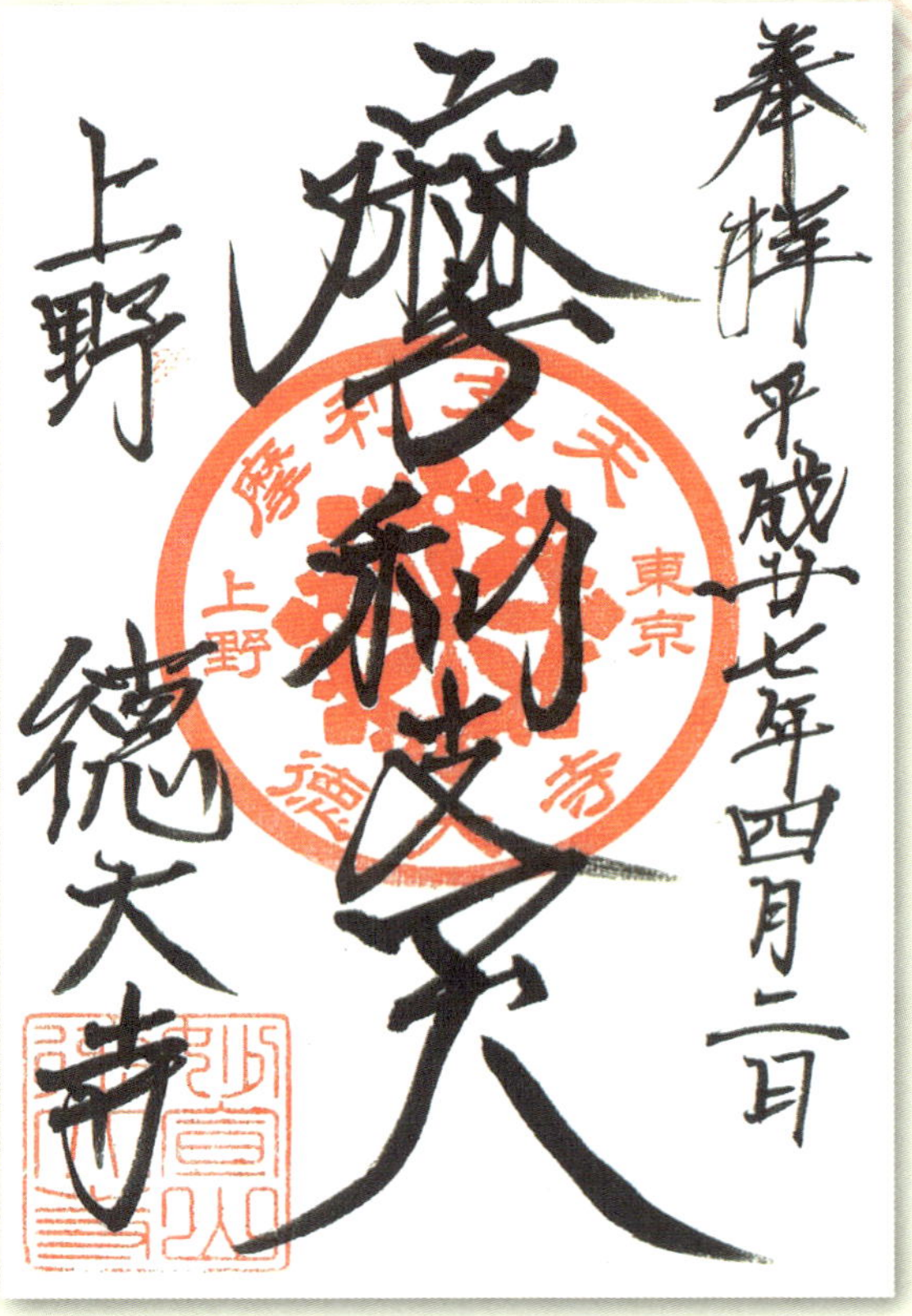

いつも大勢の人でにぎわう上野・アメ横商店街のなかにある徳大寺。聖徳太子作との伝承が残る開運摩利支天を祀る日蓮宗のお寺です。周りを商店に囲まれ、立体構造の寺院様式となっています。

御朱印に書かれる「摩利支天」とは、仏教を守護する天部の神のことで、中世以降、武士階級を中心に信仰された勝利の守護神をいいます。楠木《くすのき》正成《まさしげ》や毛利元就《もとなり》などの戦国時代を生きた武将たちが、摩利支天の像や旗印とともに合戦に臨んだそうです。

徳大寺の摩利支天像は江戸時代より祀られ、庶民の信仰を集めてきました。その後の関東大震災や東京大空襲などでも焼失を免れ、現在でも厄災を祓《はら》う開運勝利の守護神として信仰されています。

住所
〒110-0005
東京都台東区上野4-6-2

眞源寺《しんげんじ》（入谷鬼子母神《いりやきしもじん》）

東京都台東区

恐れ入谷の鬼子母神の御朱印

ダジャレなどの言葉遊びの一つである地口「恐れ入谷の鬼子母神」で知られる法華宗本門流（日蓮宗から分派）・眞源寺。鬼子母神を祀り、「入谷鬼子母神」の別称で有名なお寺です。

鬼子母神は、もともとは人の子供を奪っては食ってしまう悪神だったといいます。しかし、釈迦の戒《いまし》めによって悔い改め、以後は仏教の守護神に転向したことから、入谷鬼子母神の鬼の字は、ツノのない「鬼」を使うとか。

七月上旬には、入谷名物の「朝顔市」が開かれ、下町情緒豊かな初夏の行事として親しまれています。

鬼子母神の御朱印は眞源寺のほかに、江戸三大鬼子母神といわれた法華経寺（千葉県市川市）、法明寺（東京都豊島区）でもいただくことができます。

住所
〒110-0004
東京都台東区下谷1-12-16

浄《じょう》閑《かん》寺《じ》

東京都荒川区

花魁の押印がされためずらしい御朱印

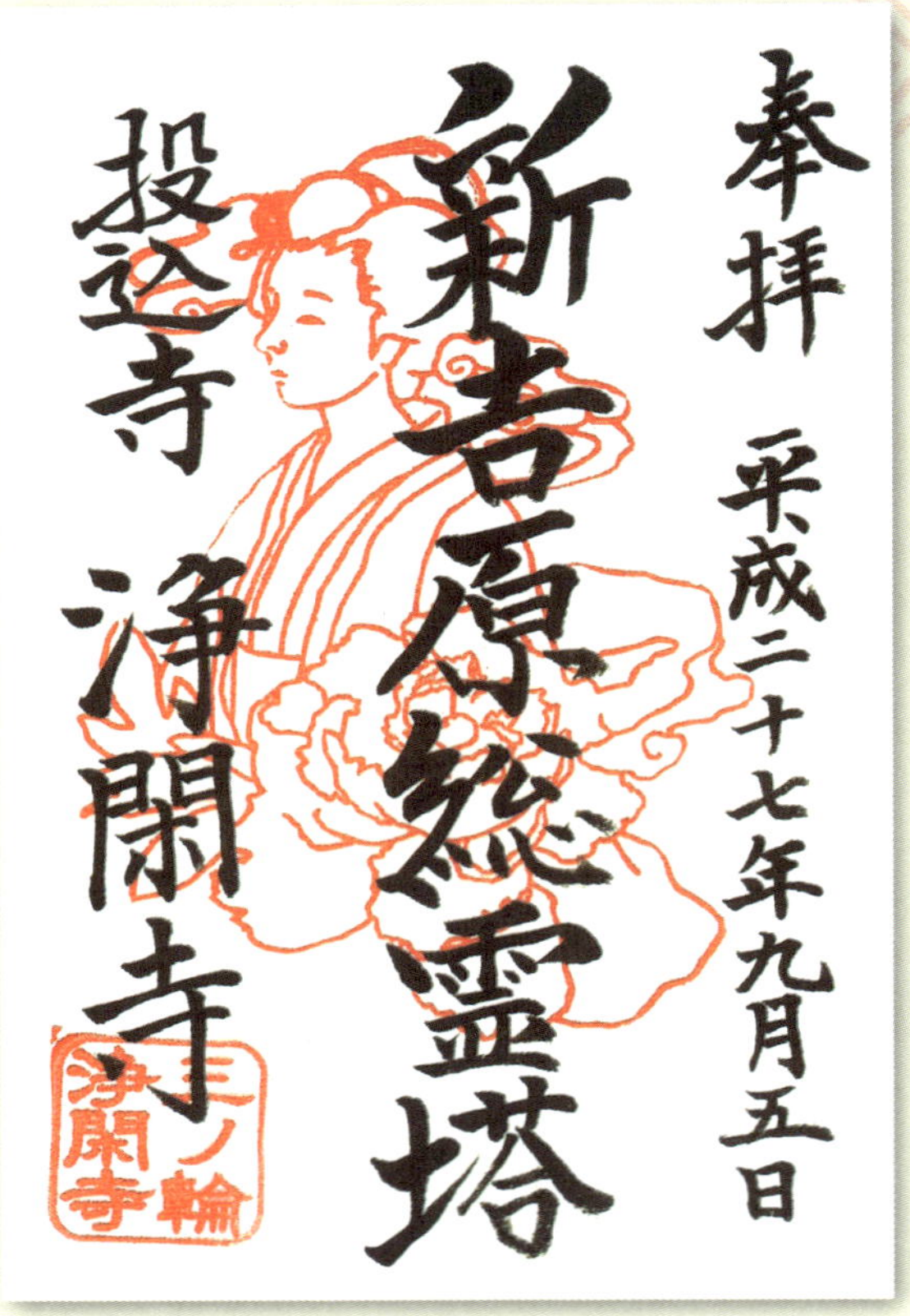

浄閑寺は花街《かがい》として有名な吉原遊郭の近くにある、別名「投込寺《なげこみでら》」として知られる浄土宗のお寺です。

幕末に起きた安政の大地震によって多数の遊女が亡くなった際に、この寺に投げ込むように葬られ、それを受け入れてきたことから「投込寺」と呼ばれるようになったといいます。

境内には、遊女たちの霊を慰めるべく新吉原総霊塔が建立され、その下部には「生まれては苦界《くがい》、死しては浄閑寺」という川柳が刻まれています。

いただける御朱印は、吉原の遊女がデザインされためずらしいものです。花魁《おいらん》の華やかなイメージとともに、多くの遊女たちの哀しい歴史を感じさせる御朱印です。

住所
〒116-0003
東京都荒川区南千住2-1-12

稲《いな》田《だ》禅《ぜん》房《ぼう》西《さい》念《ねん》寺《じ》（稲《いな》田《だ》御《ご》坊《ぼう》）

茨城県笠間市

浄土真宗・立教開宗の聖地でいただくことができる御朱印

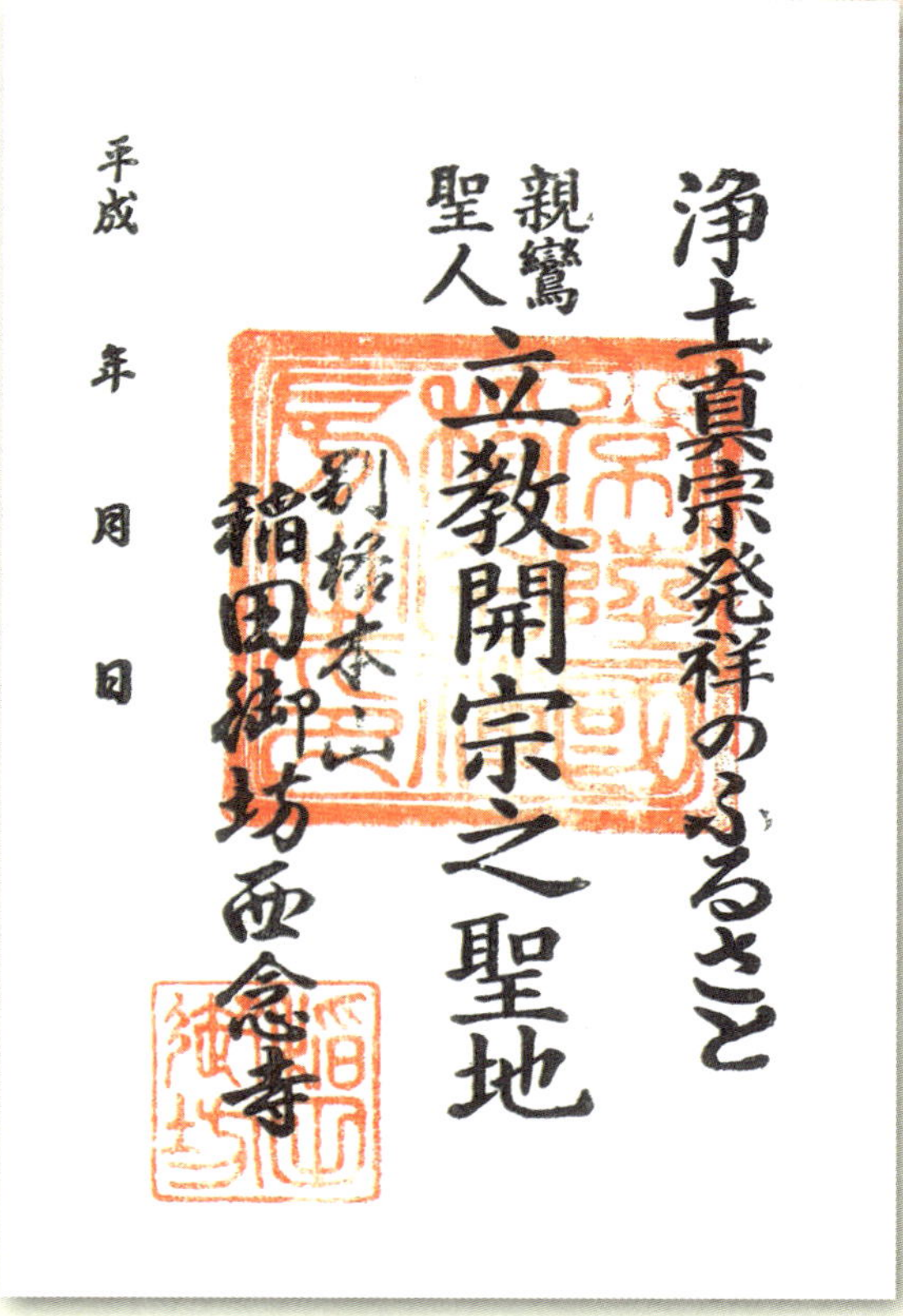

浄土真宗の開祖・親鸞上人が約二十年にわたり関東での布教の拠点とし、『教行信証《きょうぎょうしんしょう》』を書いた稲田草庵があった場所に建つ稲田禅房西念寺（稲田御坊）。

境内には親鸞上人の遺骨が分骨された廟所《びょうしょ》があり、特別な聖地として浄土真宗別格本山となっています。

立派な本堂と手入れの行き届いた境内には、御朱印に書かれた「親鸞聖人立教開宗之聖地」にふさわしい独特の雰囲気があります。

浄土真宗は宗旨として御朱印を授与していない宗派なので、御朱印は参拝を記念する意味合いの強い、筆書きではないものとなっています。

住所
〒309-1635
茨城県笠間市稲田469
http://www.inadagobo.org

古《ふる》峯《みね》神《じん》社《じゃ》

栃木県鹿沼市

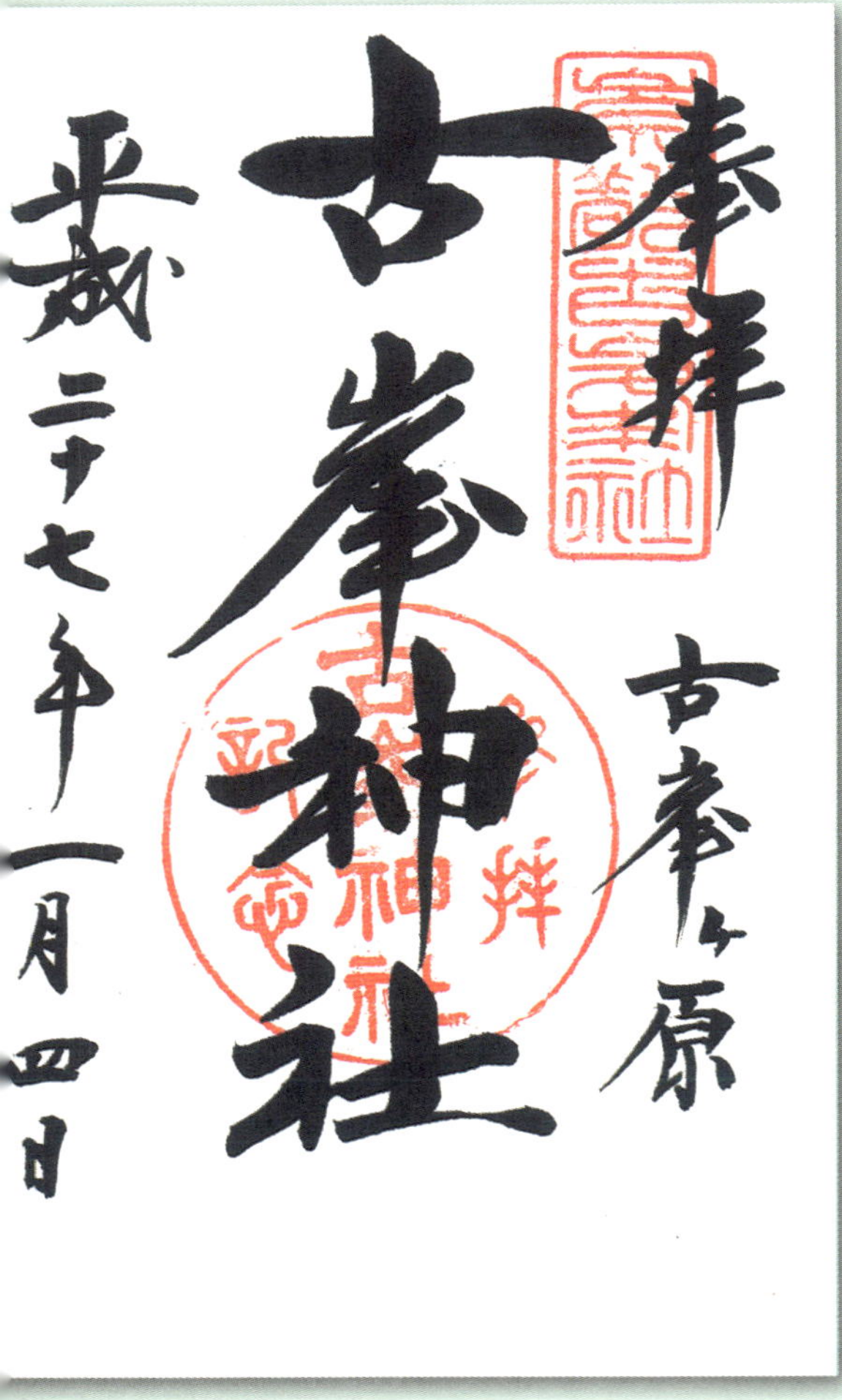

アートすぎる天狗の見開き御朱印をいただけることで有名な古峯神社。日光の山深い場所に日本《やまと》武尊《たけるのみこと》を御祭神として鎮座し、千三百年以上の

圧倒的なインパクト！天狗の見開き御朱印

歴史があるという神社です。また、祭神の使いとして、災厄を除災する天狗信仰の神社でもあります。

　広大な境内は清浄な空気がみなぎり、まさに神域という雰囲気。神様の「おさがり」を調理したものという意味の神饌《しんせん》料理をいただいたり、宿泊したりすることもできます。

　天狗の見開き御朱印は、全部で十数種類以上！　天狗の御朱印目あてに何度も参拝している方も多いとか。通常は絵柄を指定することはできませんが、書かれる方に余裕がある場合のみ、絵柄を指定してお願いすることができるようです。何度も参拝したくなる神社です。

住所　〒322-0101　栃木県鹿沼市草久3027

烏森神社《からすもりじんじゃ》

東京都港区

日本一カラフルな「烏森神社」の御朱印

ビジネスパーソンでにぎわう東京・新橋にある烏森神社。平安時代、藤原秀郷《ひでさと》が平将門の乱を鎮定した際、勝利を感謝し、お告げに従って創建したという稲荷神社です。

カラフルな御朱印をいただける神社として、寺社・御朱印巡りをしている人のなかではとくに有名です。通常のカラフルな御朱印以外に、五月の例大祭（紫色の印に金色の文字）、三月のひなまつり（桃色の押印と文字）など、期間限定で特別な御朱印をいただくことができます。

そのほか、節分や七夕、年末（年越大祓《おおはらえ》）、年始（新春奉拝）など、その時期にしか押印されないものを含めると、それだけで御朱印帳一冊が埋まってしまうほど多数の異なる御朱印が用意されています。

住所
〒105-0004
東京都港区新橋2-15-5

毎年五月の例大祭の時期にだけ授与される限定御朱印

毎年三月三日のひなまつりの日にだけ授与される限定御朱印

鎮守氷川神社《ちんじゅひかわじんじゃ》

埼玉県川口市

季節によって色が異なる素盞嗚命の迫力ある御朱印

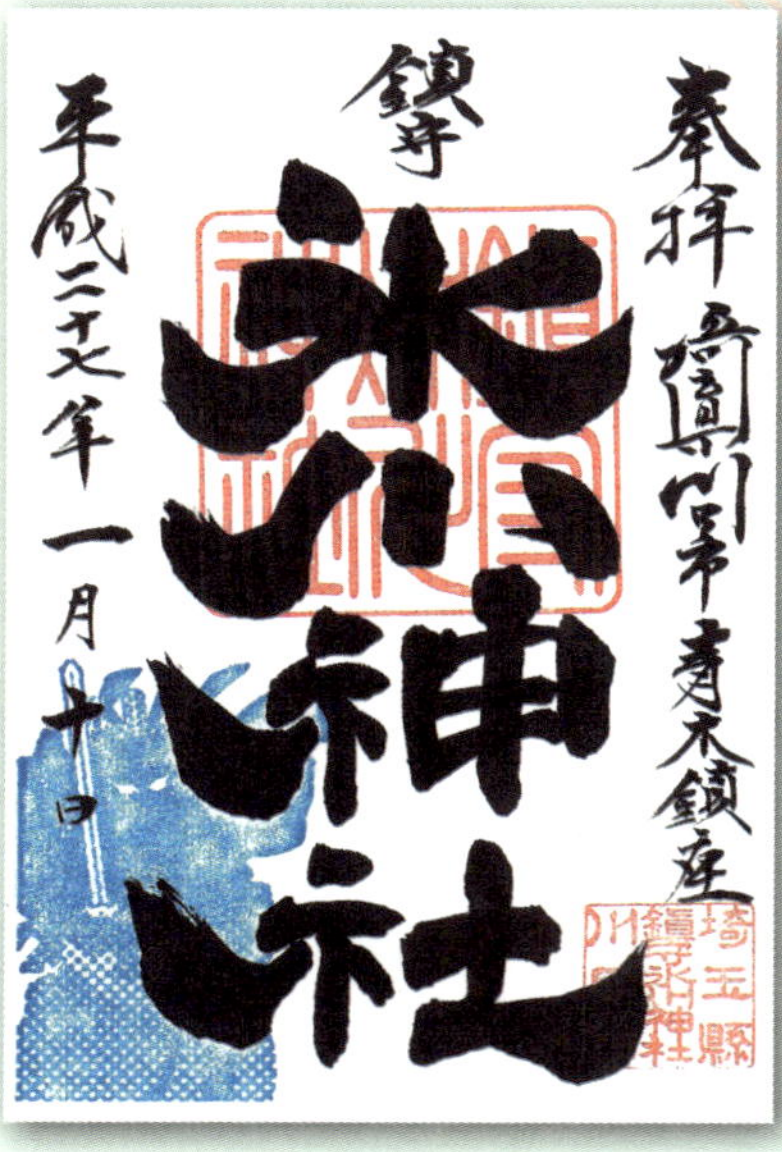

凄みのある文字に迫力ある素盞嗚命《すさのおのみこと》の押印の御朱印をいただけるのが、鎮守氷川神社です。

創建は室町時代初期にさかのぼり、ヤマタノオロチを退治した神話で知られる素盞嗚命を祀る地域の古社として存在してきたといいます。

境内の裏手には、両手で抱きつくとパワーをいただけるという樹齢四百年以上、太さは五メートルあるという御神木「大ケヤキ」があり、冷たい樹皮からは不思議とパワーを感じることができます。

御朱印の素盞嗚命の押印の色は、季節によって青、緑、赤など異なるとのこと。全部そろえたくなる、カラフルでダイナミックな御朱印です。

住所
〒332-0031
埼玉県川口市青木5-18-48

上《かみ》神《しん》明《めい》天《てん》祖《そ》神《じん》社《じゃ》

東京都品川区

バラエティ豊かな龍神と白蛇のカラフル御朱印

時期によって、異なるカラフルな御朱印をいただける上神明天祖神社。龍神と白蛇の押印が印象的な御朱印です。

鎌倉時代、飢饉《ききん》の危機に際し、僧侶が池の龍神に雨乞いの祈願をしたところ、慈雨が降ってきたので、それに感謝して神社を勧進し祀ったという創建の史実と、社殿の横の清水に棲《す》みついていた白蛇に由来する押印とのことです。

一月は正月を祝い、金色と銀色の押印、四月（弁天社例祭）は、桜の花をイメージしたピンク、九月（例大祭）は雨乞いの断食祈願を称えた水色、そのほかの月は緑色と青色の押印（通年で授与）と、バラエティ豊かです。

荏原《えばら》七福神の一つとして弁財天が祀られており、弁財天の御朱印もいただけます。

住所
〒142-0043
東京都品川区二葉4-4-12

高《たか》田《た》總《そう》鎮《ちん》守《じゅ》氷《ひ》川《かわ》神《じん》社《じゃ》

東京都豊島区

清楚で上品なカラフル御朱印

平安時代の清和天皇の御代《みよ》（貞観年間）に創祀《そうし》され、六歌仙のひとりとして知られる在原業平《ありわらのなりひら》公も御参拝された歴史ある神社です。

「山吹の里 氷川宮」と鎌倉・室町時代に称されたことから、現在の御朱印に筆で表記されています。

江戸時代には氷川大明神と奉称されて、徳川家光公の御参拝や御祈願も再三あり、武家や農民、町人の信仰を集めた様子は境内の鳥居や狛犬・玉垣などに時代の変遷を見ることができます。

明治時代は村社に定められ、豊島区成立当時の4分の1を占めた高田村（高田・目白・雑司が谷・文京区目白台）の総鎮守として今も多くの方々の尊崇を集めています。

高田總鎮守氷川神社のほかに、境内神社の高田姫稲荷神社、目白駅近くの目白豊坂稲荷神社の御朱印をいただくことができます。

授与される御朱印の添え印は、現

目白豊坂稲荷神社の御朱印

高田姫稲荷神社の御朱印

在、月ごとに異なり、細部にも心配りのされた上品でカラフルな押印です。掲載した御朱印は秋バージョンのもので、グラデーションの紅葉とどんぐりが押印されています。

住所
〒171-0033
東京都豊島区高田2-2-18

思《おも》金《いかね》神《じん》社《じゃ》

神奈川県横浜市

学問の神のめでたい御朱印

『古事記』や『日本書紀』などで活躍する思金神《おもいかねのかみ》を祀る思金神社。思金神は、日本神話の故事である岩戸隠れの際に、天照大神《あまてらすおおみかみ》を岩戸の外に出すための智恵を授けたことで有名な、智恵を授ける神様です。

思金神社は、地域の神社として崇敬を受けてきた比較的小さい神社ですが、御朱印がド派手なことで有名です。

思金神がデザインされた力を授ける福徳成就の御朱印、境内にある願いが叶うとされる階段の御朱印、学問の神のめでたい御朱印など、福々しい楽しい気持ちにさせてくれるにぎやかな御朱印をいただくことができます。

日付が皇紀で書かれる場合もあるめずらしいもので、この御朱印を求めて遠方から参拝に来られる方もいるそうです。

住所
〒247-0013
神奈川県横浜市栄区上郷町745-1

思金神社のド派手で福々しい御朱印

願いが叶う階段の御朱印

智恵の神の御朱印

福徳成就の御朱印

気象の御朱印

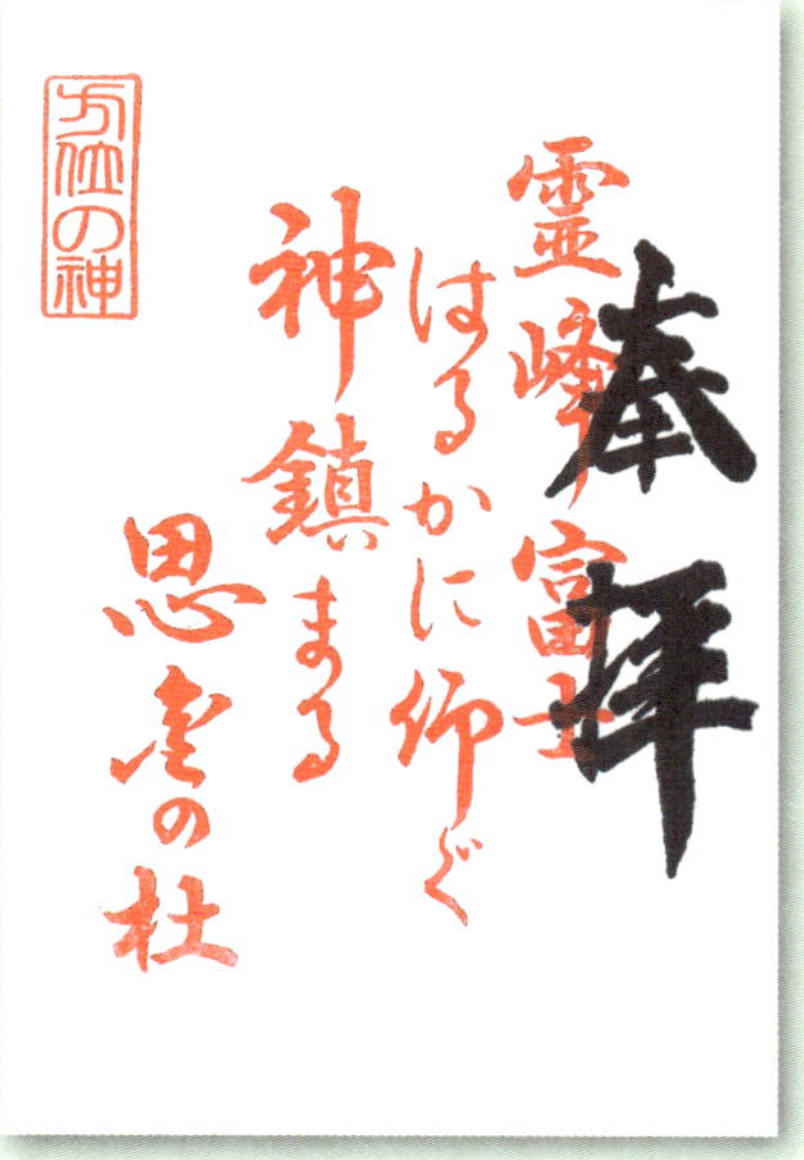

厄除け御朱印

吉原神社《よしわらじんじゃ》

東京都台東区

弁財天の使いである蛇が描かれたアートな御朱印

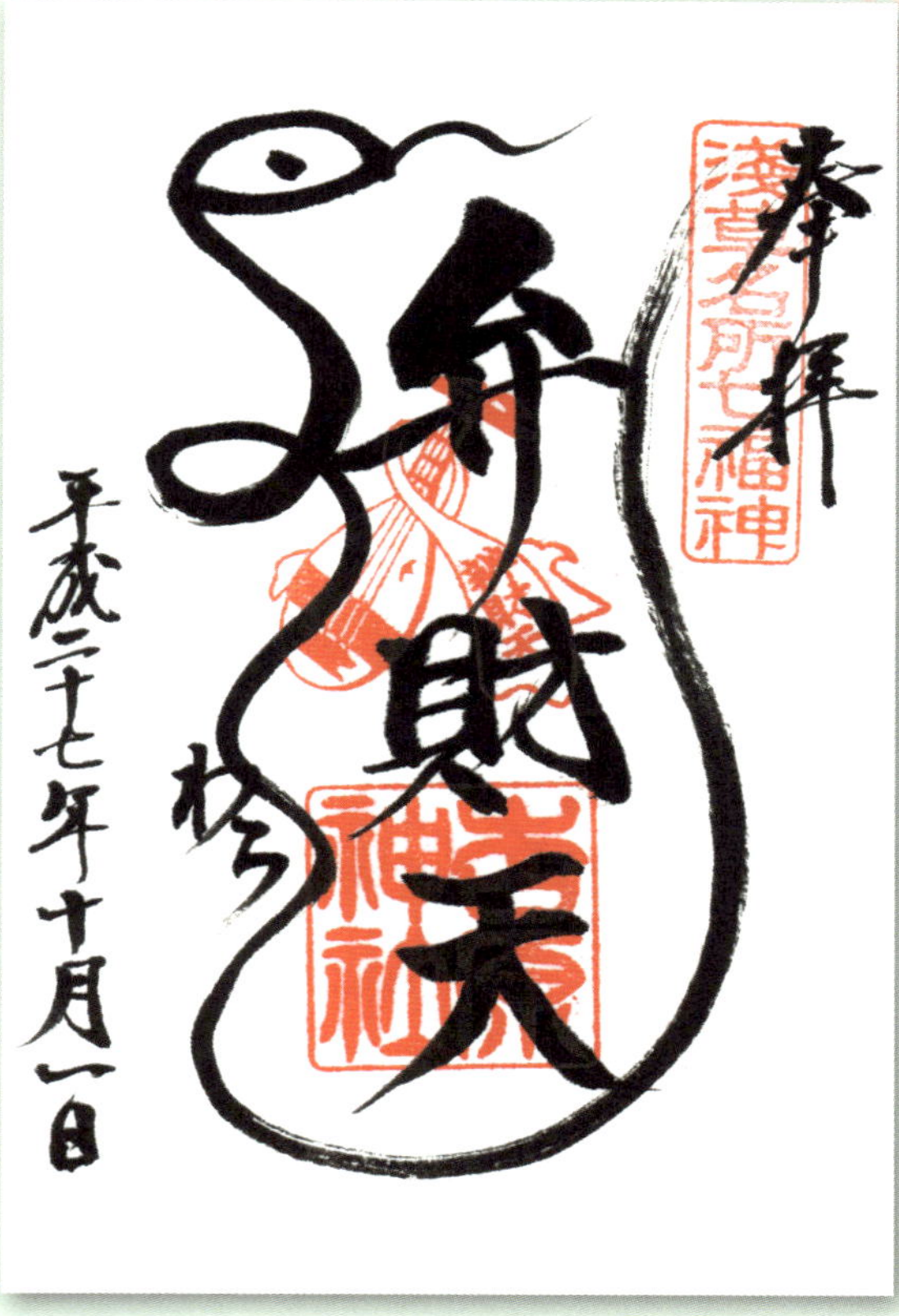

江戸時代に遊郭の町として有名だった吉原界隈の稲荷神社を、明治時代初期に合祀《ごうし》してできた吉原神社は、長年にわたって遊郭関係者の信奉を集めてきました。昭和初期には吉原弁財天を合祀し、「浅草名所《などころ》七福神」の弁財天にも選ばれています。

御朱印は、弁財天の使いが蛇であることにちなんで、吉原の「よし」が蛇のように描かれた、なんともユニークなものです。

地域によっては正月の期間しか御朱印を授与していない七福神が多いですが、浅草名所七福神は通年でいただくことができます。浅草寺（大黒天）など有名な寺社も含まれ、歩いても半日ほどでまわることができるので、浅草観光をかねての巡拝がおすすめです。

住所
〒111-0031
東京都台東区千束3-20-2

志《し》波《わ》彦《ひこ》神《じん》社《じゃ》・鹽《しお》竈《がま》神《じん》社《じゃ》

宮城県塩竈市

陸奥《むつ》国（現在の宮城県など）一之宮である鹽竈神社でいただけるのが、同じ境内にある志波彦神社と合わせた見開きの御朱印「陸奥国一之宮」で

陸奥国一之宮・鹽竈神社の見開き御朱印

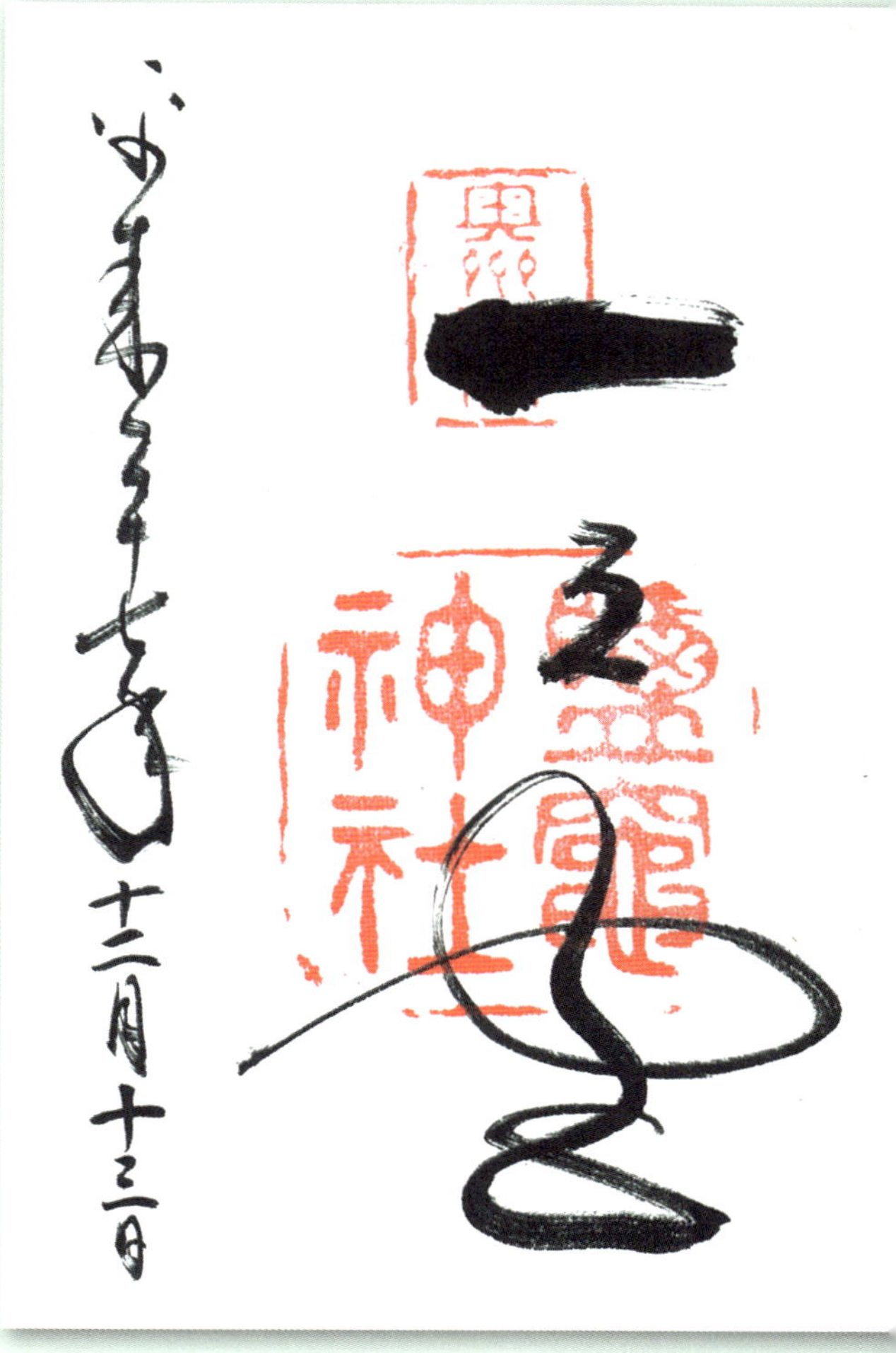

す。志波彦神社と鹽竈神社の押印が左右分かれて押されている、とてもめずらしい御朱印です。

　鹽竈神社の創建は定かではありませんが、平安時代初期の史料にはすでに記されており、東北鎮護・海上守護の陸奥国一之宮として、奥州藤原氏や伊達政宗をはじめとする歴代の仙台藩主から重んじられてきました。現在の社殿は伊達家により建造されたもので、国の重要文化財に指定されています。

　境内は、天然記念物・塩竈桜の美しさでも知られており、開花期間にはライトアップされて多くの人でにぎわいます。

住所
〒985-8510
宮城県塩竈市一森山1-1

成《なる》子《こ》天《てん》神《じん》社《じゃ》

東京都新宿区

菅原道真を祀る「天満宮」の独特な書体の御朱印

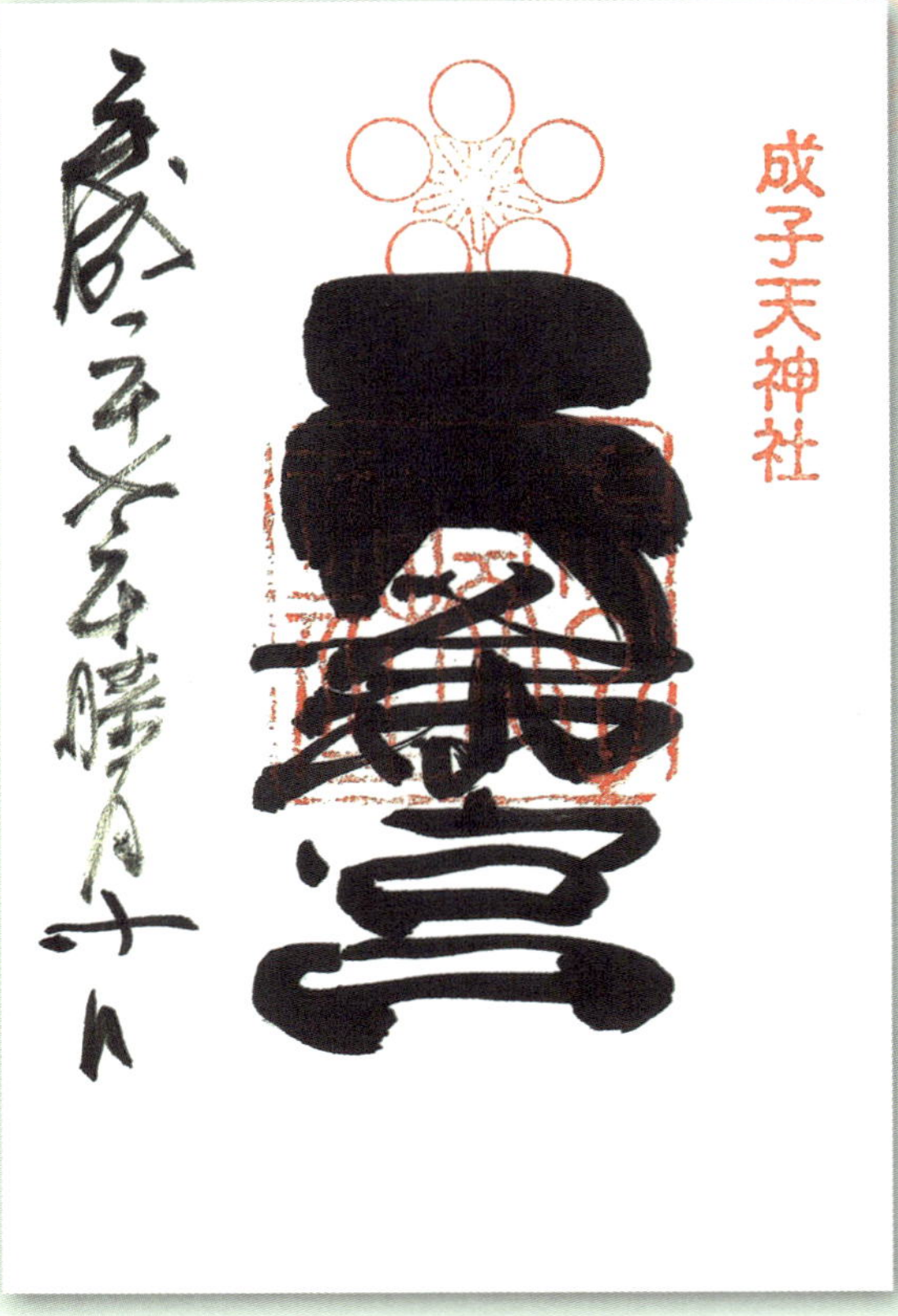

都会的なビルや店が建ち並ぶ東京・西新宿の一画にある成子天神社。学問の神様として有名な平安時代の政治家・菅原道真《すがわらのみちざね》を御祭神として祀っている神社です。

菅原道真が亡くなった年に、道真の遺徳を慕う東国の家臣が、生前に彫られた道真の像を京より持ち帰ったのが始まりという古い歴史をもちますが、現在の社殿は平成二十六年に造営された、朱色が目にも鮮やかな新しいものとなっています。

境内には、富士山の溶岩を運んでつくられた富士塚があり、パワースポットとして訪れる人もいるとか。

御朱印は、特徴ある書体で「天満宮」と書かれた独特なもの。見ていると不思議なパワーを感じさせる御朱印です。

住所
〒160-0023
東京都新宿区西新宿8-14-10

代《よ》々《よ》木《ぎ》八《はち》幡《まん》宮《ぐう》

東京都渋谷区

都会のオアシスでいただける カッコいい御朱印

周囲の喧騒《けんそう》をよそに静かな自然林の境内を有する代々木八幡宮。鳥居をくぐると、そこには心が落ち着く静寂な空間が広がっています。

鎌倉時代、二代将軍源頼家の側近の家来が託宣を受ける夢を見て、小さな祠《ほこら》を建てたのが始まりといわれ、清和源氏をはじめとする武家から信仰されてきた八幡神（応神天皇）を祀る神社です。

掲載した御朱印は、この書体で書いてくださる方がいるときのみいただけるもの。神社の御朱印としてはデザインを感じさせる御朱印です。

また、代々木八幡宮ではめずらしい木製の御朱印帳も販売していて、入荷すると即完売になるほど人気を集めているとか。参拝して見つけた際は、ぜひ購入したいものです。

住所
〒151-0053
東京都渋谷区代々木5-1-1

富《ふ》士《じ》山《さん》頂《ちょう》上《じょう》浅《せん》間《げん》大《たい》社《しゃ》奥《おく》宮《みや》

静岡県富士宮市

富士山山頂でいただく霊石を混ぜた赤茶色の御朱印

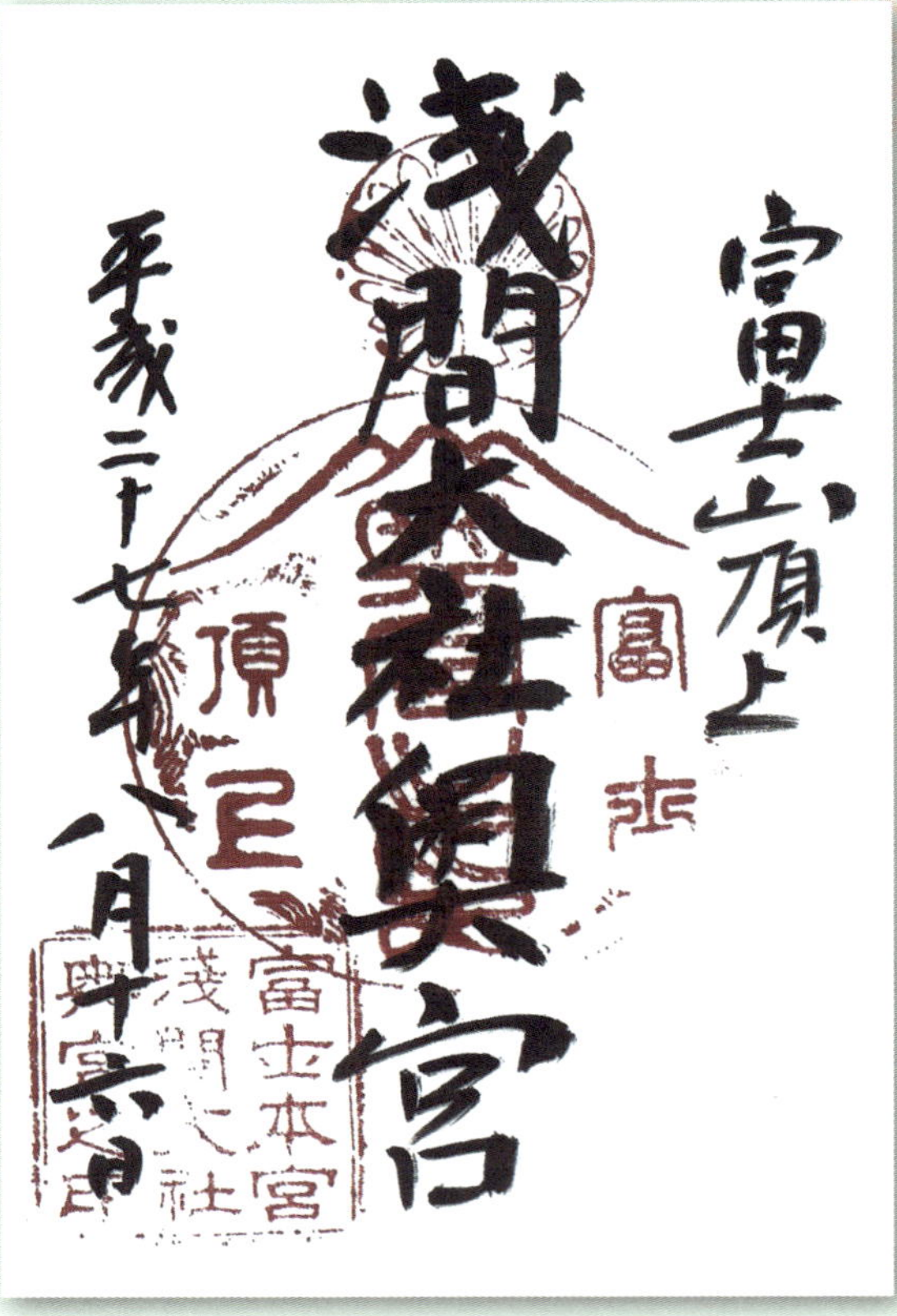

富士山を御神体として祀る富士山浅間大社。その奥宮として八合目以上を境内地とし、富士山の山頂（富士宮口）に鎮座するのが富士山頂上浅間大社奥宮です。

いただける御朱印は、富士山の霊石（溶岩石）を混ぜた赤茶色の御朱印です。七月から八月の開山シーズンに富士山に登った人だけがいただける限定御朱印となっています。

掲載した御朱印のほかにも押印の種類は多数あり、大判の見開き御朱印など、複数の異なる御朱印をいただけます。

富士山の山頂から見る御来光は、太陽を崇拝する神道の心を感じさせる神々《こうごう》しさにあふれています。登頂した達成感も相まって、一生ものの感動を与えてくれるはず。ぜひ登頂して、御朱印も一緒にいただきましょう。

住所
〒418-0067
静岡県富士宮市宮町1-1

久《く》須《す》志《し》神《じん》社《じゃ》

静岡県富士宮市

富士山山頂でいただく もう一つの特別な御朱印

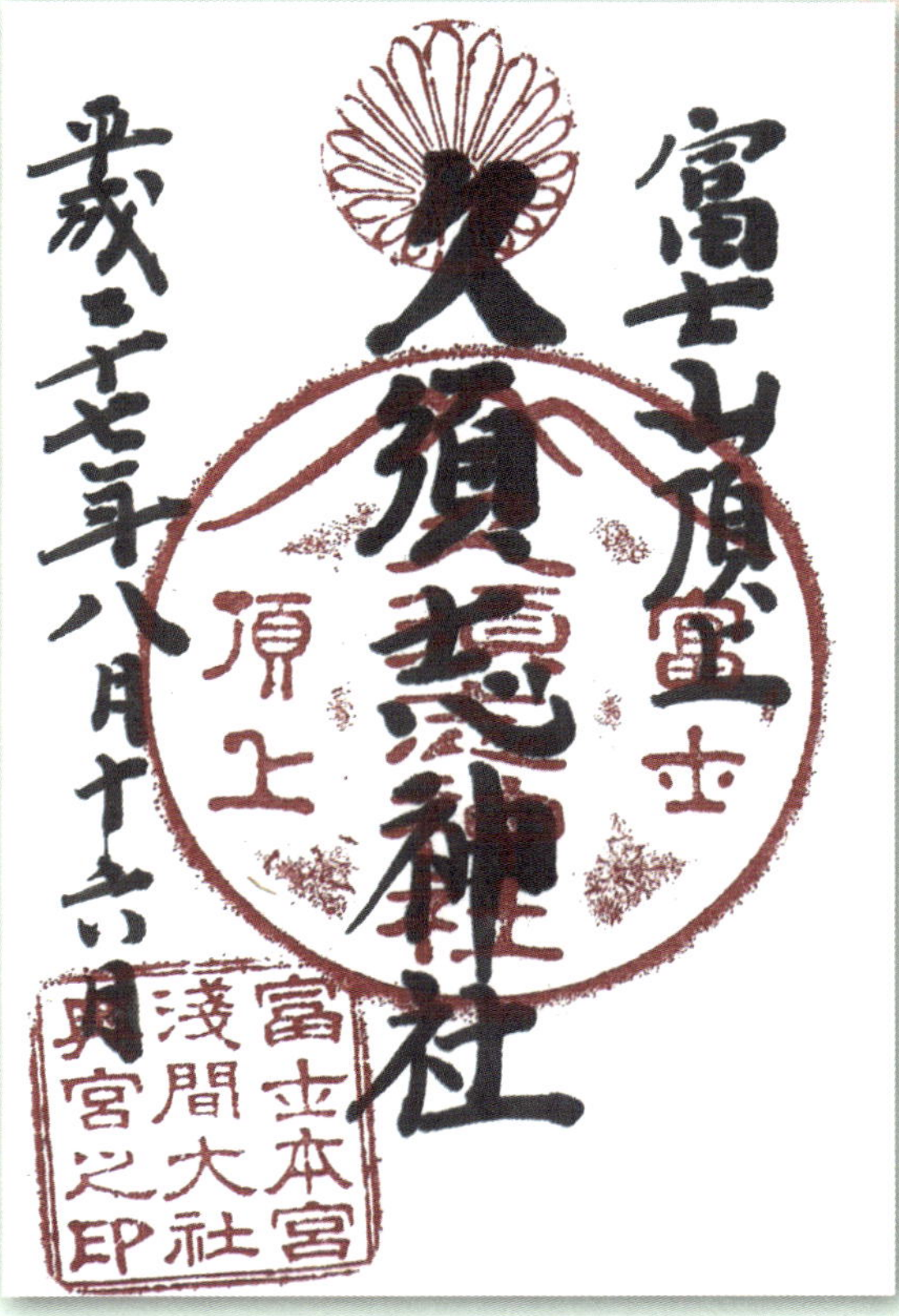

富士山頂上浅間大社奥宮の末社として、須走口《すばしりぐち》の登山道の頂上に鎮座する久須志神社。ここでも、富士山の溶岩石を混ぜた赤茶色の御朱印をいただけます。

富士登山は平安時代末頃から始まり、江戸時代に大きく発展し、「富士講」という団体登山が行われるようになったといわれています。「六根清浄《ろっこんしょうじょう》」を唱えながら金剛杖《こんごうづえ》を持って登り、頂上では奥宮と久須志神社を参拝後、お鉢（火口）廻りをするのが習わしです。体力に自信のある方は、ぜひ挑戦してみてください。

ちなみに、各地につくられている富士塚は、富士山を登ることができない人のために、富士山の溶岩を運んでつくった富士信仰に基づくものです。近年、パワースポットとしても注目を集めています。

住所
〒418-0067
静岡県富士宮市宮町1-1

富士《ふじ》山《さん》本宮《ほんぐう》浅間《せんげん》大社《たいしゃ》

静岡県富士宮市

全国にある浅間神社の総本宮でいただく美しい御朱印

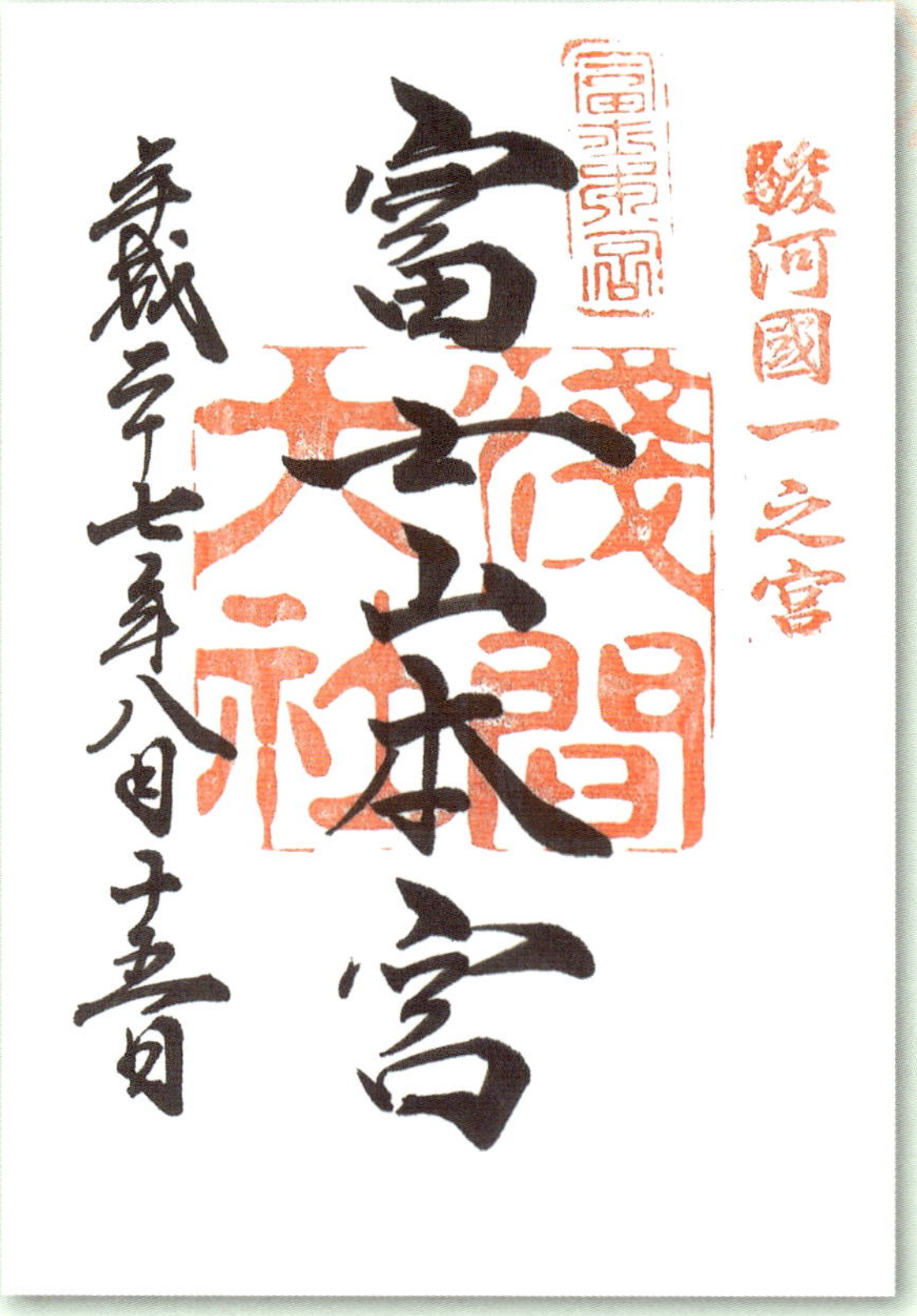

その名のとおり、富士山を御神体とする富士山本宮浅間大社は駿河《するが》国（現在の静岡県）一之宮であり、全国に約一三〇〇社ある浅間神社の総本宮として、古くから朝廷・武家などのほかに、登山を行う修験者の崇敬を受けてきました。江戸時代になると「富士講」と呼ばれる団体登山が行われるようになるなど、庶民からも尊ばれ、親しまれてきた歴史があります。

主祭神は木花之佐久夜毘売命《このはなのさくやひめのみこと》で、社伝によれば、富士山の大噴火により荒れ果てた状態を憂いた第十一代垂仁《すいにん》天皇が浅間大神を祀り鎮めたのが起源とのこと。

御朱印は、日本の歴史を見守ってきた富士山を御神体とする神社にふさわしい美しいものです。

住所
〒４１８-００６７
静岡県富士宮市宮町１-１

洲《す》崎《さき》神《じん》社《じゃ》

千葉県館山市

房総の海を望む安房国一の宮の独特な書体の御朱印

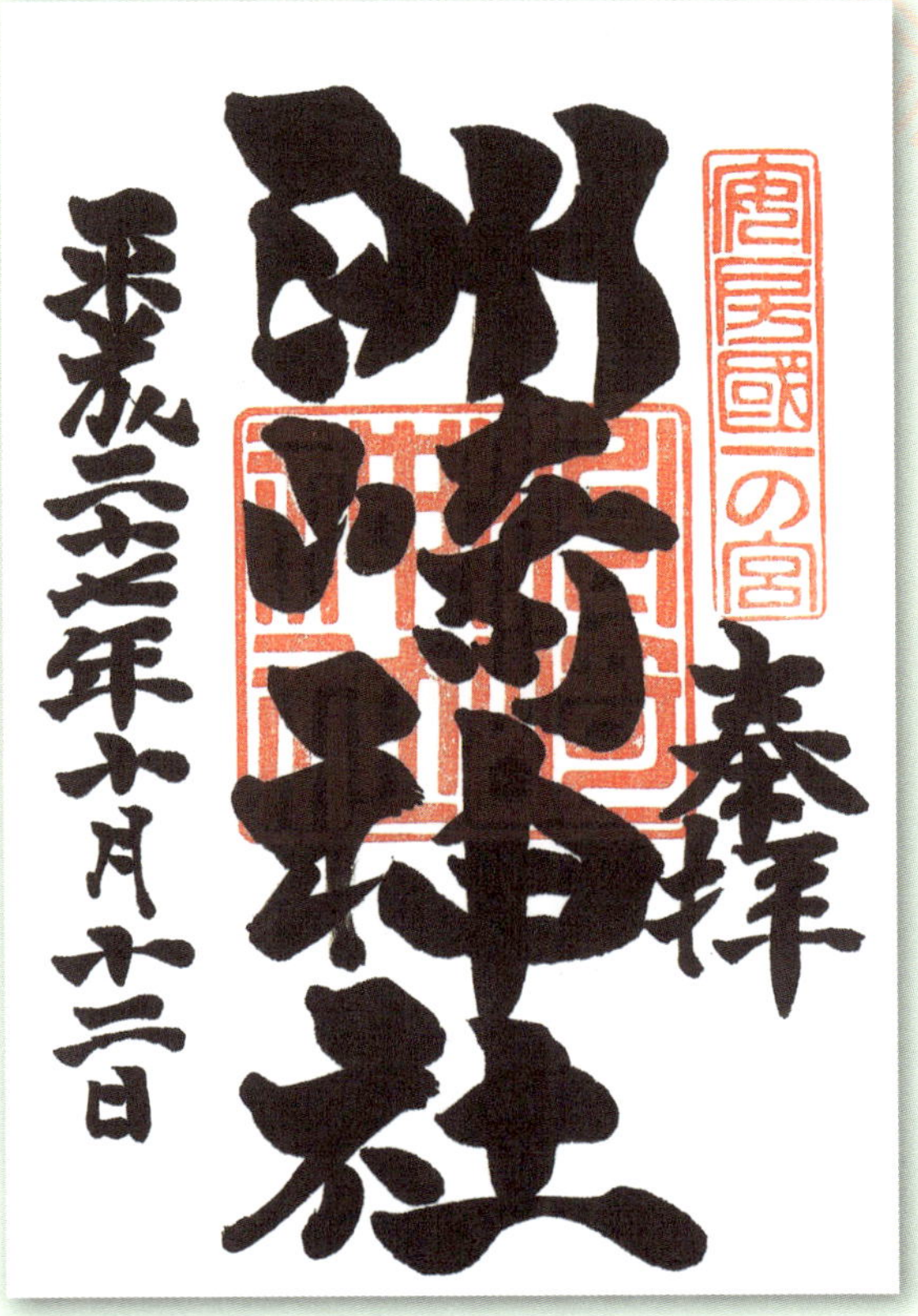

南房総の海を望む山の中腹に鎮座する安房国一の宮・洲崎神社。社伝によれば、神武天皇の治世にまでさかのぼり、御祭神である天《あめの》比《ひ》理《り》乃《の》咩命《めのみこと》を祀ったのが始まりといいます。

平安時代の史料にも幾度となく登場し、安房に逃れた源頼朝が参拝したくだりが『吾妻鏡』に記されています。

江戸時代には、老中・松平定信が「安房国一宮洲崎大明神」の扁額を奉納するなど、古くより格式高い神社として、関東の武家を中心に崇敬を受けてきました。

御朱印は、房総の海をイメージしたかのような独特な力強い書体のもの。普段は神職が常駐されていませんが、神職がいらっしゃらない場合は、用意されている書き置きの御朱印をいただくことができます。

住所
〒294-0316
千葉県館山市洲崎1344

上《うえ》野《の》東《とう》照《しょう》宮《ぐう》

東京都台東区

豪快な崩し字で書かれた「上野東照宮」の御朱印

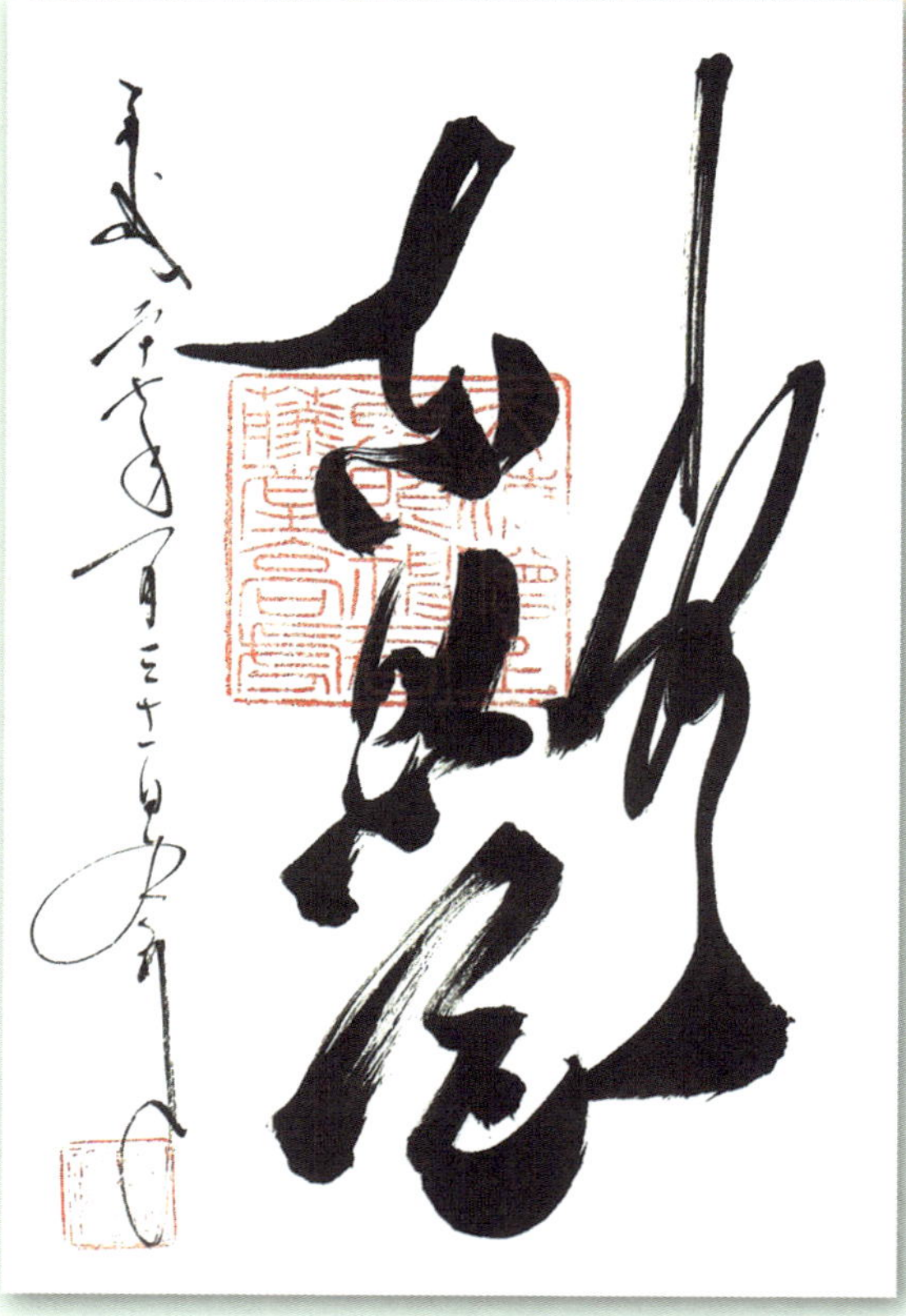

徳川家康を祀る神社として有名な東照宮。日光（栃木県）や久能山《くのうさん》（静岡県）にある東照宮も有名ですが、東京・上野にある東照宮は、それらと区別して上野東照宮と呼ばれています。

上野東照宮は、外様《とざま》大名でありながら家康に重用された藤堂高虎《とうどうたかとら》が、家康の遺言を受けて高虎の領地内に創建し、その後、江戸時代を通じて徳川家により守られてきました。

徳川三代将軍家光が造立した豪華な社殿、参道に並ぶ諸大名が奉納した四八基におよぶ銅灯籠などが見どころです。四月中旬から五月中旬にはぼたん祭が開催され、にぎわいます。

御朱印は、崩し字で「上野東照宮」と書かれたもの。ぼたん祭の開催時期には、カラフルな牡丹の押印をしていただくことができます。

住所
〒110-0007
東京都台東区上野公園9-88

赤《あか》羽《ばね》八《はち》幡《まん》神《じん》社《じゃ》

東京都北区

金色の「∞マーク」が輝く 赤羽八幡神社の御朱印

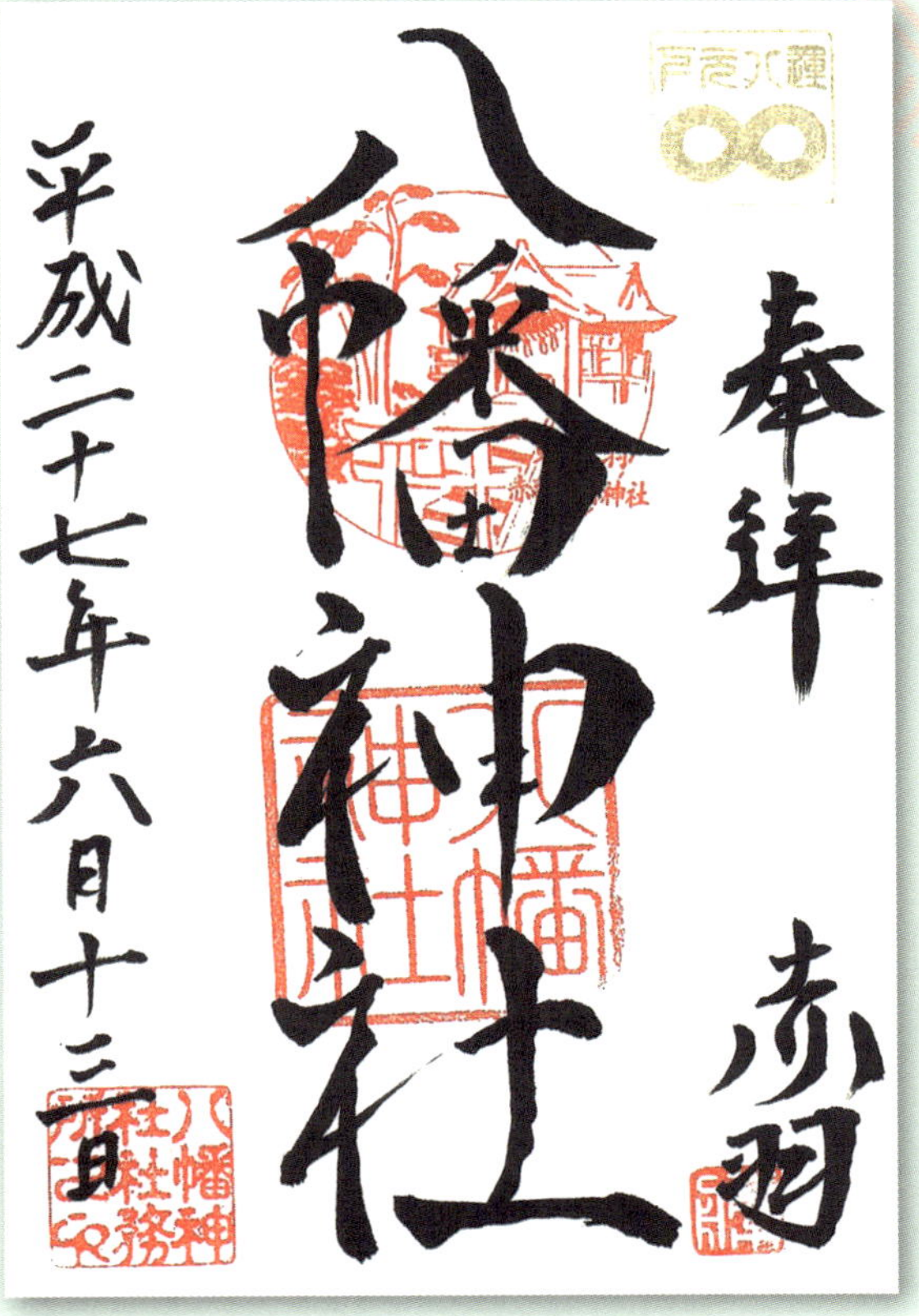

赤羽八幡神社は、奈良時代に征夷大《せいいたい》将軍《しょうぐん》の坂上《さかのうえの》田村麻呂《たむらまろ》が東夷《とうい》征伐の折、この地に陣を取り、八幡三神を勧請して武運長久を祈ったのが始まりとされ、以来、時の為政者たちの庇護を受けながら地域の鎮守として続いてきた神社です。

社務所の下のトンネルは新幹線が頻繁に通過しており、全国でもめずらしい新幹線の絶好の撮影スポットとなっている場所でもあります。

また、神社の授与品等で使用している「∞マーク」が、某アイドルグループのものと同じであることから、そのグループの女性ファンたちが授与品を求めて多数参拝に訪れるとか。

御朱印にも金色の「∞マーク」が押印され、美しく輝いています。

住所
〒115-0053
東京都北区赤羽台4-1-6

銭《ぜに》洗《あらい》弁《べん》財《ざい》天《てん》宇《う》賀《が》福《ふく》神《じん》社《じゃ》

神奈川県鎌倉市

源頼朝が見つけたパワースポット「銭洗辨財天」の御朱印

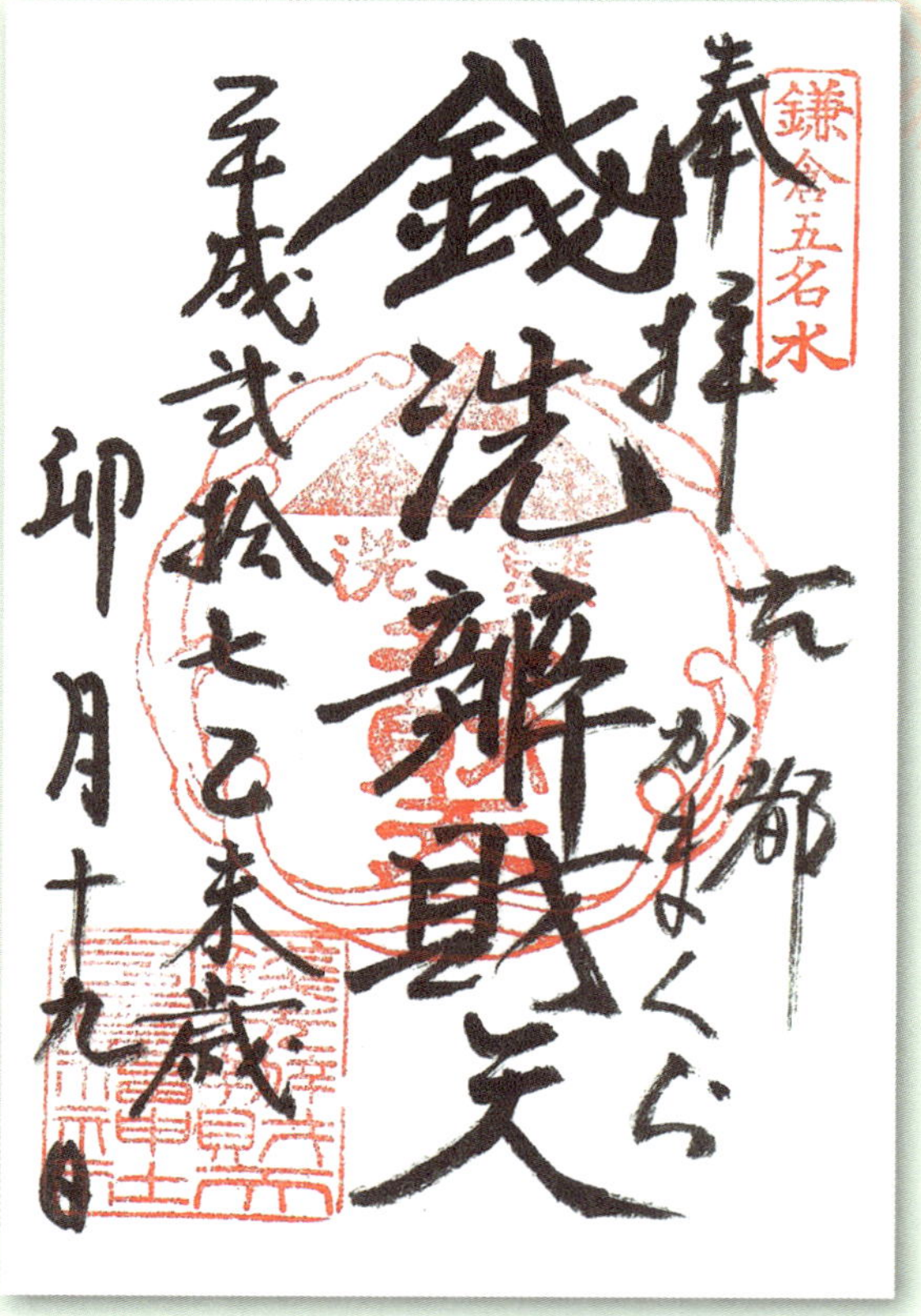

鎌倉幕府を開いた源頼朝が夢のお告げに従い、霊水が湧く場所を見つけ、その場所に社を建てて宇賀福神を祀ったことが始まりと伝えられる宇賀福神社。

やがて、この神社の岩窟に湧く清水でお金を洗うと蓄財できるといわれるようになり、多くの人が参拝に訪れています。現在では、通称「銭洗弁天」と呼ばれ、金運に恵まれる鎌倉屈指のパワースポットとして有名です。

本宮の横にある洞窟内には、銭洗い用のザルが用意され、参拝者はザルに硬貨や紙幣を入れて、鎌倉五名水に数えられる「銭洗水」で洗い、福を授かります。なかには宝くじを洗う人もいるとか。

御朱印は、流麗な細い字で書かれた「銭洗辨財天」です。

住所
〒248-0017
神奈川県鎌倉市佐助2-25-16

小《こ》網《あみ》神《じん》社《じゃ》

東京都中央区

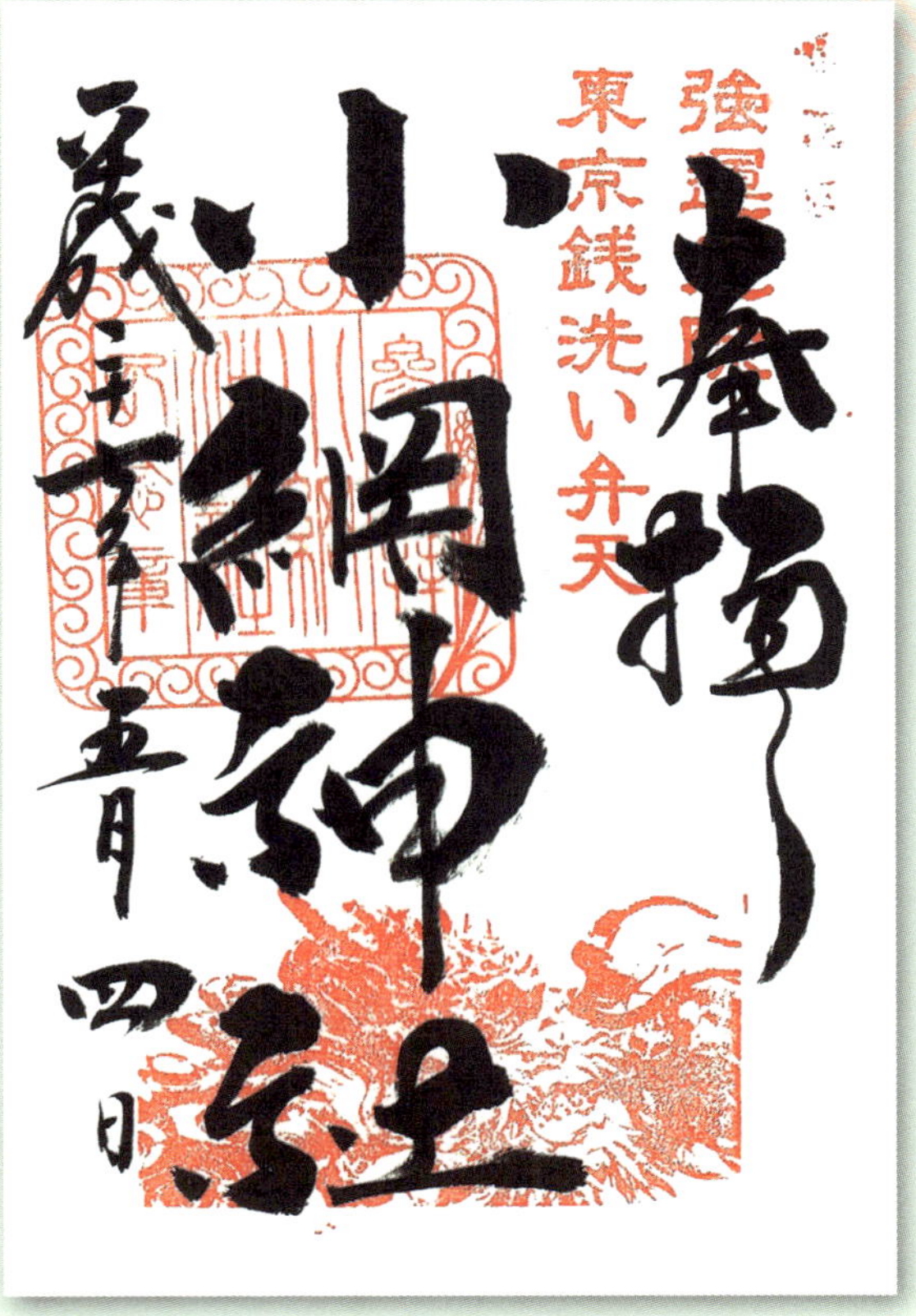

強運厄除の神「小網神社」の御朱印

東京都内で高層ビルの谷間に建つ小網神社は、稲荷大神を主祭神とする「強運厄除の神」として有名な神社です。

もとは同じ境内にあった万福寿寺というお寺が廃寺となったため、安置されていた弁財天を小網神社に遷座《せんざ》し、弁財天も祀るようになったのです。

その後、境内の「銭洗いの井」の水で金銭などを清め、それを財布などに収めておくと金運や財運を授かるといわれるようになったことから「東京銭洗い弁天」ともいわれ、都内のパワースポットの一つとして知られています。

御朱印は、神社ではめずらしい特徴的な文字で書かれ、社殿に彫られた見事な龍をモチーフとした押印がされています。

住所
〒103-0016
東京都中央区日本橋小網町16-23

鷲《おおとり》神《じん》社《じゃ》

東京都台東区

酉の市で有名な「鷲神社」の御朱印

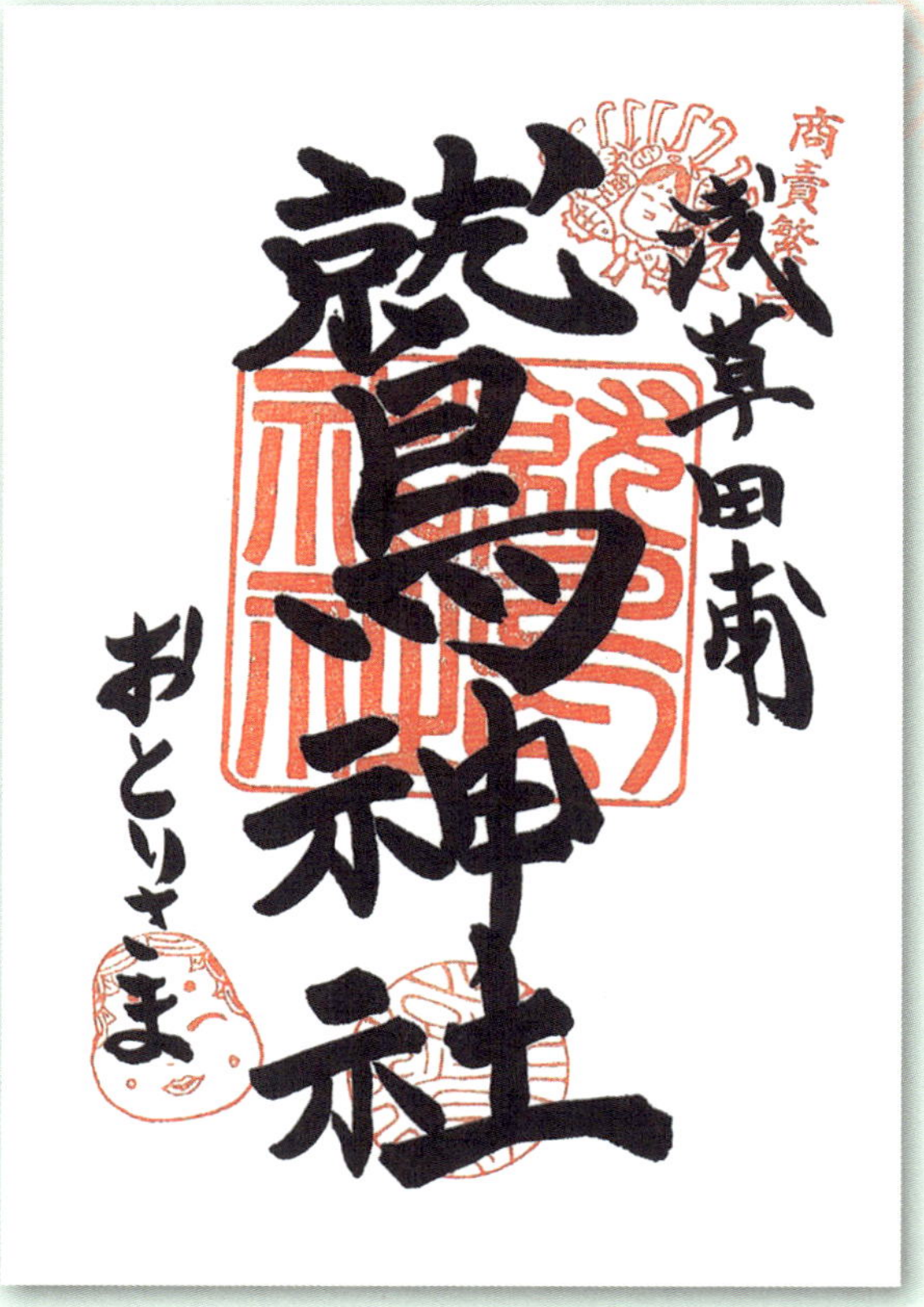

出店の規模、人のにぎわい、ともに日本一の酉《とり》の市として有名な浅草・鷲神社。酉の市の起源は、鷲神社の御祭神の一柱である日本武尊が東夷征討した際の故事にちなむもの。日本武尊が戦勝を祈願し、見事、目的を達したあと、武器の「熊手」を松にかけてお礼参りをした日が十一月の酉の日であったことからといいます。

時代を経て、熊手は武具から農具、そして幸運や財産を「かきこむ」商売繁盛の縁起物として重宝されるようになり、酉の市も江戸時代中期以降、冬の風物詩の一つとして発展し、現在にいたります。

御朱印は酉の市にちなみ、商売繁盛の熊手の押印がされたもの。酉の市の当日に御朱印をいただくと、キャラクター化された日本武尊の押印が追加された特別版をいただくことができます。

住所
〒111-0031
東京都台東区千東3-18-7

綾《あや》瀬《せ》稲《いな》荷《り》神《じん》社《じゃ》

東京都足立区

かわいらしいキツネがデザインされたカラフルな御朱印

江戸時代に京都・伏見稲荷から分霊を勧請し、以来、地域の氏神様として親しまれてきた綾瀬稲荷神社。江戸時代は「稲荷神社」、明治時代には「五兵衛神社」、昭和になると「綾瀬稲荷神社」と改称されてきました。

境内には、落語家・三遊亭円丈師匠により奉納されたという「落語狛犬《こまいぬ》」なるものがあります。しっぽが扇形をしていたり、座布団に座っていたり、眼前には扇子と手拭いが置かれていたりするなど、ここでしか見ることができない遊び心にあふれた狛犬となっています。

御朱印も特徴的で、稲荷神社らしく、かわいいキツネの押印がされたカラフルなもの。ただし、書き置きの御朱印のみで、御朱印帳に直接書いていただくことはできません。

住所
〒120-0005
東京都足立区綾瀬4-9-9

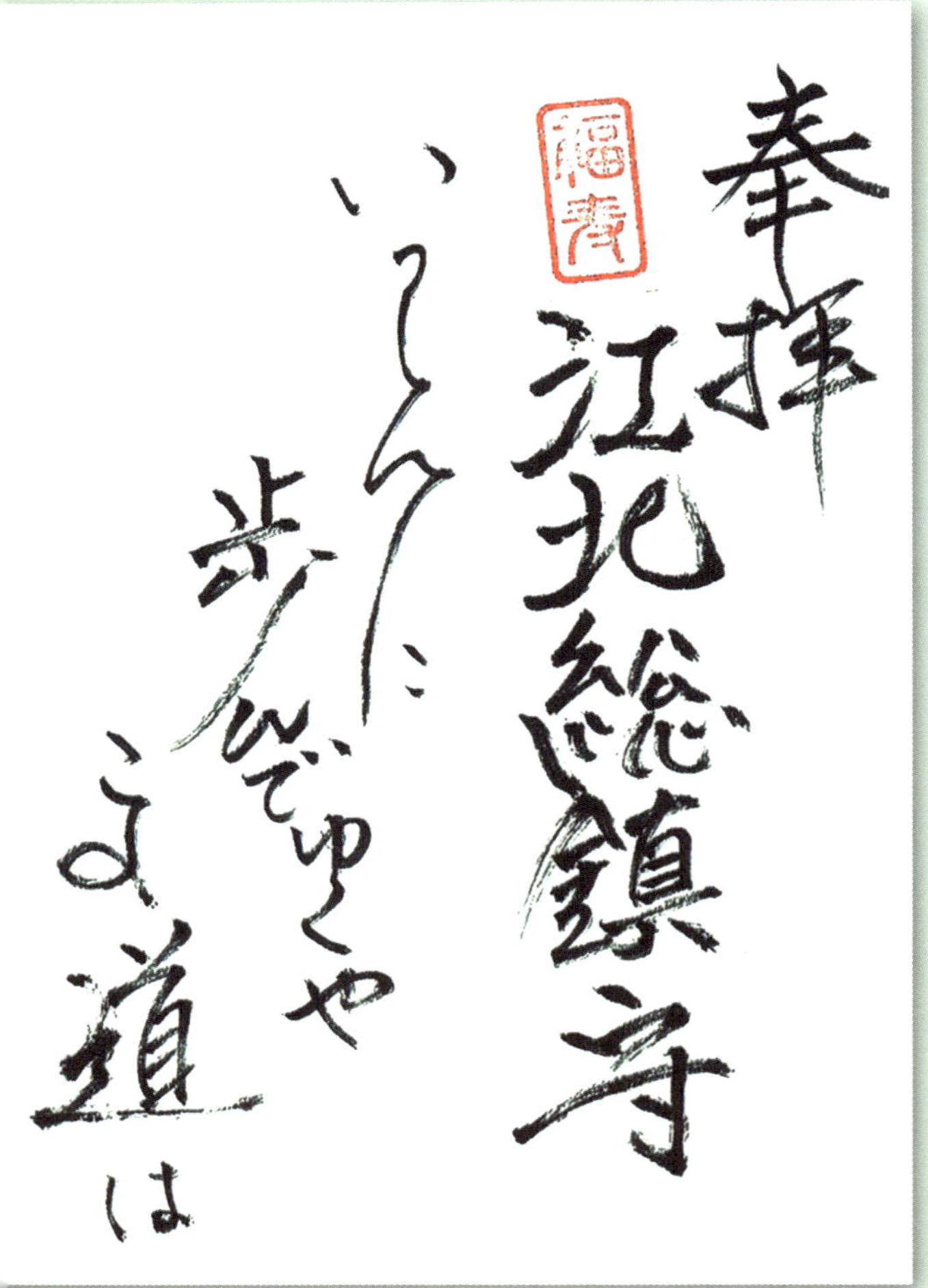

江《こう》北《ほく》氷《ひ》川《かわ》神《じん》社《じゃ》

東京都足立区

御朱印帳の見開きに素敵な歌の御朱印をいただけるのが、東京・足立区西部一帯の

毎年変わる素敵な歌の見開き御朱印

鎮守である江北氷川神社です。素戔嗚尊を御祭神とし、地域の人びとの崇敬を集めています。

　掲載した御朱印に書かれているのは「いっしんに 歩んでゆくや この道は どこへたどるや 神のみぞしる」という歌です。

　歌の内容は毎年変わるようですので、ぜひ何度も参拝したいものです。

　また、氷川神社の「川」の文字が、絵のように書かれているなど、遊び心を感じさせる御朱印です。

　伊勢神宮のおふだや、さまざまなお守りなど授与品も豊富で、御朱印をいただく以外の楽しみが多い神社です。

住所
〒123-0872
東京都足立区江北2-43-8

江島神社《えのしまじんじゃ》

神奈川県藤沢市

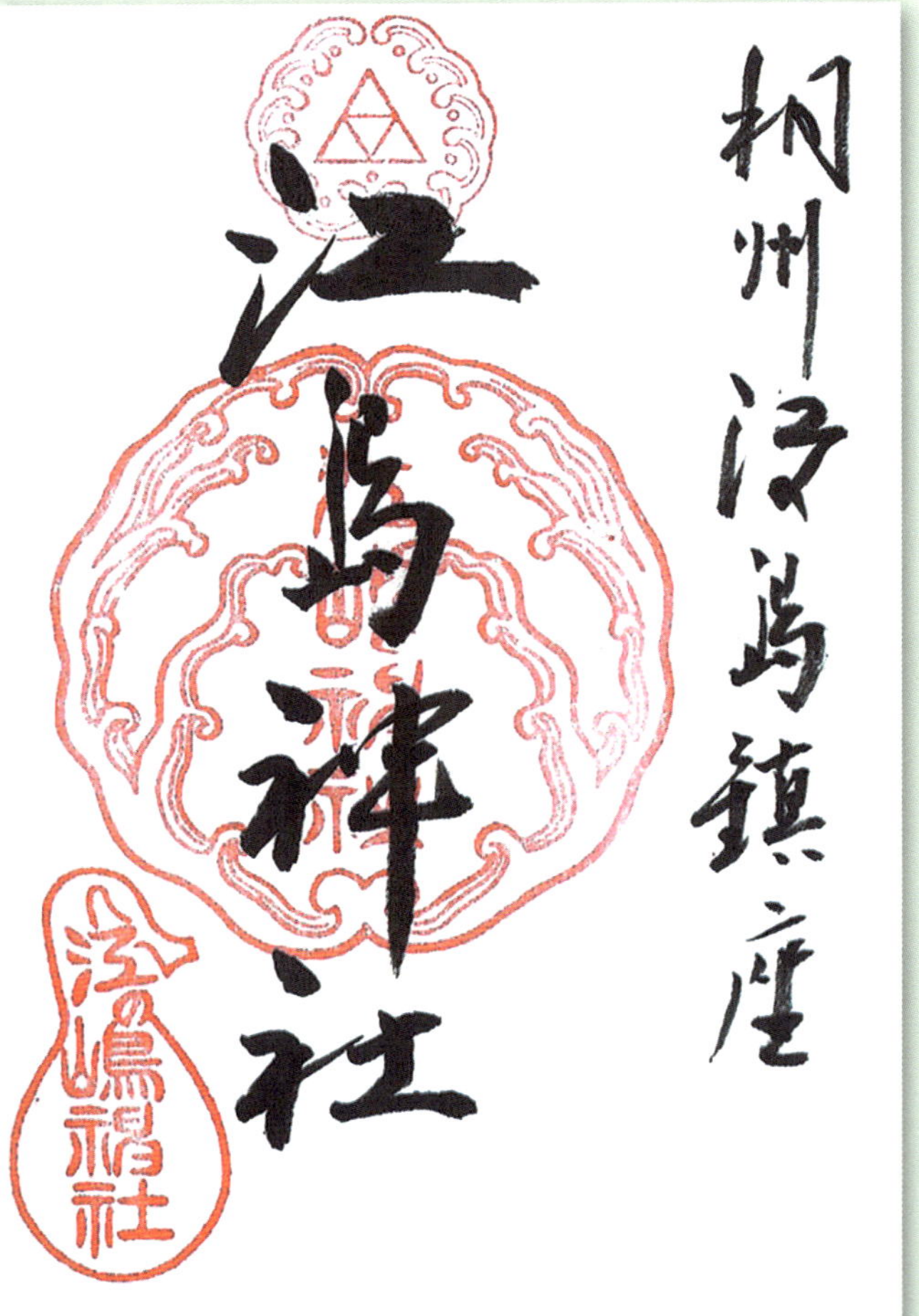

休日になると観光客であふれる湘南・江の島にある江島神社。社伝によれば、聖徳太子よりもさらに前の時代の天皇である欽明天皇の勅命によ

魅惑のワンダースポット
江の島でいただく見開き御朱印

り、江の島の洞窟に神様を祀ったのが始まりという途方もなく古い歴史をもつ神社です。修験道の開祖・役小角が洞窟内に参籠《さんろう》し、鎌倉時代には日蓮上人も修行をしたといいます。明治時代の廃仏毀釈《はいぶつきしゃく》の際に、主祭神が改められましたが、江戸時代までは弁財天を主として祀っており、現在でも日本三大弁財天の一つに数えられています。

　御朱印は「江島神社」と鎌倉江の島七福神の一つでもある「弁財天」の二種類。両方をお願いしたときにのみ「奉拝」の文字が中央に配された見開きの御朱印をいただくことができます。

住所
〒251-0036
神奈川県藤沢市江の島2-3-8

靖《やす》國《くに》神《じん》社《じゃ》

東京都千代田区

国に殉じた英霊たちを祀る「靖國神社」の御朱印

幕末の殉難者をはじめ、第二次世界大戦などで国のために殉じた戦没者を英霊として祀る靖國神社の御朱印は、シンプルで正統派の美しさを感じさせます。掲載した御朱印は戦後七十年という節目の年の終戦の日にいただいたものです。

境内にある遊就館《ゆうしゅうかん》は、靖國神社に参拝したら、ぜひ立ち寄っておきたいところ。戦争などの近現代史を中心としたさまざまな資料や展示物によって、日本の歴史を振り返ることができます。

また、靖國神社の近くにある千鳥ケ淵戦没者墓苑は、海外で亡くなった身元不明の戦没者の遺骨が安置されるとともに、先の戦争で亡くなった全戦没者の慰霊の場所です。先人たちに手を合わせ、連綿と続く日本の歴史に静かに思いを馳せたいものです。

住所
〒102-8246
東京都千代田区九段北3-1-1

江戸総鎮守として江戸・東京を見守ってきた「神田神社」の御朱印

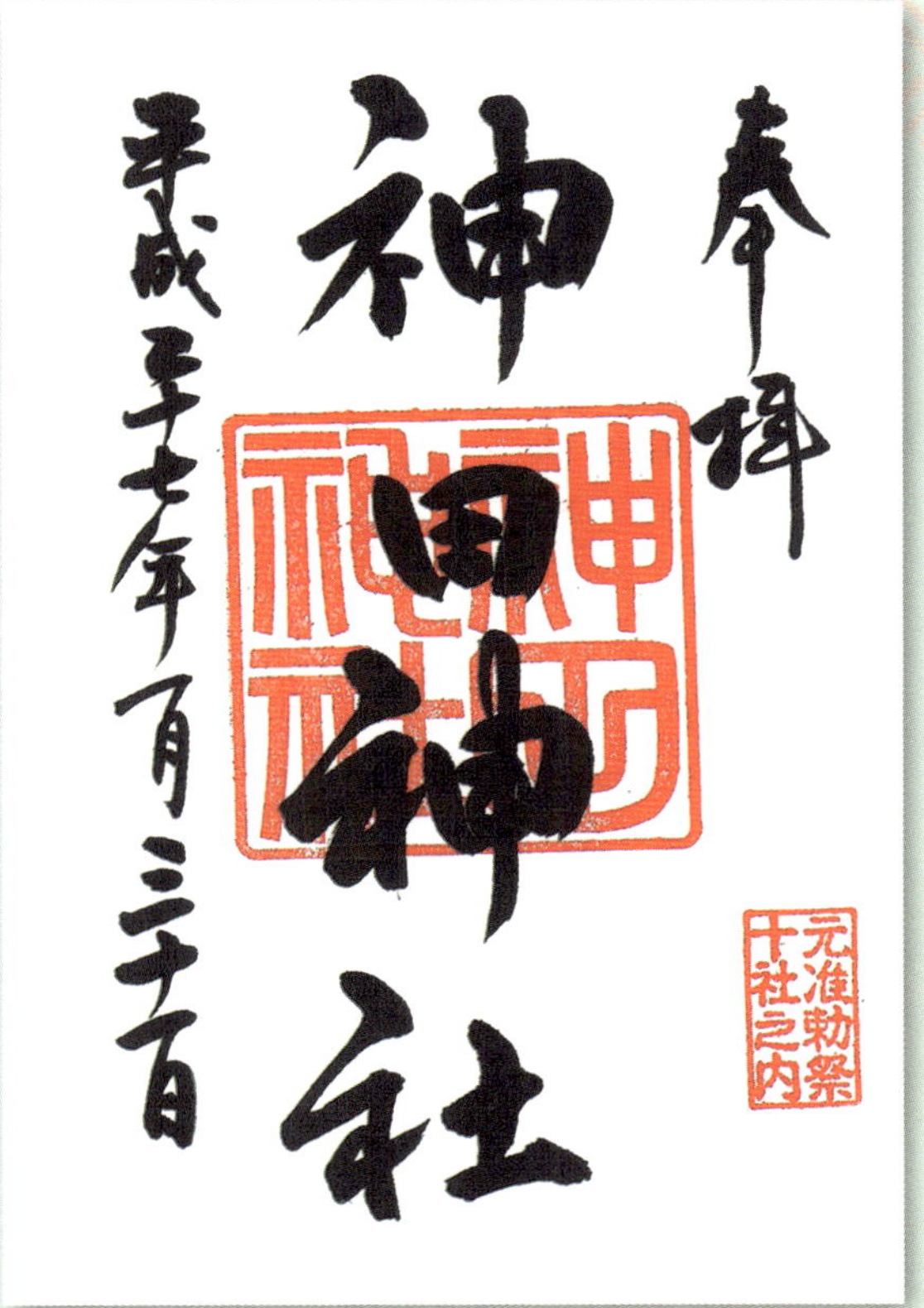

神《かん》田《だ》神《じん》社《じゃ》（神《かん》田《だ》明《みょう》神《じん》）

東京都千代田区

奈良時代に大己貴命《おおなむちのみこと》（大国主命《おおくにぬしのみこと》の別名）を祀ったことに始まり、千三百年近くの歴史をもつ神田明神（正式名は神田神社）。

平安時代に謀反《むほん》を起こして敗死した平将門の首が近くに葬られていましたが、鎌倉時代に疫病が流行した際、将門の祟《たた》りであるとして供養が行われ、合わせて神田神社に祀られることになったといいます。

江戸時代には、徳川将軍家より江戸総鎮守と位置づけられ、以来、江戸・東京を見守りつづけてきました。

五月に行われる神田祭は江戸三大祭の一つとされるだけでなく、京都の祇園祭、大阪の天神祭とともに、日本の三大祭にも数えられる有名な祭礼です。

御朱印は、江戸総鎮守の矜持《きょうじ》を示す正統派の美しいものです。

住所
〒101-0021
東京都千代田区外神田2-16-2

北《ほっ》海《かい》道《どう》神《じん》宮《ぐう》

北海道札幌市

流れるような書体の美しい御朱印

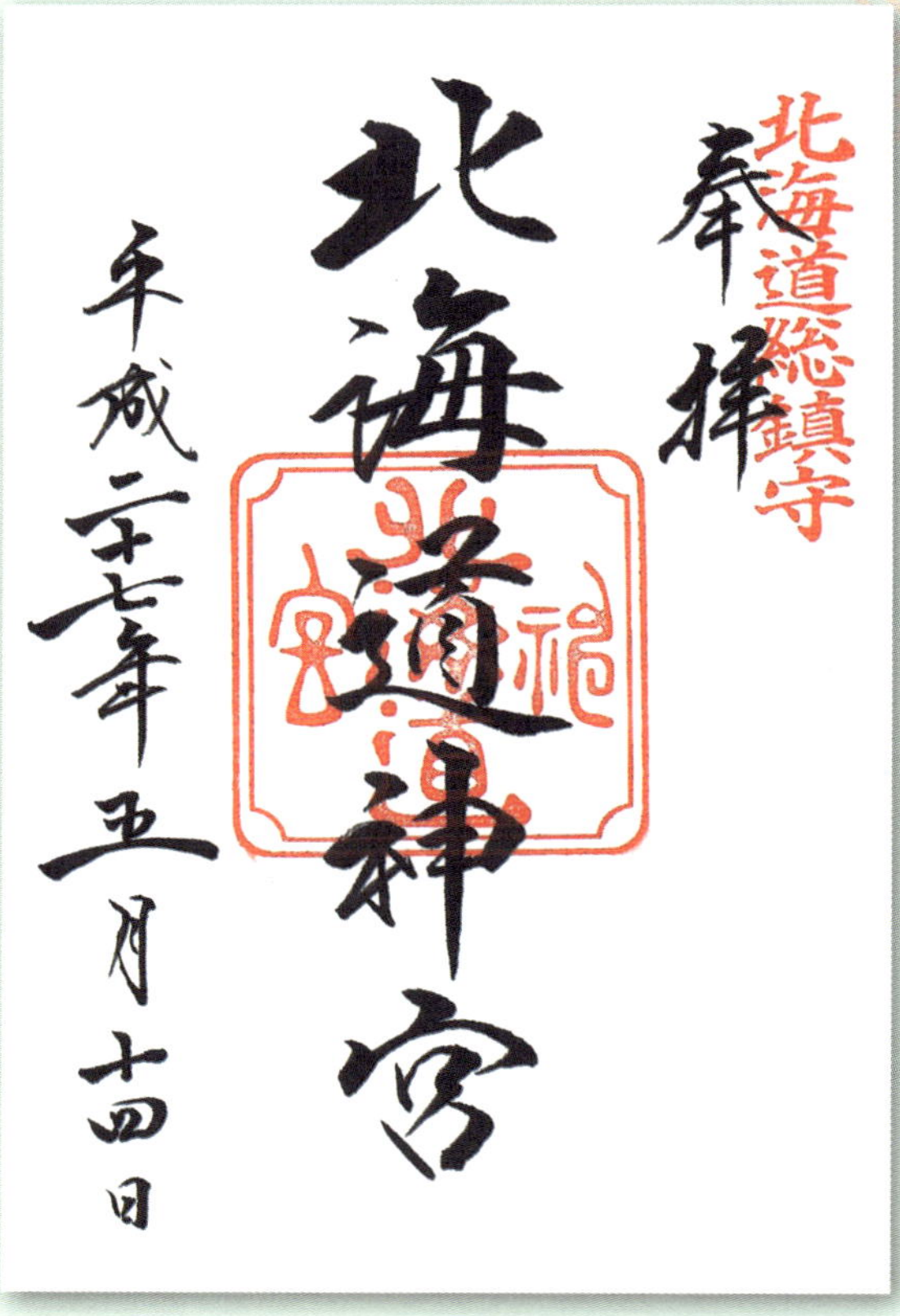

北の大地・北海道一之宮として、札幌・円山公園に隣接して鎮座する北海道神宮。北海道の国土の神様である大《おお》国魂神《くにたまのかみ》などとともに、近代日本の礎《いしずえ》を築いた明治天皇が祀られています。

創建は明治初期で歴史は比較的新しいですが、明治四年に札幌神社と命名され、明治天皇の勅命によって奉斎されたことから、勅祭社と同様の扱いとされたとのこと。昭和三十九年に明治天皇を増祀した際に、北海道神宮と改称されました。

広大な敷地を誇る境内は、北海道一之宮にふさわしい厳粛な雰囲気を漂わせています。

御朱印は、気品を感じる流れるような書体で書かれた美しいもの。境内社である開拓神社の御朱印も合わせて社務所でいただくことができます。

住所
〒０６４－８５０５
北海道札幌市中央区宮ヶ丘４７４

第3章

美しい御朱印セレクション

〈西日本のお寺と神社〉

黄《おう》梅《ばい》院《いん》

京都市北区

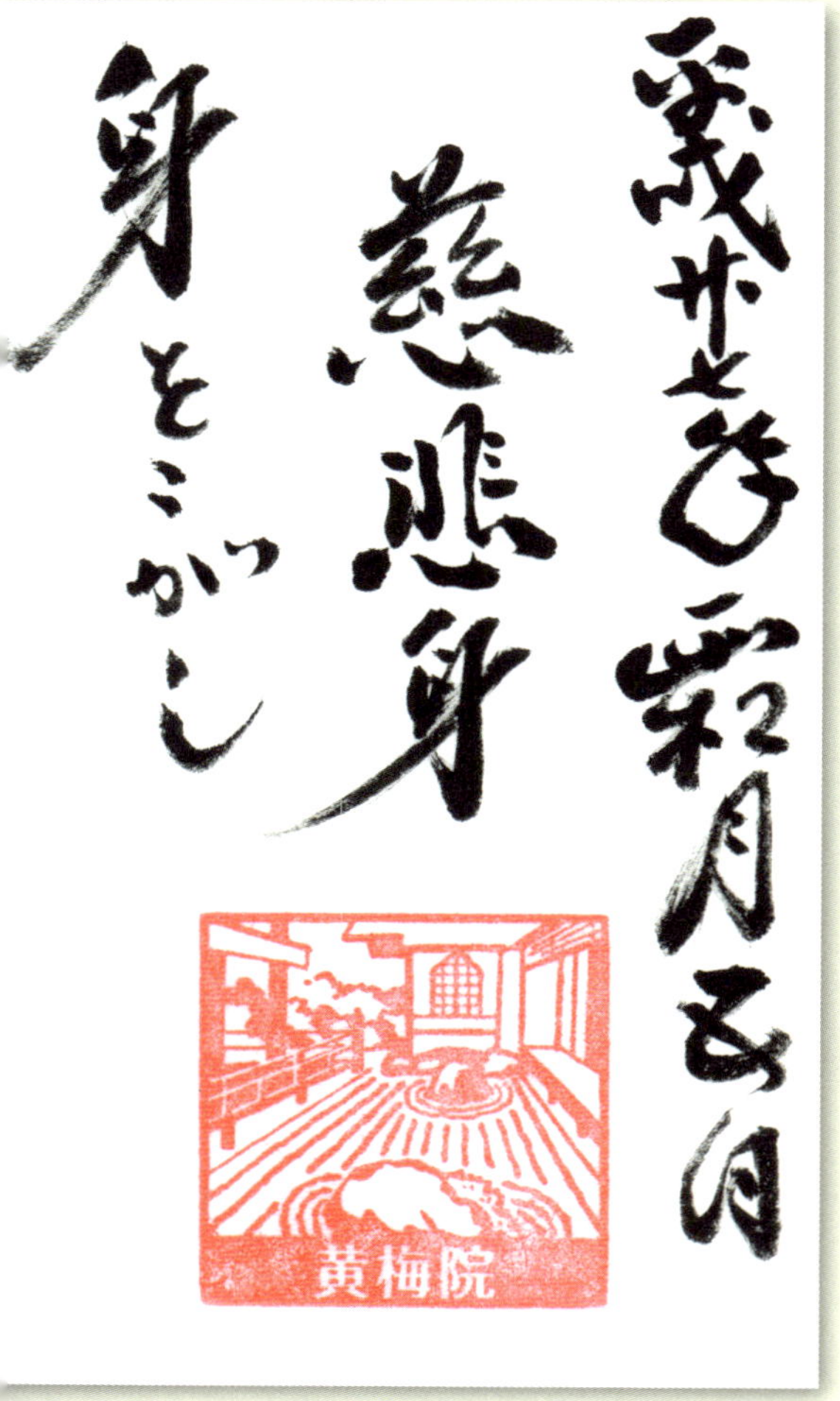

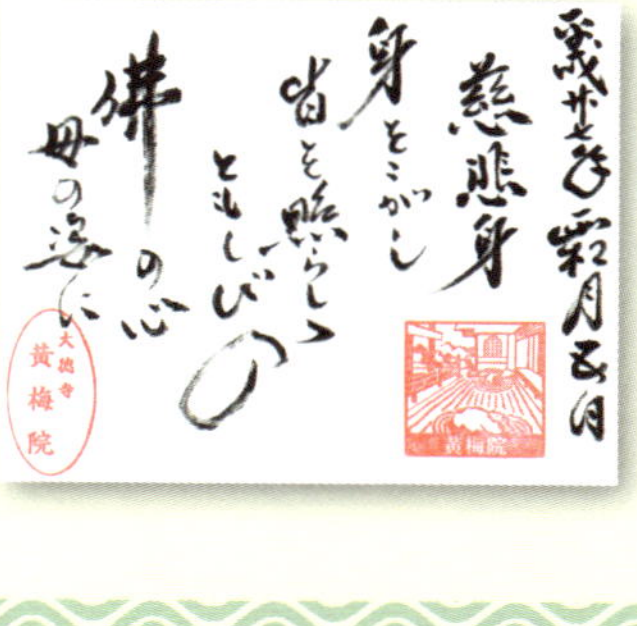

戦国時代の革命児・織田信長が父・信秀の追善供養のために創建した臨済宗大徳寺派・黄梅院。毛利元就の三男・小早川隆景《たかかげ》の帰依を受

人により異なる言葉が書かれた見開き限定御朱印

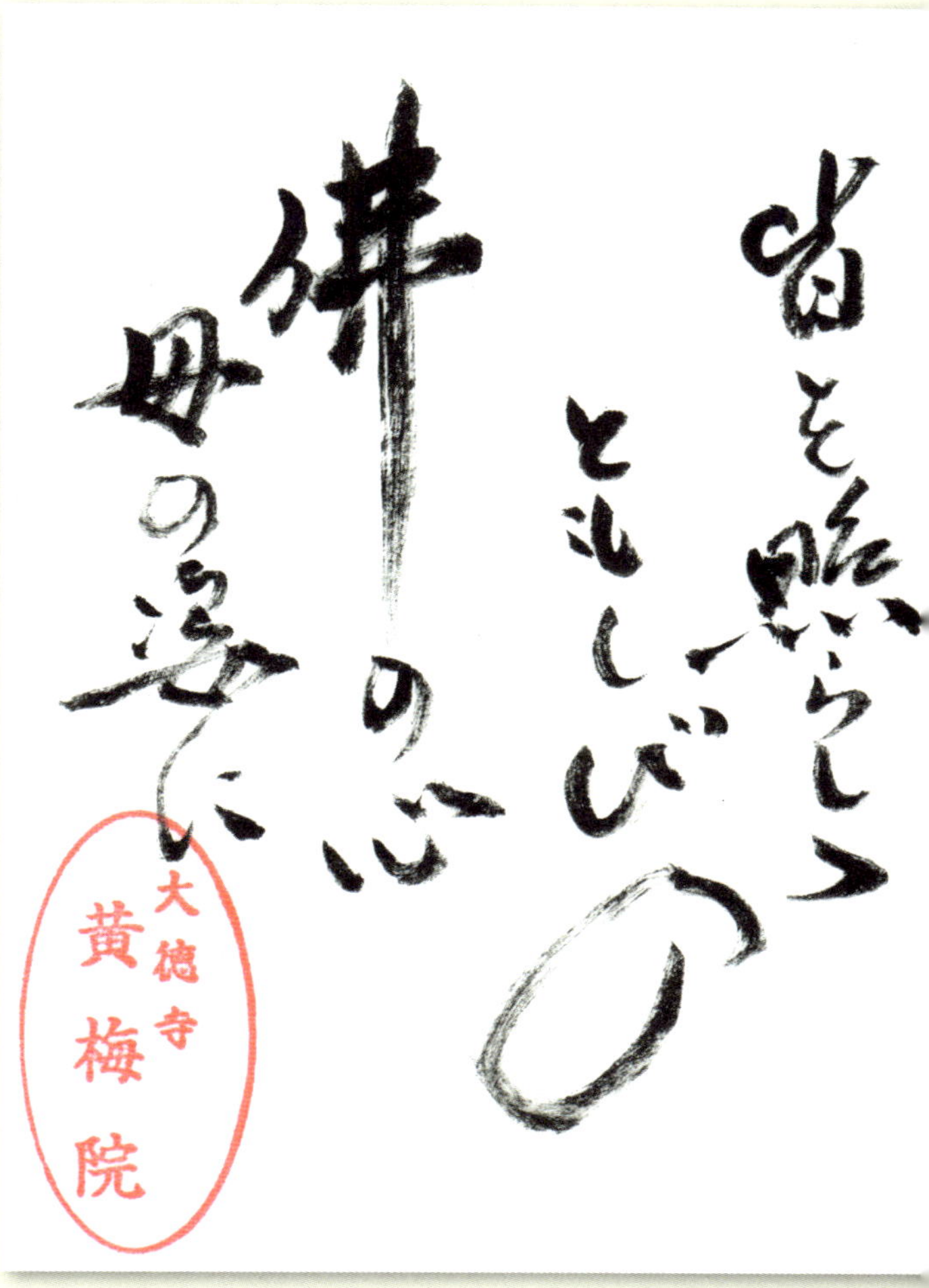

け、小早川家の宗家である毛利家の庇護を受けてきたという歴史をもちます。天正年間に造営された庫裡は、日本の禅宗寺院において現存する最古のものといい、そのほかにも豊臣秀吉に命じられて千利休が作庭したという枯山水《かれさんすい》庭園や、利休の師である武野《たけの》紹《じょう》鷗《おう》作と伝わる茶室もあり、戦国時代ファンならずとも一度は訪れてみたいお寺です。

普段は非公開ですが、毎年春と秋に特別公開が行われ、そのときにはご住職により、それぞれ異なる言葉の見開き御朱印を書いていただくことができます（ご住職が不在の場合は、書き置きの御朱印をいただけるようです）。

住所 〒603-8231 京都府京都市北区紫野大徳寺町83-1

比叡山《ひえいざん》延暦寺《えんりやくじ》

滋賀県大津市

日本仏教の母山としての矜持を感じさせる豪快な御朱印

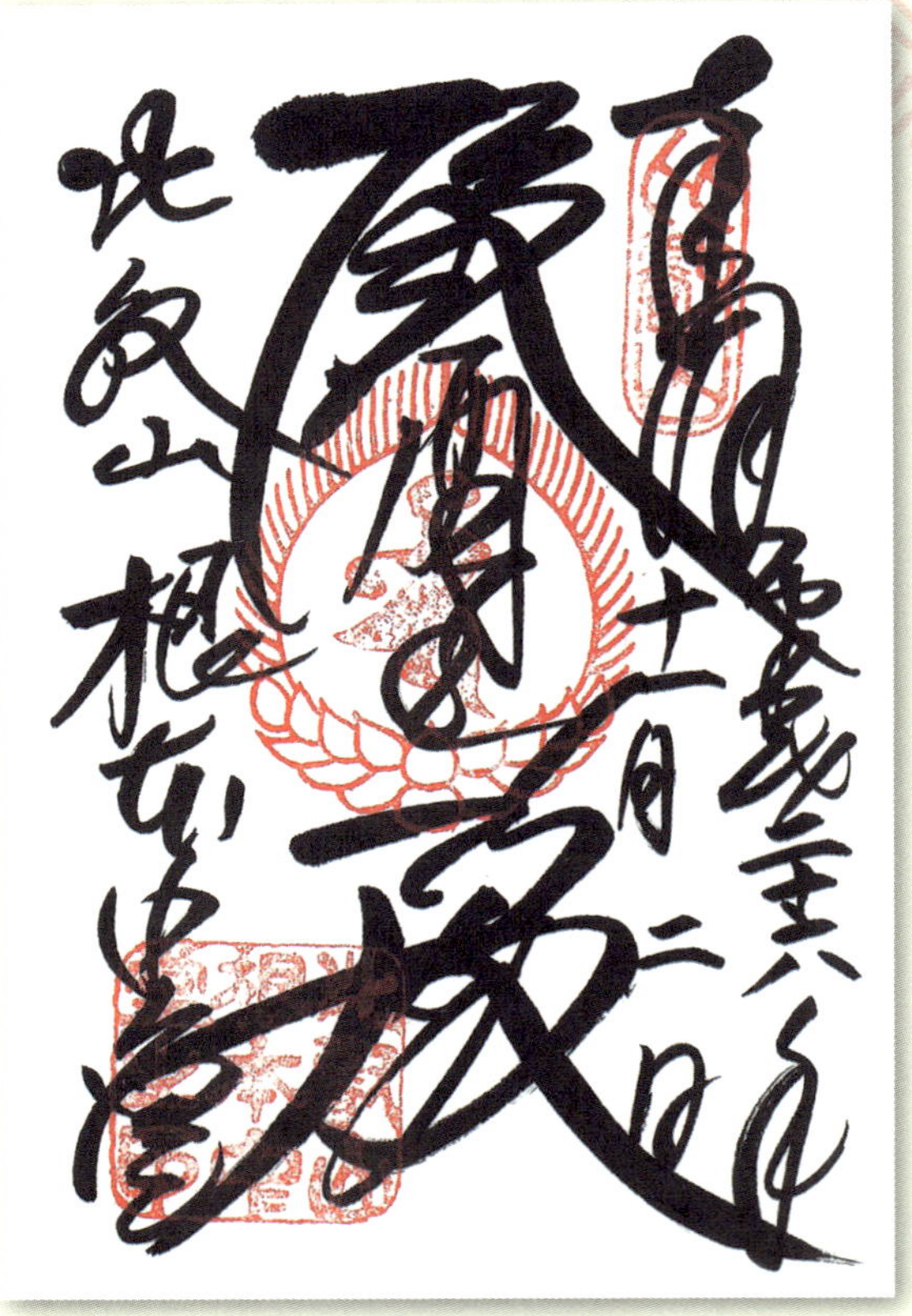

根本中堂の御朱印「醫王殿」

「日本仏教の母山」とも呼ばれる天台宗総本山・比叡山延暦寺。その総本堂であり、薬師如来を御本尊とする根本《こんぽん》中堂《ちゅうどう》でいただくことができるのが「醫《い》王殿《おうでん》」の御朱印です。

根本中堂内には、天台宗の開祖・最澄が灯して以来、千二百年にわたり灯しつづけられているという「不滅の法灯」と呼ばれる灯明があり、その厳粛な雰囲気は、形容しがたい歴史の重みを感じさせてくれます。

豪快な御朱印は、日本仏教の発展を第一線で担ってきた矜持の表れのようでもあります。

根本中堂以外にも、大講堂、文殊《もんじゅ》楼《ろう》、大黒堂、万拝堂、阿弥陀堂、法華総持院東塔《とうどう》、釈迦堂、横川《よかわ》中堂、元三大師堂の各お堂で御朱印が授与されています。

住所

〒520-0116
滋賀県大津市坂本本町4220

大黒堂の御朱印「大黒天」

大講堂の御朱印「大日如来」

釈迦堂の御朱印「大雄殿」

文殊楼の御朱印「文殊菩薩」

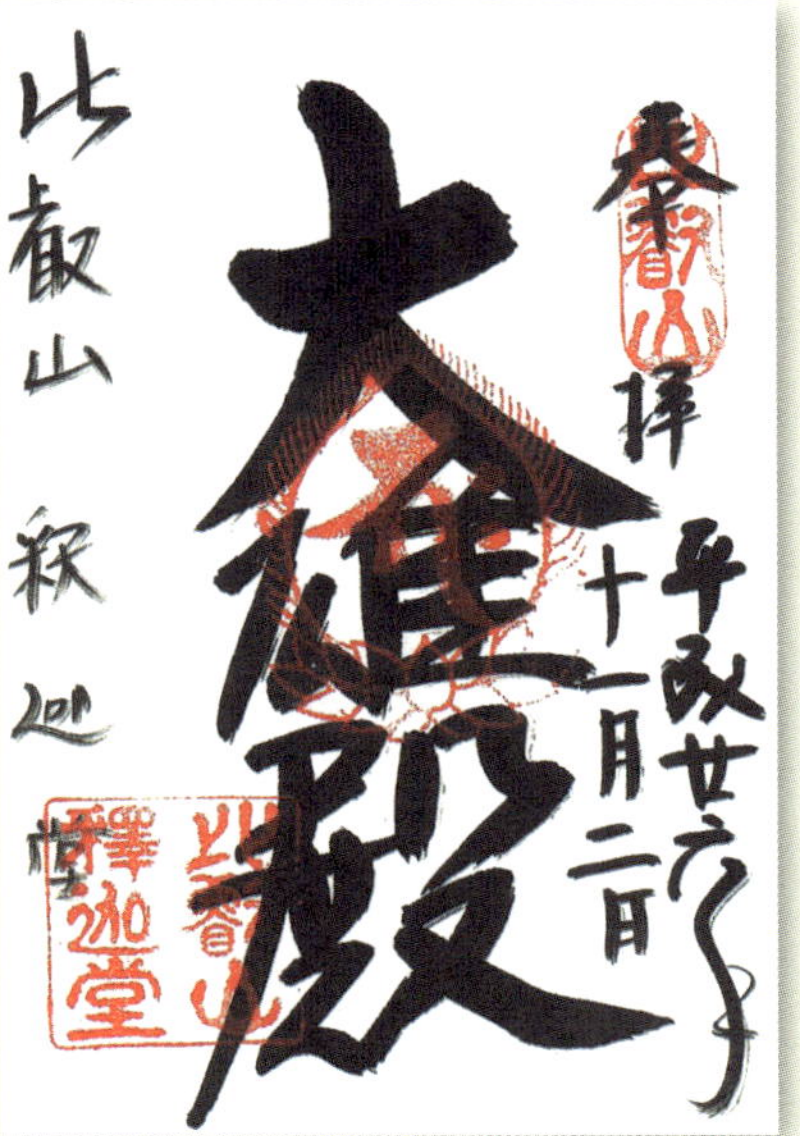

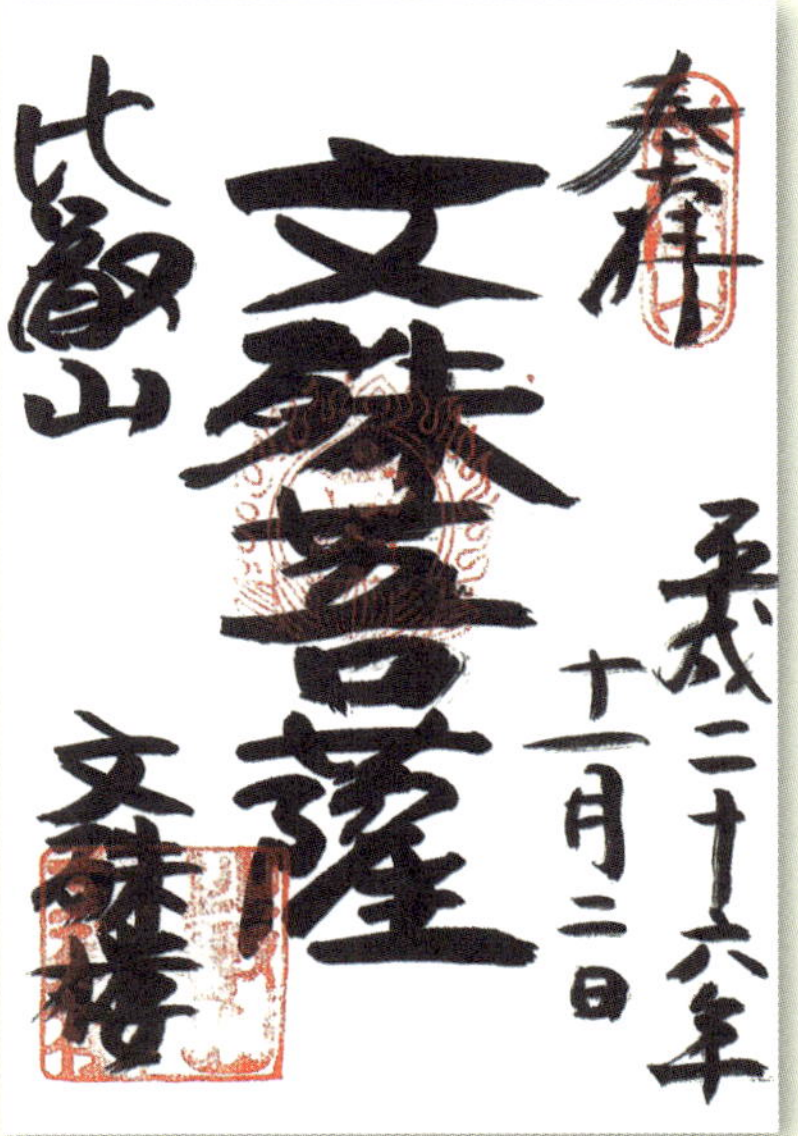

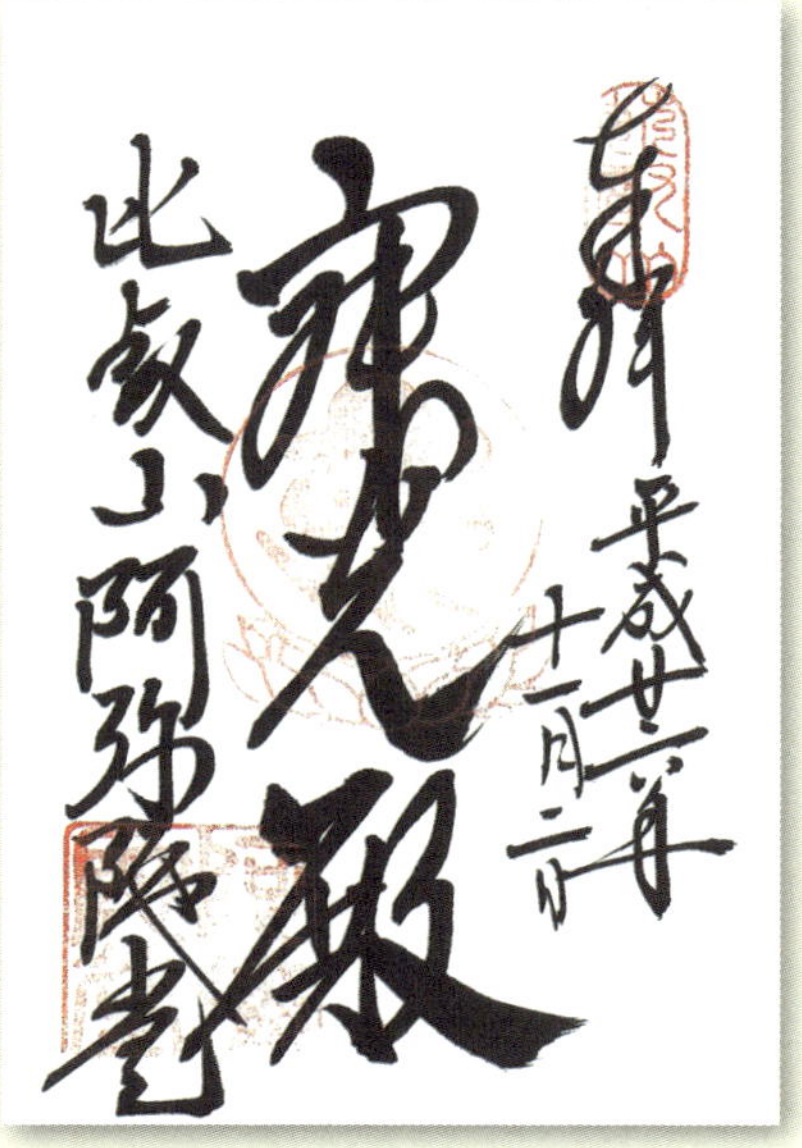

阿弥陀堂の御朱印「寂光殿」

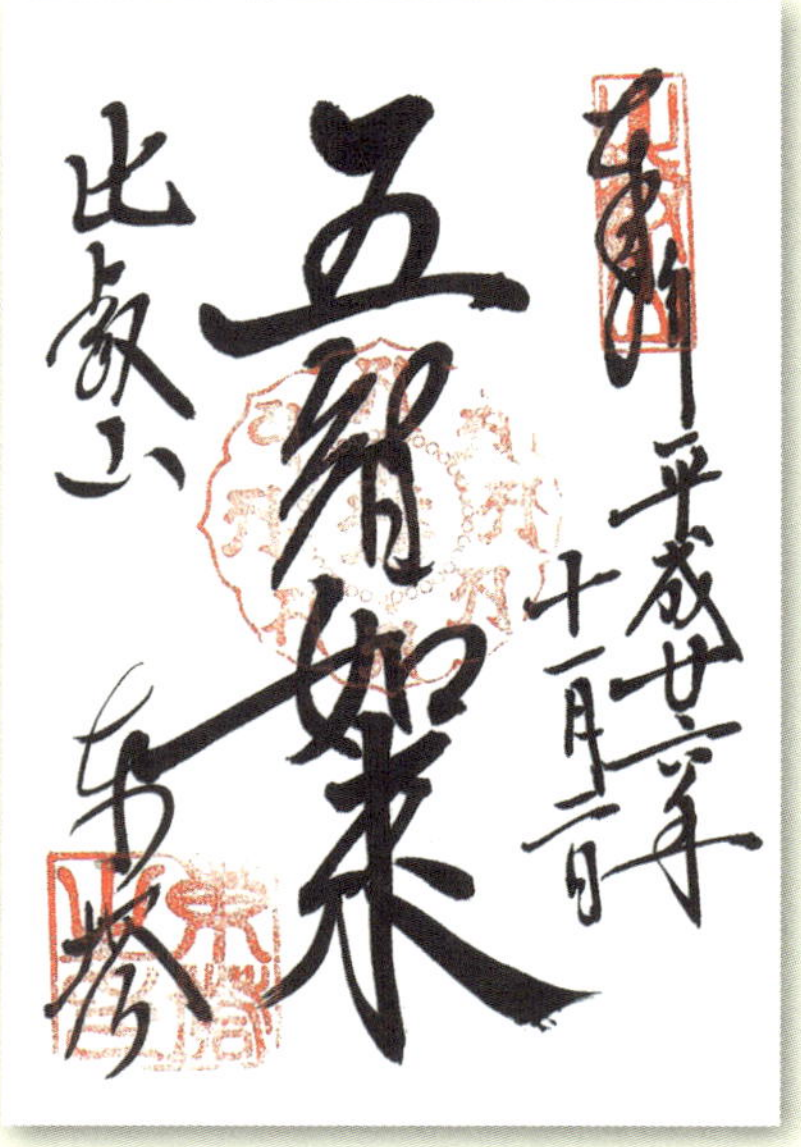

法華総持院東塔の御朱印「五智如来」

横川中堂の御朱印「大悲殿」

万拝堂の御朱印「大悲殿」

東《とう》寺《じ》（教《きょう》王《おう》護《ご》国《こく》寺《じ》）

京都市南区

真言密教の根本道場・東寺の御朱印

真言宗十八本山の御朱印「弘法大師」

平安時代に空海が開いた東寺真言宗総本山の東寺（別名は教王護国寺）。いわずと知れた世界遺産でもあり、京都でもっとも歴史のあるお寺の一つで、五重塔は京都のシンボルといっても過言ではありません。

数多くあるお堂ももちろんですが、東寺の見どころはなんといっても仏像です。ほとんどが国宝に指定されている有名な仏像ばかりで、イケメン仏像として知られる帝釈天像も見ることができます。

真言宗十八本山第九番札所、京都十二薬師霊場第二番札所、京都十三佛霊場第十二番札所、洛陽三十三所観音霊場第二十三番札所、西国愛染《あいぜん》十七霊場第八番札所、都七福神（毘沙門天）と、複数の霊場の札所になっており、食堂《じきどう》にてそれぞれの御朱印をいただくことができます。

住所
〒601－8473
京都府京都市南区九条町1

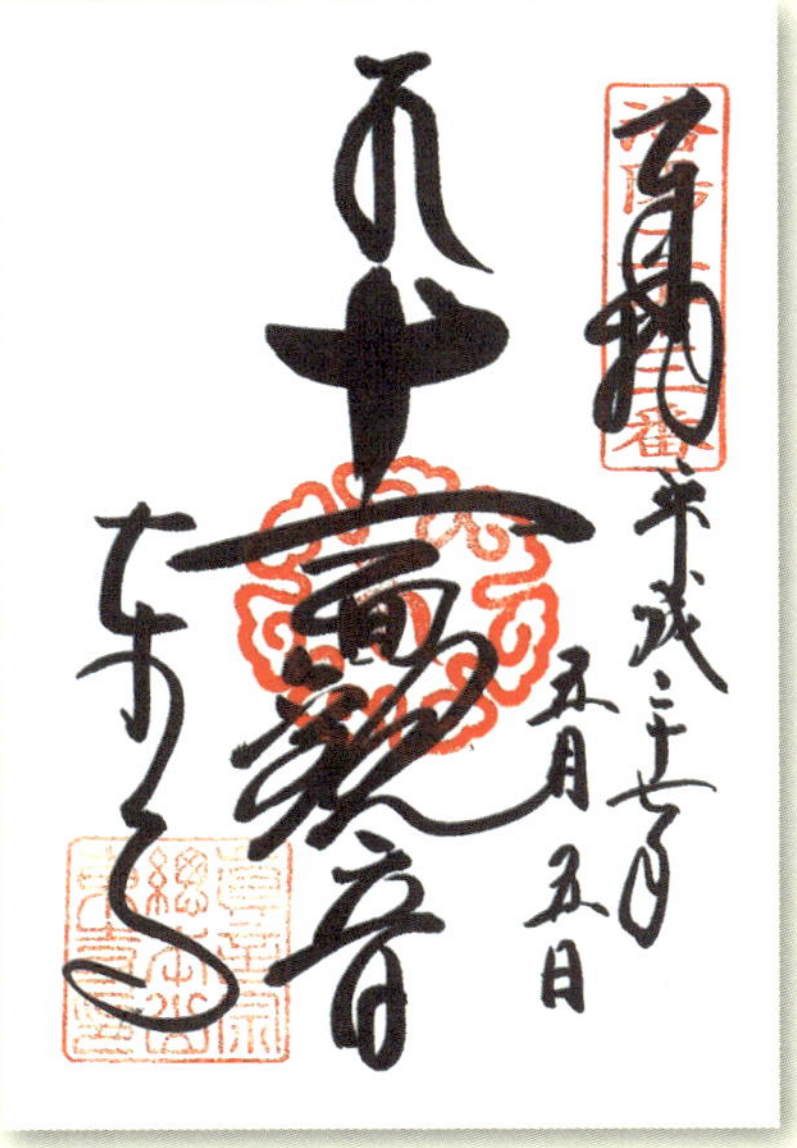

洛陽三十三所観音霊場の御朱印「十一面観音」

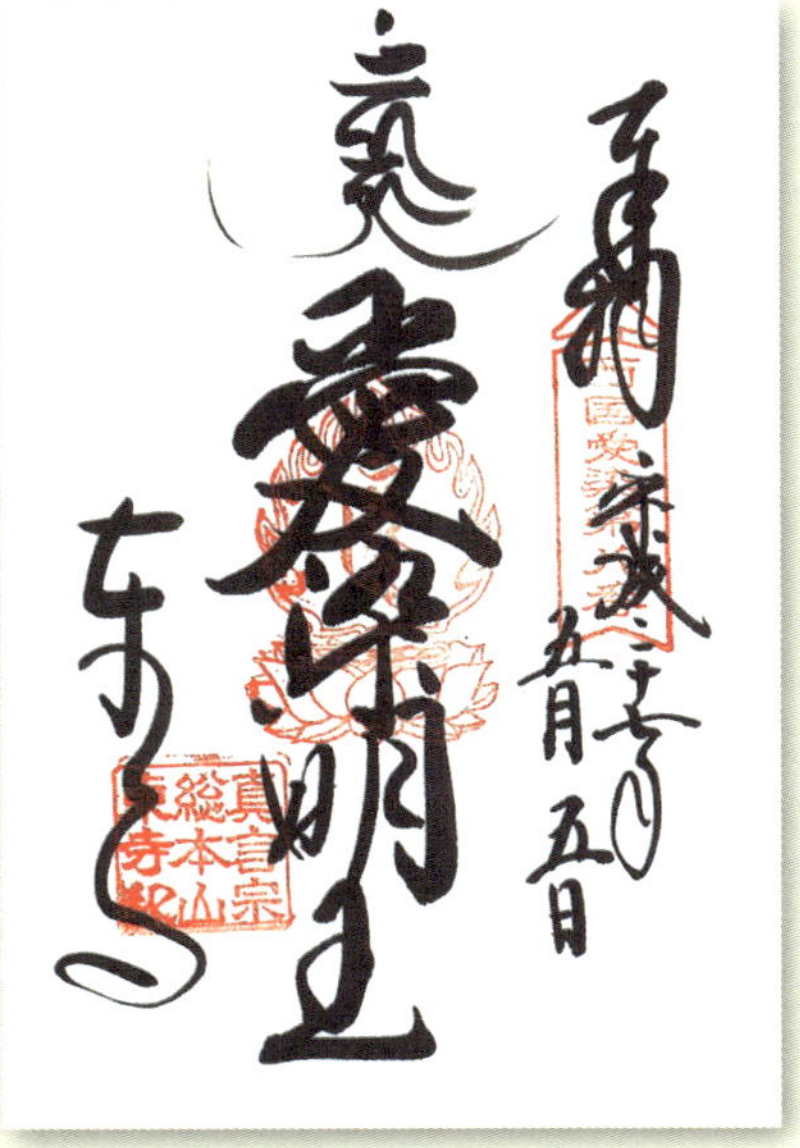

西国愛染十七霊場の御朱印「愛染明王」

京都十三佛霊場の御朱印「大日如来」

都七福神の御朱印「毘沙門天」

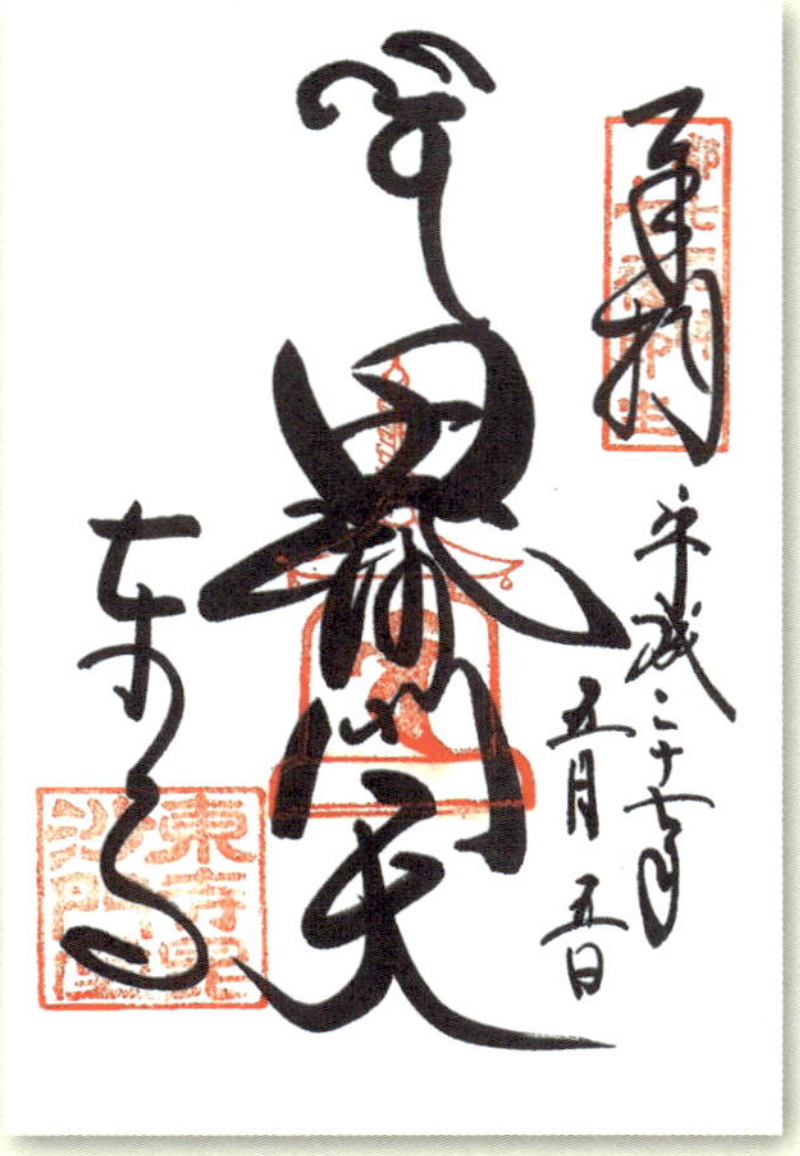

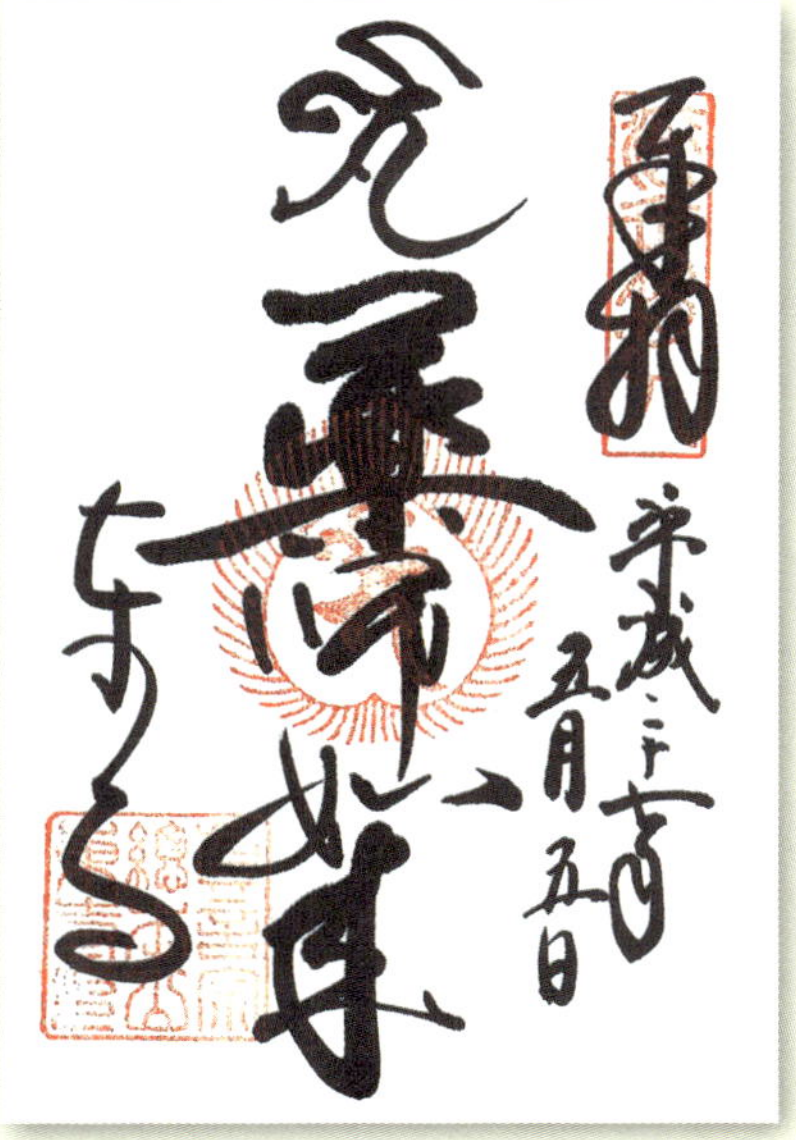

金堂の御朱印「薬師如来」

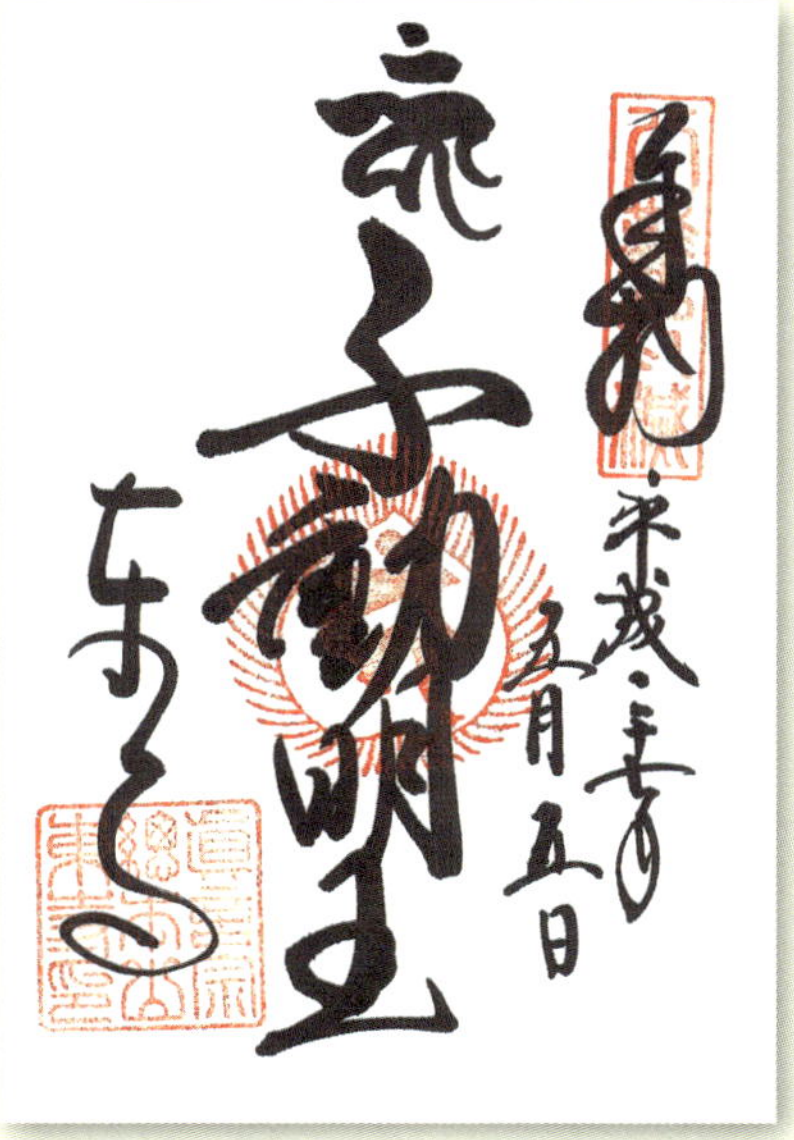

御影堂の御朱印「不動明王」

鎮守八幡宮の御朱印「南無八幡大菩薩」

観智院の御朱印「虚空蔵菩薩」

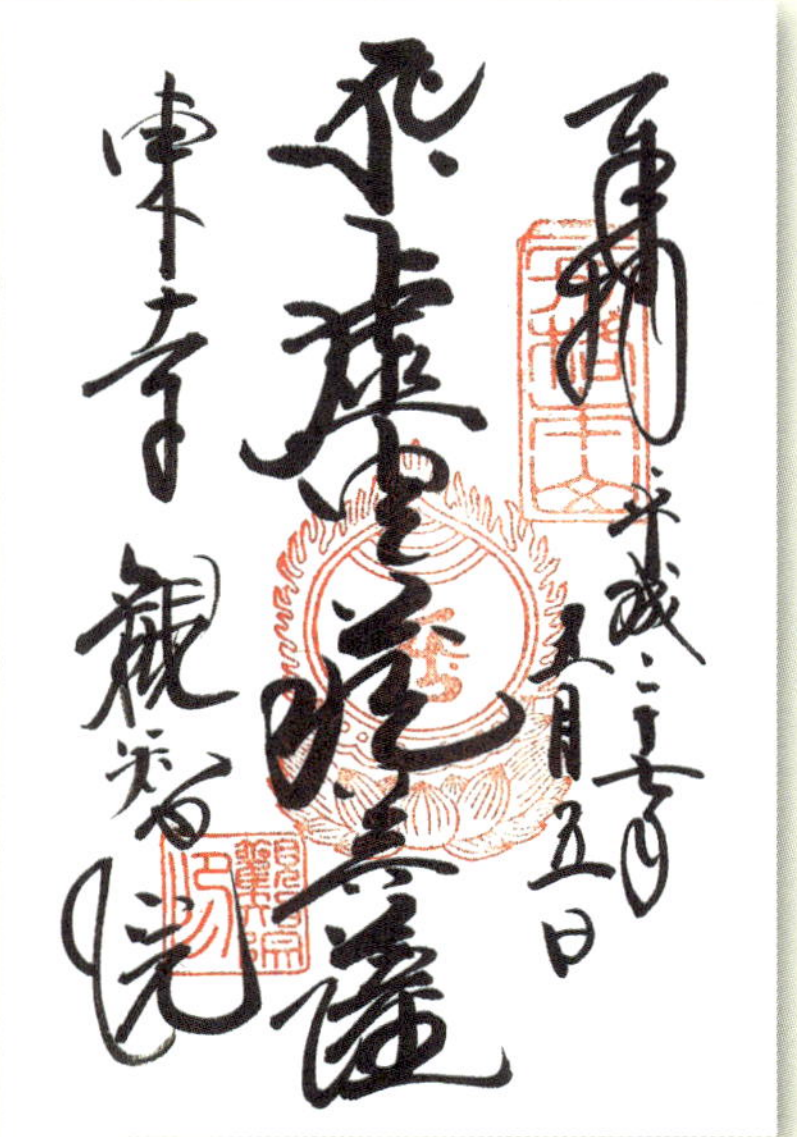

高野山金剛峯寺奥之院《こうやさんこんごうぶじおくのいん》

和歌山県伊都郡

弘法大師がいまも見守る 真言密教の一大聖地の御朱印

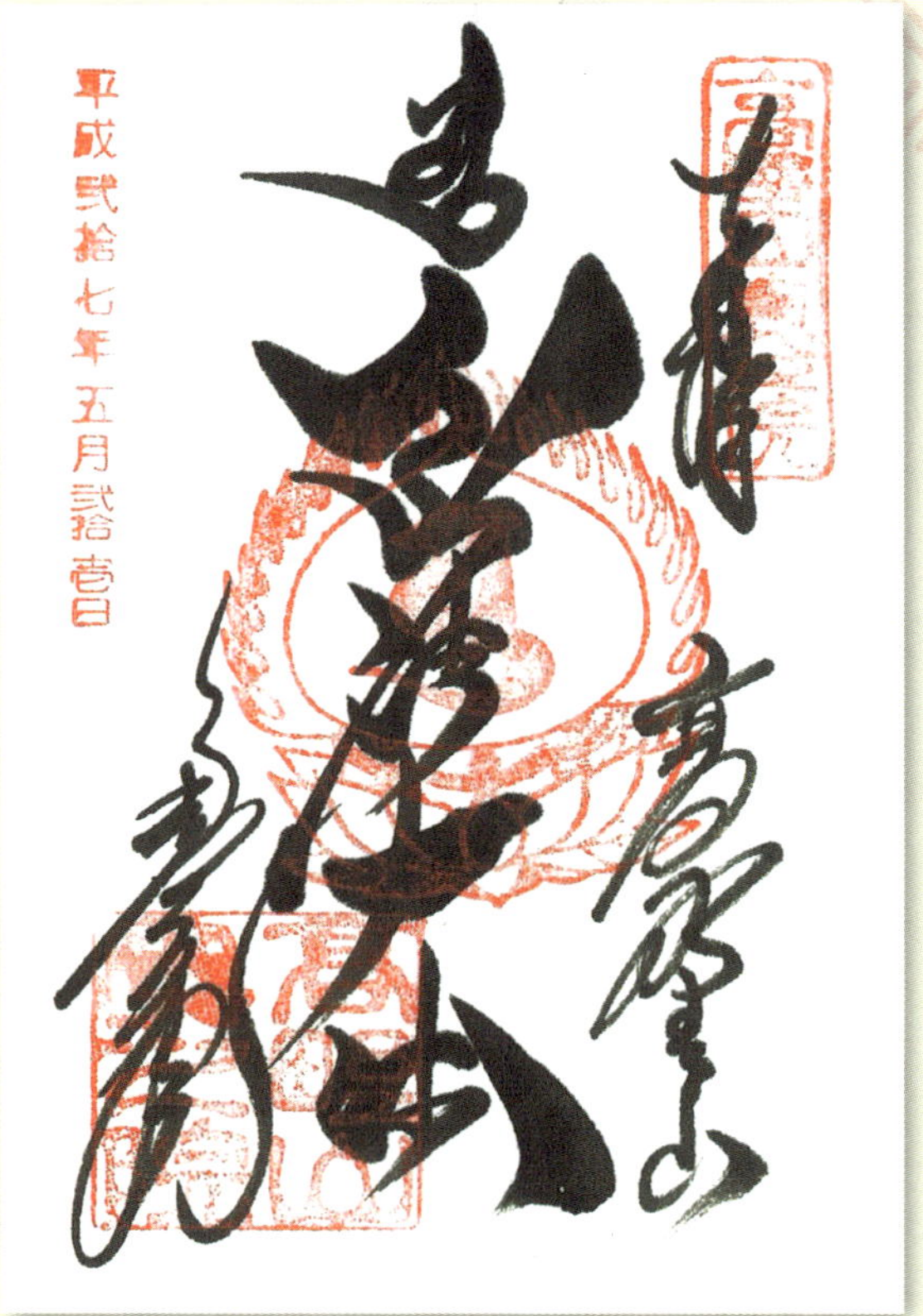

京都の東寺とともに弘法大師が活動の拠点とした高野山真言宗の総本山・金剛峯寺。奥之院は、弘法大師が入《にゅう》定《じょう》した地といわれ、いちばん奥には、いまも弘法大師が深い禅定《ぜんじょう》に入っているとされる御廟があり、弘法大師信仰の聖地となっています。

奥之院参道に沿って並ぶ、二〇万基を超えるという諸大名の墓石や慰霊碑は、高野山金剛峯寺の見どころの一つ。織田信長や武田信玄、上杉謙信など、歴史上の錚々《そうそう》たる戦国大名の墓などが多数あり、歴史好きにはたまらないスポットとなっています。

高野山は巨大な宗教都市の様相を呈し、子院も含めると一〇〇以上のお寺があって、授与されている御朱印の数はそれ以上といわれています。

住所
〒648-0294
和歌山県伊都郡高野町高野山132

永平寺《えいへいじ》

福井県吉田郡

禅の根本道場でいただく独特な書体の御朱印

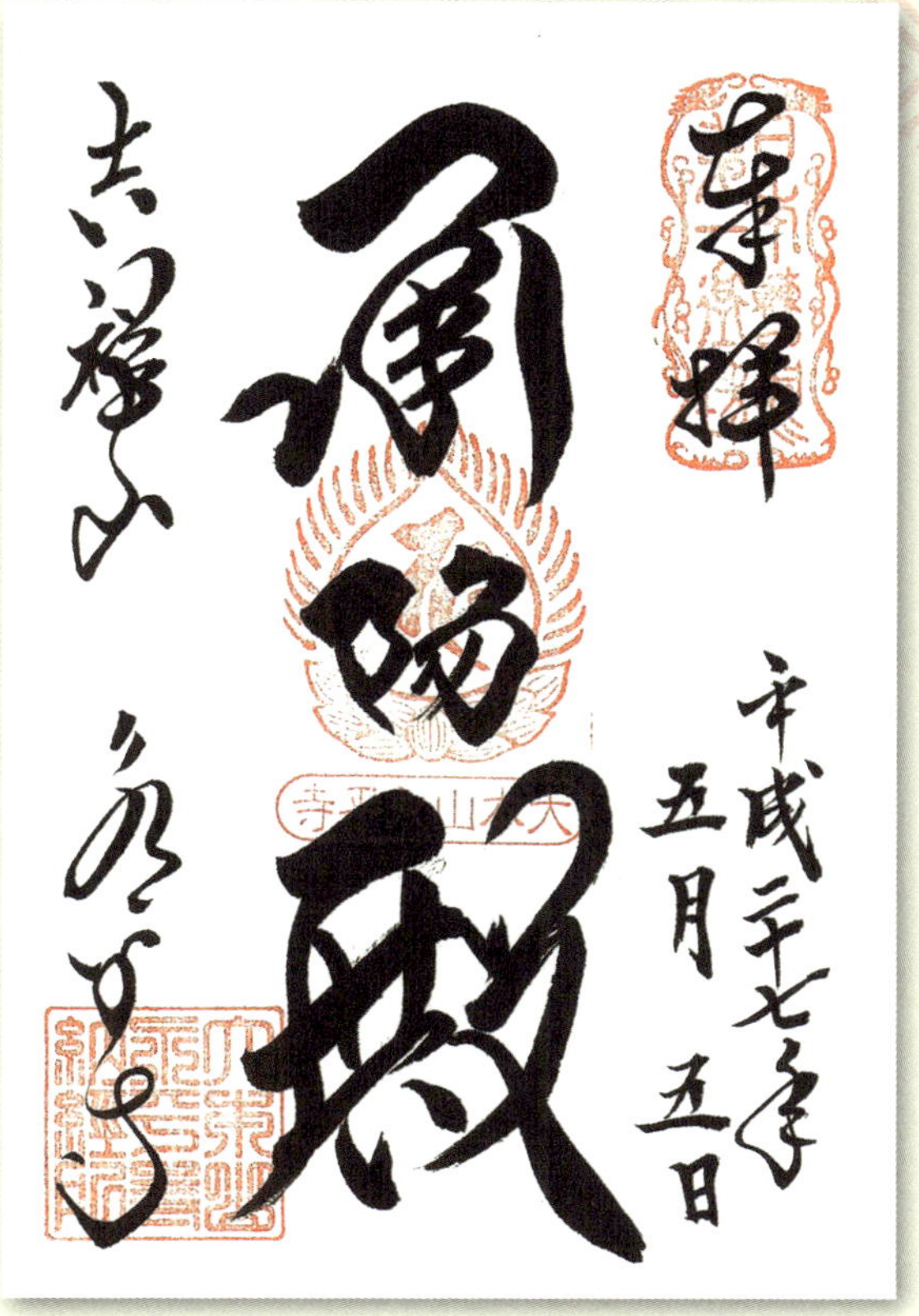

禅の根本道場として世界的にも有名な曹洞宗大本山・永平寺。深山幽谷《しんざんゆうこく》にある永平寺は、参拝した人に清冽《せいれつ》な印象を与えることでしょう。

青く澄んだ冷たい空気、禅寺らしい凛とした雰囲気、時折響く心地よい梵《ぼん》鐘《しょう》の音《ね》、脇を流れる永平寺川のせせらぎ、そして、日夜修行を続けている雲水（修行僧）の姿。

永平寺には「生きること、人間の生活そのものすべてが修行である。そして、真摯《しんし》に修行する姿はそのまま仏の姿である」と説いた開祖・道元の教えが、確かに息づいています。

いただくことができる御朱印は「承《じょう》陽殿《ようでん》」。承陽殿は、道元（承陽大師）の御尊像と霊骨を安置している場所で、永平寺内でもっとも聖地とされている場所です。

住所
〒910-1294
福井県吉田郡永平寺町志比5-15

薬師寺《やくしじ》

奈良県奈良市

何度見ても美しいアートな御朱印

法相宗大本山・薬師寺は、「南都七大寺」として奈良を代表するお寺の一つ。創建は古く白鳳時代にまでさかのぼり、天武天皇が皇后の病気平癒を祈念して建立したことに始まる名刹です。

白鳳時代における傑作の仏像として名高い薬師三尊像（中央に薬師如来、左脇侍に日光菩薩、右脇侍に月光《がっこう》菩薩）、聖観音像など、国宝指定の文化財を多数有しています。また、色鮮やかな建造物が整然と並び、その美しい境内は、古都奈良の文化財としてユネスコの世界遺産にも登録されているのはご存じのとおり。

御朱印は御本尊の「薬師如来」。薬師如来が左手に持つ薬壺《やっこ》が押印され、書体も美しい、何度見ても飽きないアー

期間限定の吉祥天女の御朱印「吉祥招福」

■吉祥天女画像の公開日
一月一日～一月三日（国宝）
一月四日～一月十五日（平成版）
■玄奘三蔵院伽藍の公開日
一月一日～一月十五日
三月一日～六月三十日
八月十三日～八月十五日
九月十六日～十一月三十日

トな御朱印です。ほかにも、吉祥《きっしょう》天女画像や玄奘三蔵《げんじょうさんぞう》院伽藍が公開される期間のみ授与される限定御朱印があります。

住所
〒630-8563
奈良県奈良市西ノ京町457

三蔵法師の御朱印「不東」は玄奘三蔵院伽藍が公開される期間限定のもの

唐《とう》招《しょう》提《だい》寺《じ》

奈良県奈良市

唐から六度におよぶ航海の末に日本にたどり着き、日本での戒律を確立した律宗の開祖・鑑真《がんじん》が開いた唐招提寺。奈良仏教である南都六宗の一つ、律宗の総本山です。

金堂には、左から千手《せんじゅ》観音立像《りゅうぞう》、盧舎那仏《るしゃなぶつ》坐像、薬師如来立像が並んでいますが、なかでも千手観音立像には圧倒されます。

通常、千手観音像は簡略化された四二本の手で表現されることがほとんどですが、唐招提寺の千手観音立像は、実際に一〇〇〇本近くの数を有するめずらしい仏像です（当初は実際に一〇〇〇本の手があったそうですが、いまは一部欠けているそうです)。衆生を残らず救おうとする気迫さえ感じられる千手観音のある種独特な姿は、必見です。

御本尊は「盧舎那仏」で、御朱印には御本尊を書いていただけます。ほかに、鑑真大《だい》和上《わじょう》の御影《みえい》の御朱印もいただくことができます。

住所
〒630-8032
奈良県奈良市五条町13-46

不屈の僧・鑑真が開いた唐招提寺の御朱印

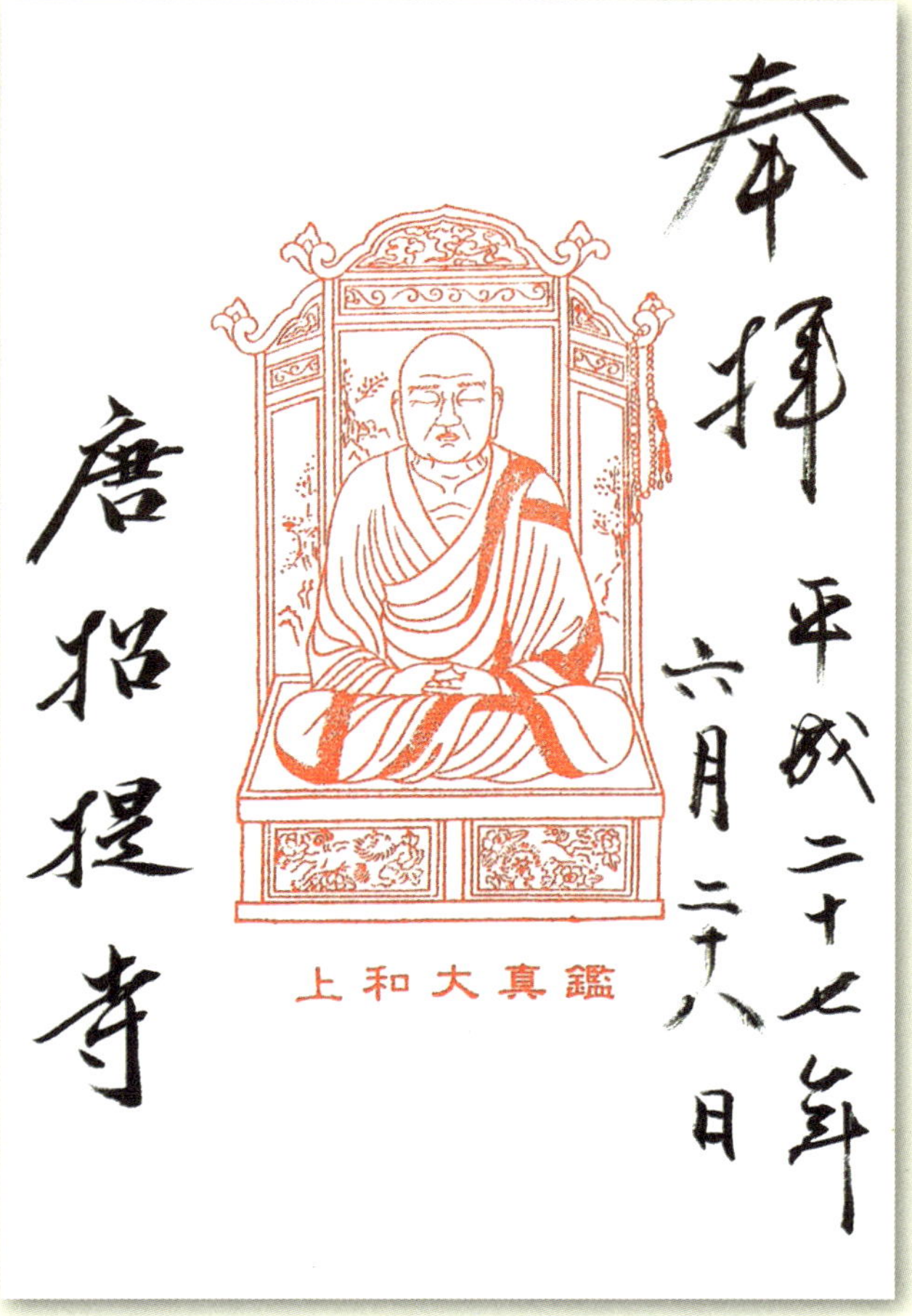

法《ほう》隆《りゅう》寺《じ》

奈良県生駒郡

日本人の精神の根幹となった「以和為貴」の御朱印

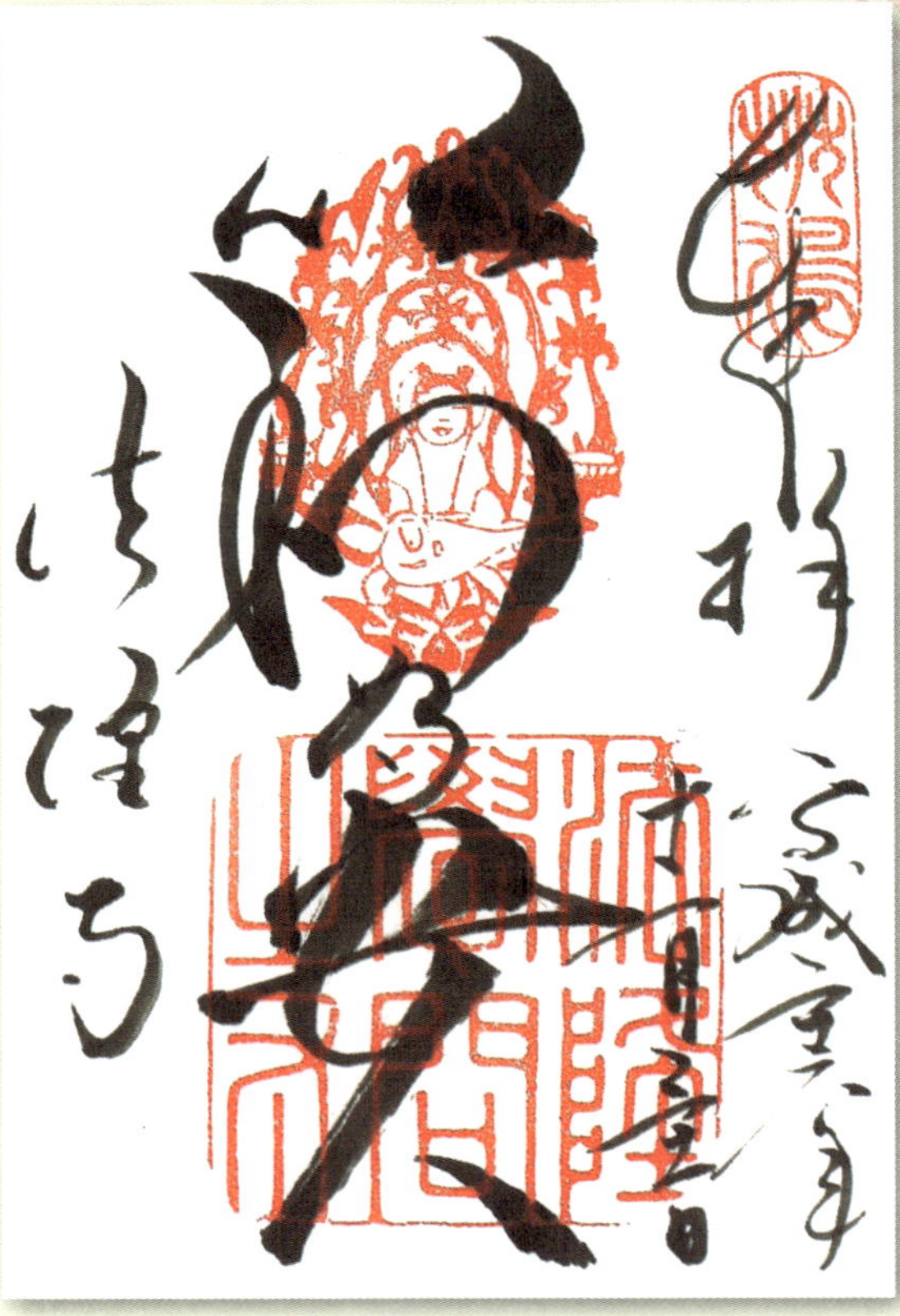

世界最古の木造建築物群として、ユネスコの世界遺産に指定されている聖《しょう》徳《とく》宗総本山・法隆寺。推古天皇と聖徳太子が開基のお寺で、古代寺院の姿をいまに伝える特別な寺院です。

千四百年にわたる歴史を誇り、国宝・重要文化財に指定されたものだけでも約一九〇件、点数にして約二三〇〇点におよぶといいます。

開基の聖徳太子は、仏教を篤く信仰し、日本の歴史のなかでも特別視される人物です。

御朱印には、聖徳太子が定めたとされ、日本人の精神の根幹になったともいえる「十七条の憲法」の第一条「以和為貴」（和を以て貴しと為す）が墨書きされています。

日本人として、必ず一度は訪れておきたいお寺です。

住所
〒636-0115
奈良県生駒郡斑鳩町法隆寺山内1-1

東大寺《とうだいじ》

奈良県奈良市

「奈良の大仏様」で知られる東大寺「華厳」の御朱印

「奈良の大仏様」で知られる華厳《けごん》宗大本山・東大寺。盧舎那仏を御本尊とし、古代から現代にいたるまで広い信仰を集めてきたお寺です。

奈良時代に聖武天皇により創建され、各地に建立された国分寺の中心と位置づけられて以降、日本における重要寺院として存在してきました。戦火などにより建物は幾度も焼失しましたが、そのたびに時の権力者や民衆の尽力により再建されてきました。

巨大な南大門《なんだいもん》、大仏を囲う金堂（大仏殿）、法華堂、二月堂はいずれも国宝となっており、また、大仏のほかにも多数の仏像が国宝に指定されています。

御朱印は、華厳宗の思想の中心である仏典「華厳経」からとった「華厳」です。奈良の大仏様は今日も日本の平和を見守っています。

住所
〒630-8587
奈良県奈良市雑司町406-1

知《ち》恩《おん》院《いん》

京都市東山区

徳川家康四百回忌の限定御朱印「欣求浄土」

知恩院は、開祖・法然上人が活動の拠点とした地に建てられた浄土宗総本山のお寺。国宝や重要文化財など多数の建造物、所蔵品を有し、法然上人の遺骨を安置する御廟もある浄土宗の聖地です。

徳川家が古くから浄土宗に帰依していたこともあり、徳川家康が知恩院の造営に力を入れ、寺域の拡充を行い、ほぼ現在の境内の規模まで広めたといいます。

掲載した御朱印は、知恩院とゆかりの深い徳川家康四百回忌にあたって授与された限定の御朱印「欣《ごん》求《ぐ》浄《じょう》土《ど》」です。現実を離れて極楽浄土を願い求めるという意味の「厭《おん》離《り》穢《え》土《ど》欣求浄土」は、家康の旗印としても使用されました。

知恩院ではほかにも、御詠《ごえい》歌《か》（仏教の教えを五・七・五・七・七の歌にして唱えた日本仏教独自のもの）や法然上人の御朱印など、複数の御朱印が授与されています。

住所 〒605-8686 京都府京都市東山区林下町400

法然上人が活動の拠点とした浄土宗総本山・知恩院の御朱印

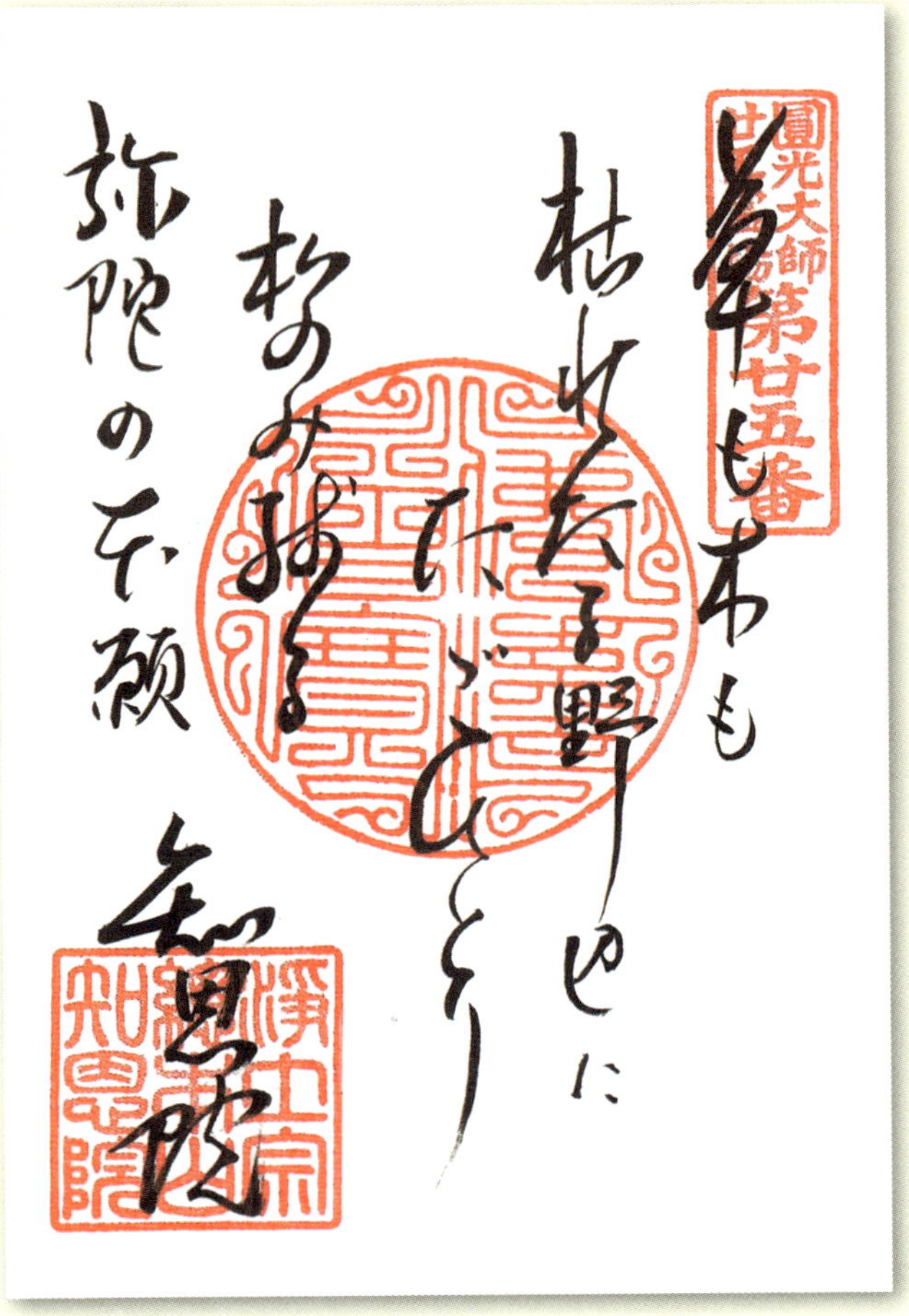

御詠歌の御朱印

建《けん》仁《にん》寺《じ》

京都市東山区

仏教の心は以心伝心！神髄を表す「拈華堂」の御朱印

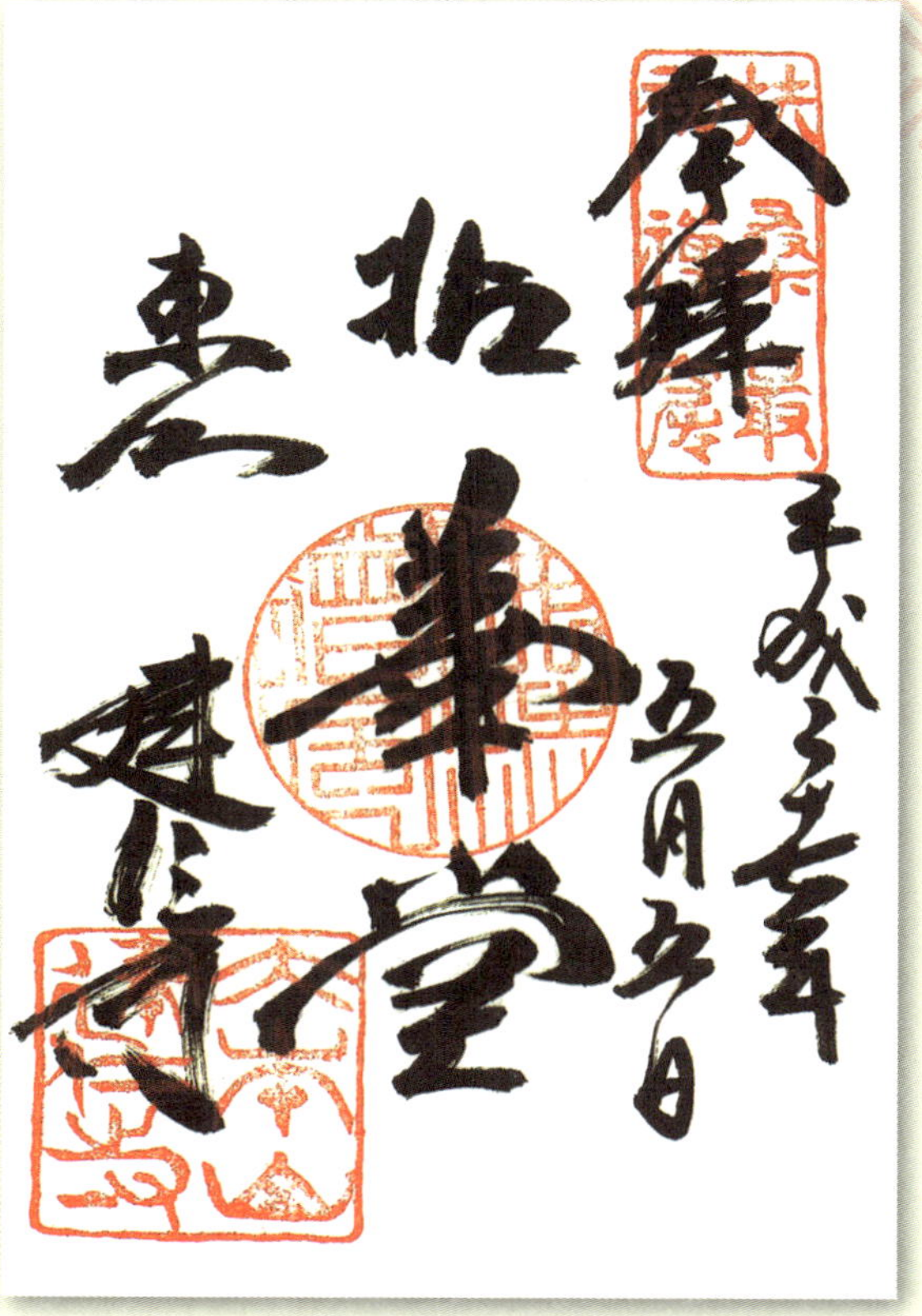

臨済宗建仁寺派大本山にして「京都五山」の一つに列せられる建仁寺は、日本を代表する禅宗寺院の一つです。開山は、『興禅《こうぜん》護国論』『喫茶養生記』などを記した臨済宗の開祖・栄西《えいさい》で、のちに曹洞宗の開祖となる道元も建仁寺で修行をするなど、長い歴史と格式を誇っています。

多数の文化財を保有しているお寺ですが、なかでも俵屋宗達の作で国宝に指定されている「風神雷神図」はとくに有名です。法堂（拈華堂《ねんげどう》）に代表される禅宗様式の建物や庭園なども見どころです。

御朱印は、釈迦が言葉で表せない仏教の神髄を授けた故事「拈華微笑《みしょう》」から名づけられた法堂「拈華堂」です。周辺には建仁寺の塔頭《たっちゅう》寺院が複数あり、それぞれの寺社で御朱印が授与されています。

住所　〒605-0811　京都府京都市東山区大和大路四条下ル小松町584

龍《りょう》安《あん》寺《じ》

京都市右京区

世界的に有名な枯山水の方丈庭園の御朱印

禅の心を表現した枯山水の石庭をもつお寺として、世界的にも著名な臨済宗妙心寺派・龍安寺。応仁の乱の東軍総帥として知られる細川勝元が創建したお寺です。

有名な石庭ですが、室町時代末期に優れた禅僧によって作庭されたと伝えられてはいるものの、作庭者、作庭時期、意図ともに諸説あって定かではないそうです。

大小一五個の石が配置されている庭園は、どの位置から眺めても必ずどれか一つの石が見えないように配置されているという不思議な庭園でもあります。

御朱印に書かれた文字は、そのものずばり「石庭」。丸みを帯びた独特の字体は、禅の心を表現しているようです。

住所
〒616-8001
京都府京都市右京区龍安寺御陵下町13

雲《うん》龍《りゅう》院《いん》

京都市東山区

皇室ゆかりの美しく品格ある御朱印

雲龍院は、真言宗泉涌寺《せんにゅうじ》派総本山である泉涌寺の別院です。鎌倉時代から幕末にいたる歴代天皇の陵墓があり、皇室の菩提寺として知られる泉涌寺の山内のいちばん奥にあります。

南北朝時代に後光厳《ごこうげん》天皇の勅願でつくられたお寺であり、皇室とのゆかりが深いことから、別院でありながら真言宗泉涌寺派の別格本山という高い寺格を誇ります。御本尊は本堂龍華殿に安置されている薬師三尊像で、西国薬師霊場四十番札所でもあります。

テレビCMにも使われたことで有名な「悟りの窓」や「迷いの窓」、「走り大黒天」など、見どころがたくさんあるお寺です。

掲載した御朱印は、本殿である「龍華殿」と書かれた、美しく品格を感じさせる御朱印です。

住所

〒605-0977
京都府京都市東山区泉涌寺山内町36

薬《やく》師《し》院《いん》（こぬか薬《やく》師《し》）

京都市中京区

一年に一日のみ授与される金色の御朱印

薬師院は本堂と庫裡を残すだけの、黄檗宗の小さな寺院です。しかし、御本尊の薬師如来像は天台宗の開祖・最澄が十六歳のときに、一つ刻むたびに三回拝んで彫ったという七尊体の一体。現存するのは延暦寺の根本中堂と同院のみという由緒あるものです。

鎌倉時代、住職の夢に薬師如来が現れて、「一切病苦の衆生、我が前に来たらば諸病ことごとく除くべきに、来ぬか、来ぬか」とのお告げがあり、これ以降、諸病平癒の御利益があるといわれ、通称「こぬか薬師」と呼ばれて親しまれています。

毎年一回、十月八日の「薬師瑠璃光如来開扉法要」にだけいただくことができる金色《こんじき》の限定御朱印は、美しく輝いていて特別感にあふれています。

住所
〒604-0014
京都府京都市中京区釜座通二条上ル大黒町694

六道珍皇寺《ろくどうちんのうじ》

京都市東山区

季節に応じて授与される金泥の限定御朱印

秋季特別拝観時限定の紅葉色の金泥御朱印

臨済宗建仁寺派・六道珍皇寺は、現世とあの世の境にあたる「六道の辻」と呼ばれる場所にあり、名前も伝承も一風変わったお寺です。

境内の井戸は、平安時代の役人・小《お》野篁《ののたかむら》が夜ごとその井戸を通って地獄に降り、閻魔大王のもとで裁判の補佐をしていたという伝承が残っています。

お盆の「六道まいり」（八月七日～十日）の期間に授与される紺紙に金泥の御朱印をはじめ、春季のみ授与される若草色の紙の金泥御朱印、秋季のみ授与される紅葉色の紙の金泥御朱印など、季節により異なる多彩な御朱印をいただくことができるお寺です。

ほかの寺社に先がけて金泥御朱印を授与しはじめたのが六道珍皇寺で、御朱印ブームのきっかけとなりました。

住所
〒605－0811
京都府京都市東山区大和大路通四条下ル４丁目小松町595

「薬師如来」　「閻魔大王」

8月の「六道まいり」の期間限定で授与される紺紙に金泥御朱印

「小野篁卿」　「地蔵菩薩」

「日光菩薩」　「月光菩薩」

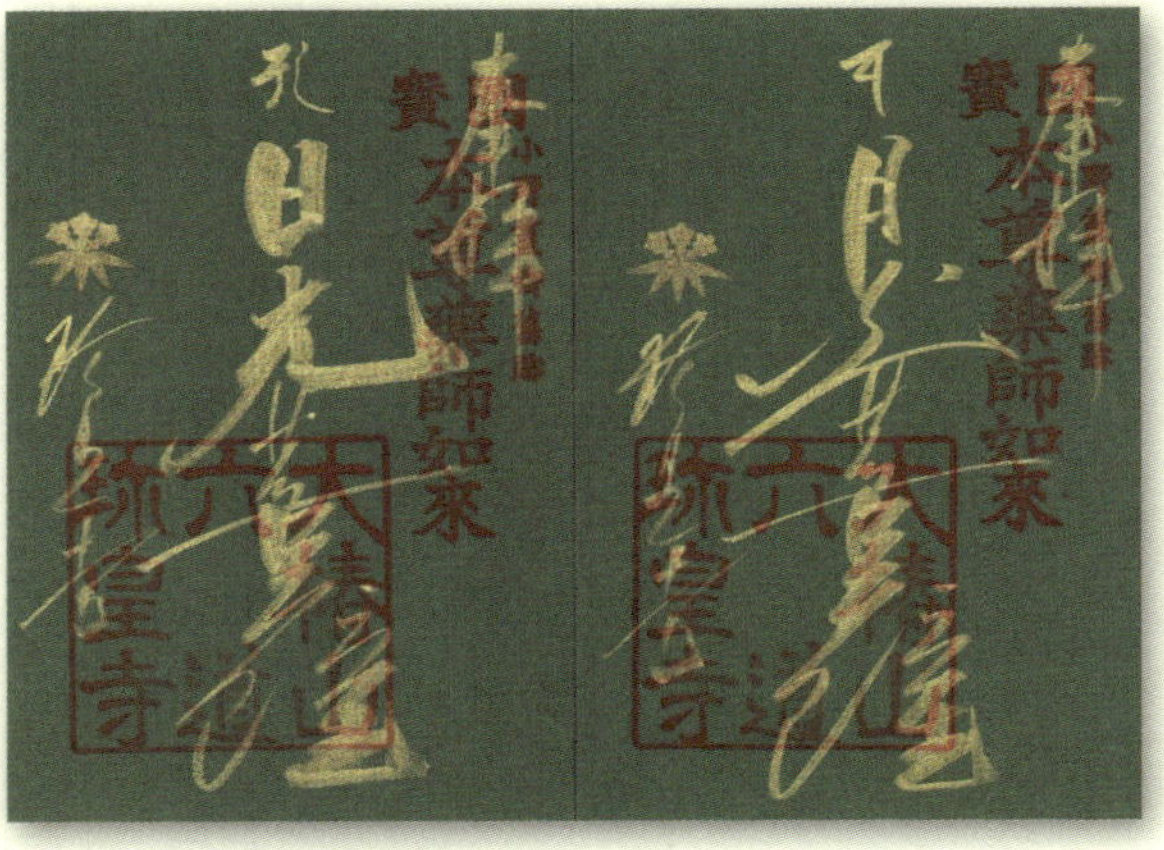

「薬師如来」　「閻魔大王」

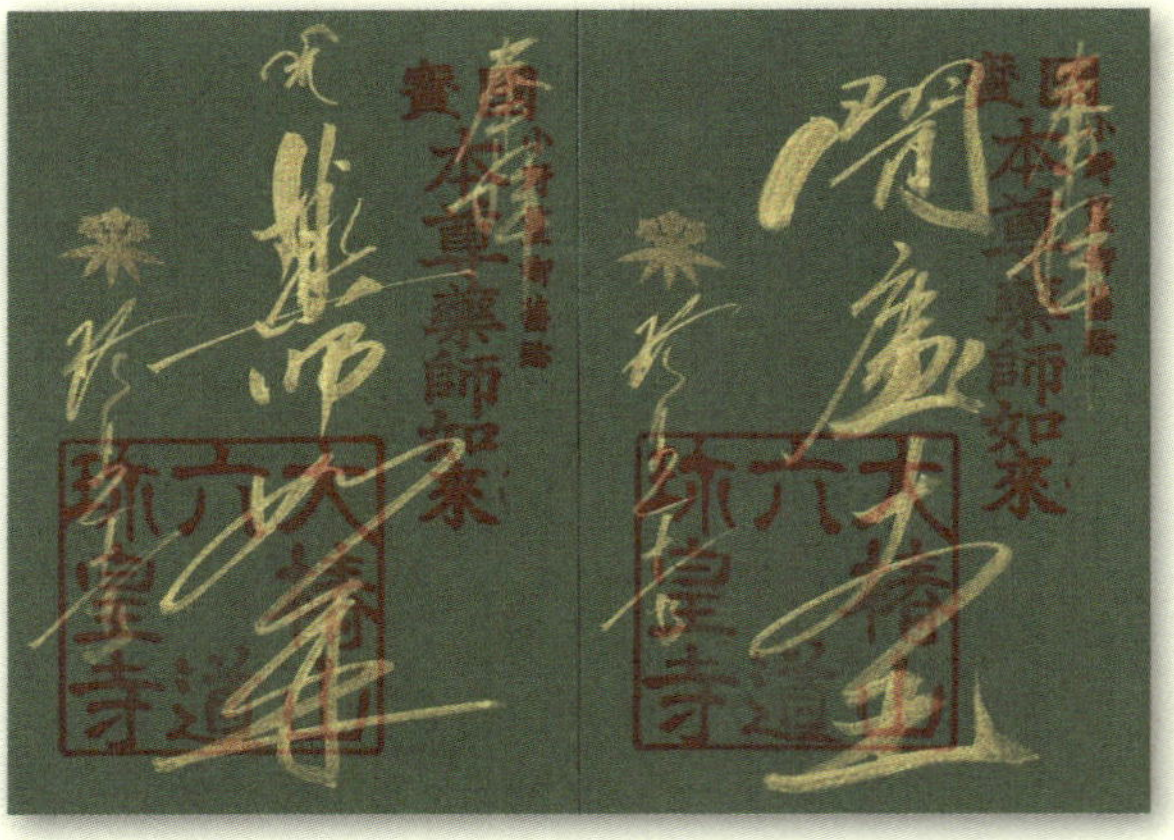

春季特別拝観時限定の若草色の金泥御朱印

「小野篁卿」　「地蔵菩薩」

勝林寺《しょうりんじ》

京都市東山区

特別公開時のみ授与される「毘沙門天」の御朱印

臨済宗東福寺派・勝林寺は、東福寺の塔頭で、東福寺の鬼門を守護する毘沙門天を祀ることから「東福寺の毘沙門天」とも呼ばれています。

毘沙門堂に安置されている御本尊の毘沙門天立像は、平安時代の仏師・定《じょう》朝《ちょう》作と伝わる一木造りの像で、東福寺仏殿内で発見されたといいます。四天王の一尊に数えられる武神にふさわしいその立ち姿は、畏怖すら感じさせるすばらしいものです。

通常は非公開となっている勝林寺ですが、季節に応じて期間限定で毘沙門天像が公開され、そのときには特別仕様の御朱印をいただくことができます。掲載した御朱印は夏季限定のカラー御朱印です。

住所
〒605-0981
京都府京都市東山区本町15-795

長《ちょう》円《えん》寺《じ》

京都市伏見区

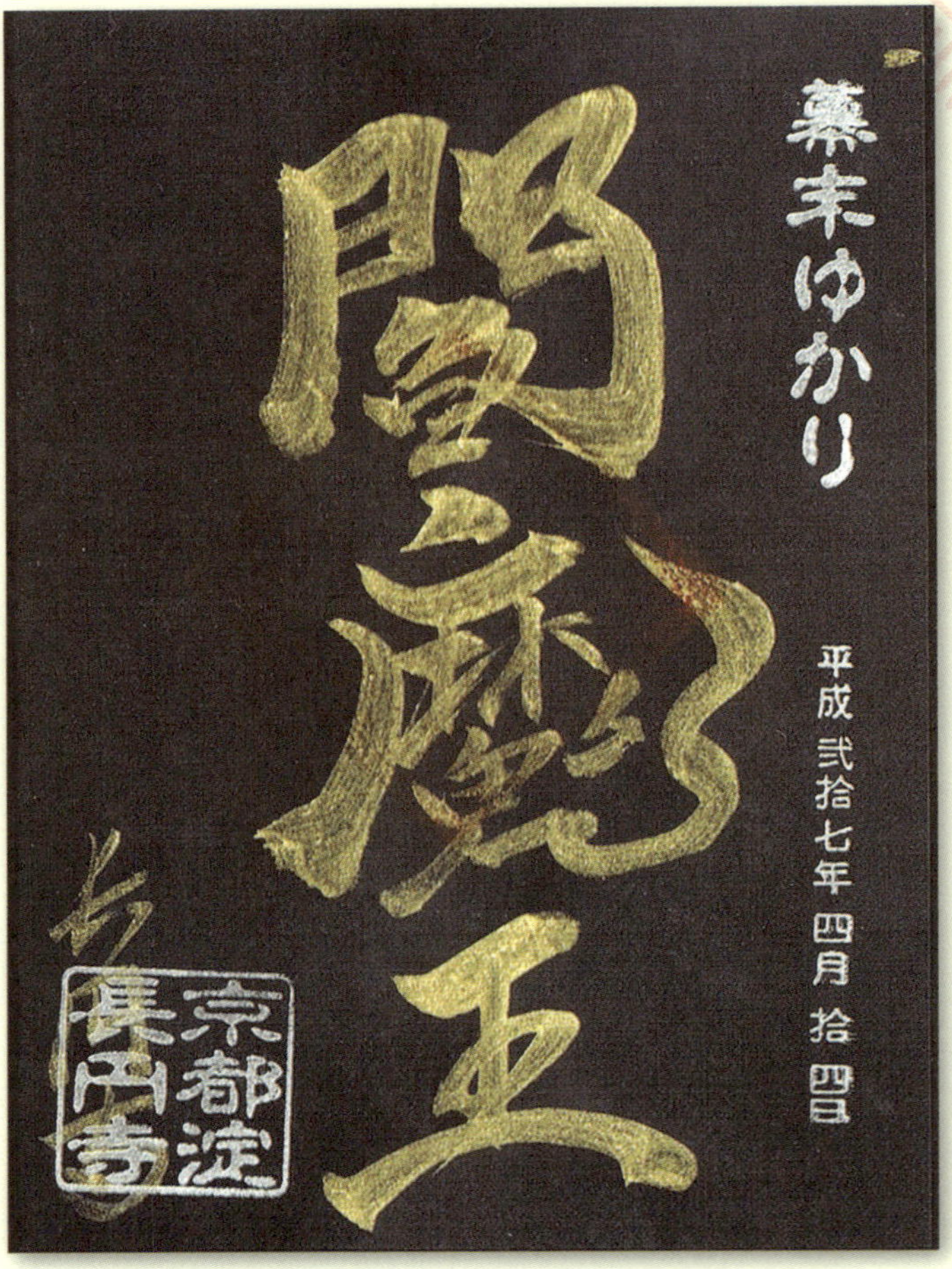

長円寺「閻魔王」の御朱印

浄土宗・長円寺は、鳥羽伏見の戦いの際に新選組など旧幕府軍の負傷兵をかくまい、戦死者の供養を行ったという幕末ゆかりのお寺です。

　長円寺は「遠方近場関係なく、どなた様でもご縁を結んでいただけるように」というご住職の考えで、お願いすれば御朱印を発送していただける非常にめずらしいお寺でもあります。

　掲載した御朱印は、黒紙に金泥で書かれた「閻魔王」と「法然上人」という、ほかではなかなか見かけないものです。現在、この御朱印は授与されていませんが、ほかの期間限定御朱印が授与されており、参拝が難しい場合は同様に送っていただくことができます。

住所 〒613-0906
京都府京都市伏見区淀新町681

黒紙に金泥で書かれた期間限定の御朱印

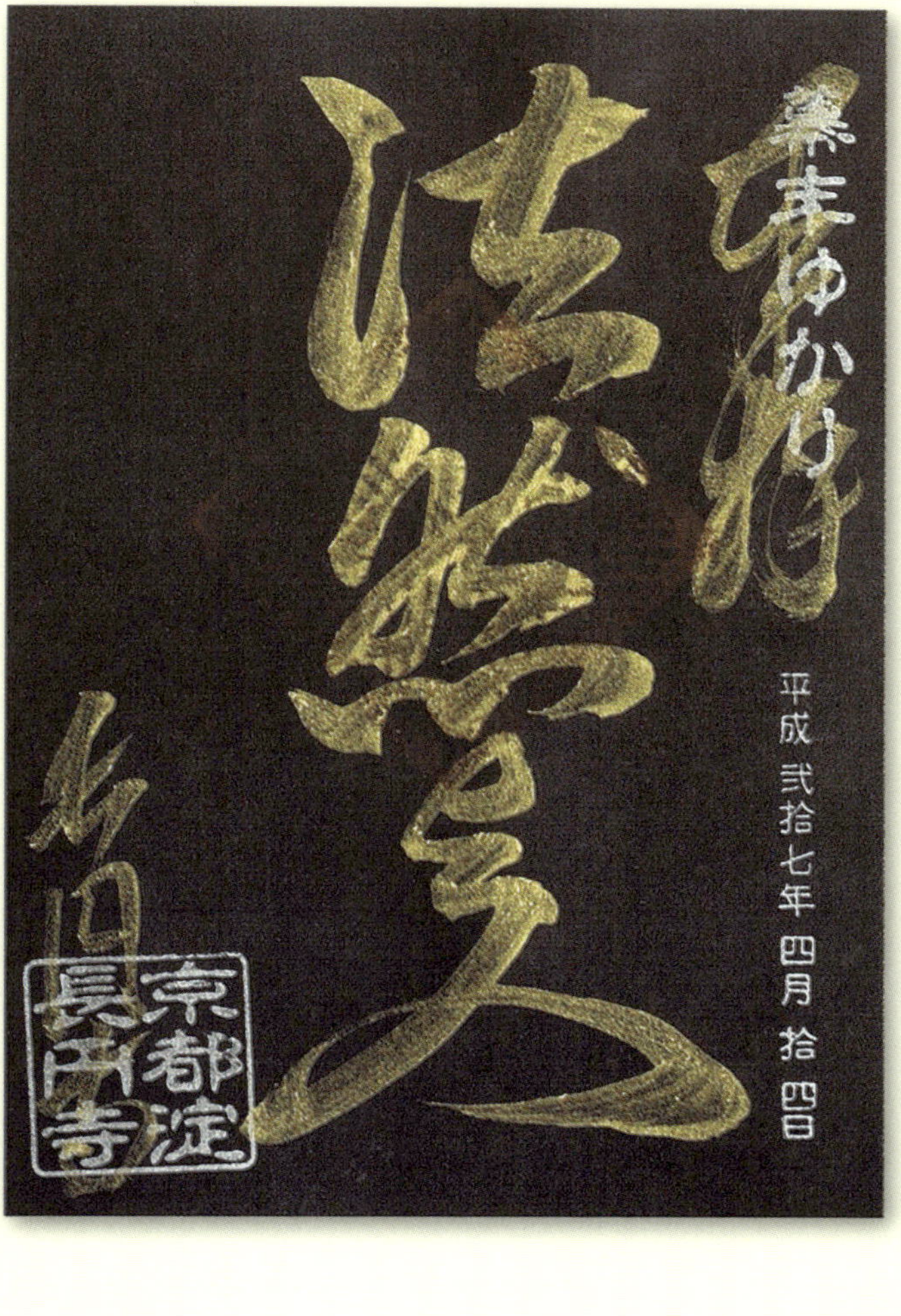

浄土宗開祖「法然上人」の金泥御朱印

寂光院《じゃっこういん》

京都市左京区

建礼門院御遠忌限定の金色御朱印

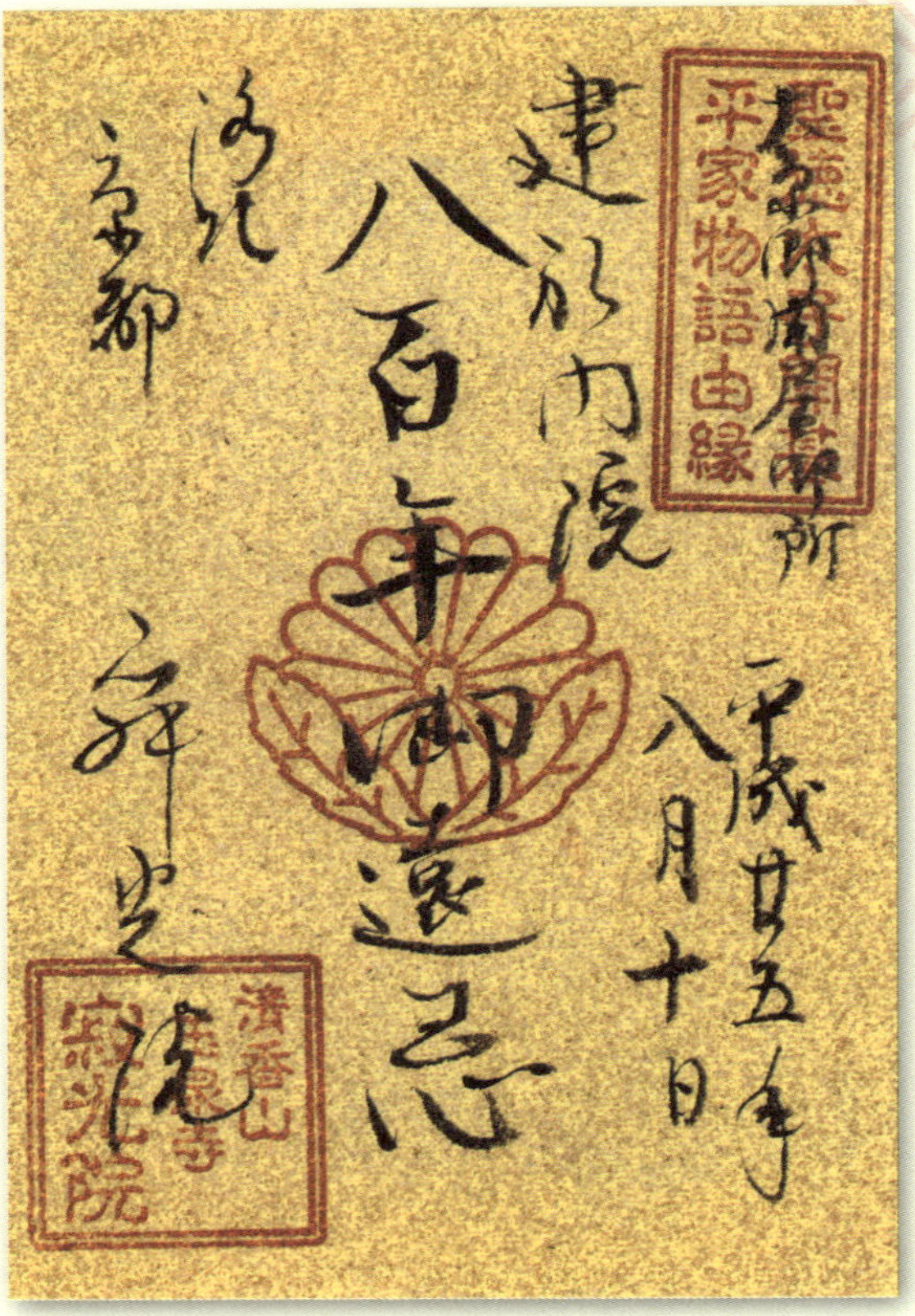

天台宗・寂光院は、平清盛の娘で安徳天皇の生母である建礼門院徳子《けんれいもんいんとくこ》が、平家滅亡後に隠棲した平家ゆかりの尼寺として知られています。

建礼門院は、壇ノ浦で入水《じゅすい》するものの源氏方に助け出され、平家一族が滅亡したあとは尼となって、この寂光院で余生を送ったといいます。

寂光院で夫・高倉天皇、子・安徳天皇、平家一門の冥福をひたすら祈っていた建礼門院を後白河法皇が訪れるエピソードは、『平家物語』でも語られている有名な場面です。

掲載した御朱印は、平成二十五年の「建礼門院八百年御遠忌《ごおんき》」の際にいただいた金紙の限定御朱印です。現在はこの御朱印をいただくことはできませんのでご注意ください。

住所
〒601-1248
京都府京都市左京区大原草生町676

蓮《れん》華《げ》王《おう》院《いん》（三十三間堂《さんじゅうさんげんどう》）

京都市東山区

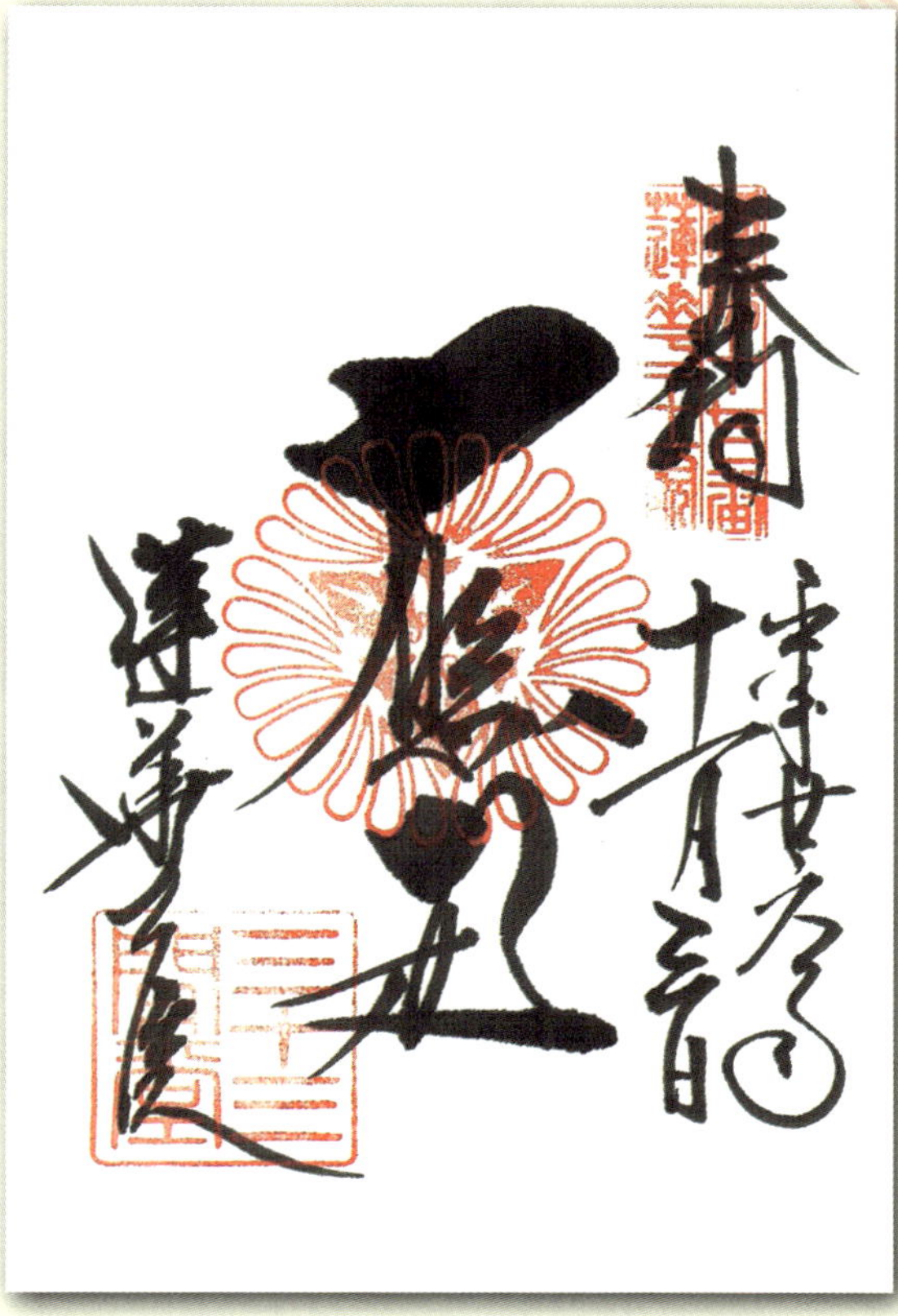

重ねてきた歴史を感じさせる品のある御朱印

日本でもっとも有名な仏堂の一つである天台宗・蓮華王院（通称は三十三間堂）。国宝の丈六千手観音坐像と重要文化財の等身大千体千手観音立像という一〇〇一体の千手観音がずらりと並ぶその堂内は、まさに圧巻の一言！

そのほかにも、風神・雷神像、二十八部衆像（いずれも国宝）など、見るべきものが多く、何度訪れても飽きない、仏像好きにはたまらない空間です。

三十三間堂は、後白河法皇が建てた離宮の広大な敷地の一画に建てられたのが始まりで、その後も豊臣秀吉など歴代の為政者に庇護されてきました。

御朱印の「大悲殿」は三十三間堂が重ねてきた歴史を感じさせ、気品にあふれています。

住所
〒605-0941
京都府京都市東山区三十三間堂廻り町657

霊《れい》源《げん》院《いん》

京都市東山区

特別公開時のみ授与される「毘沙門天」の限定御朱印

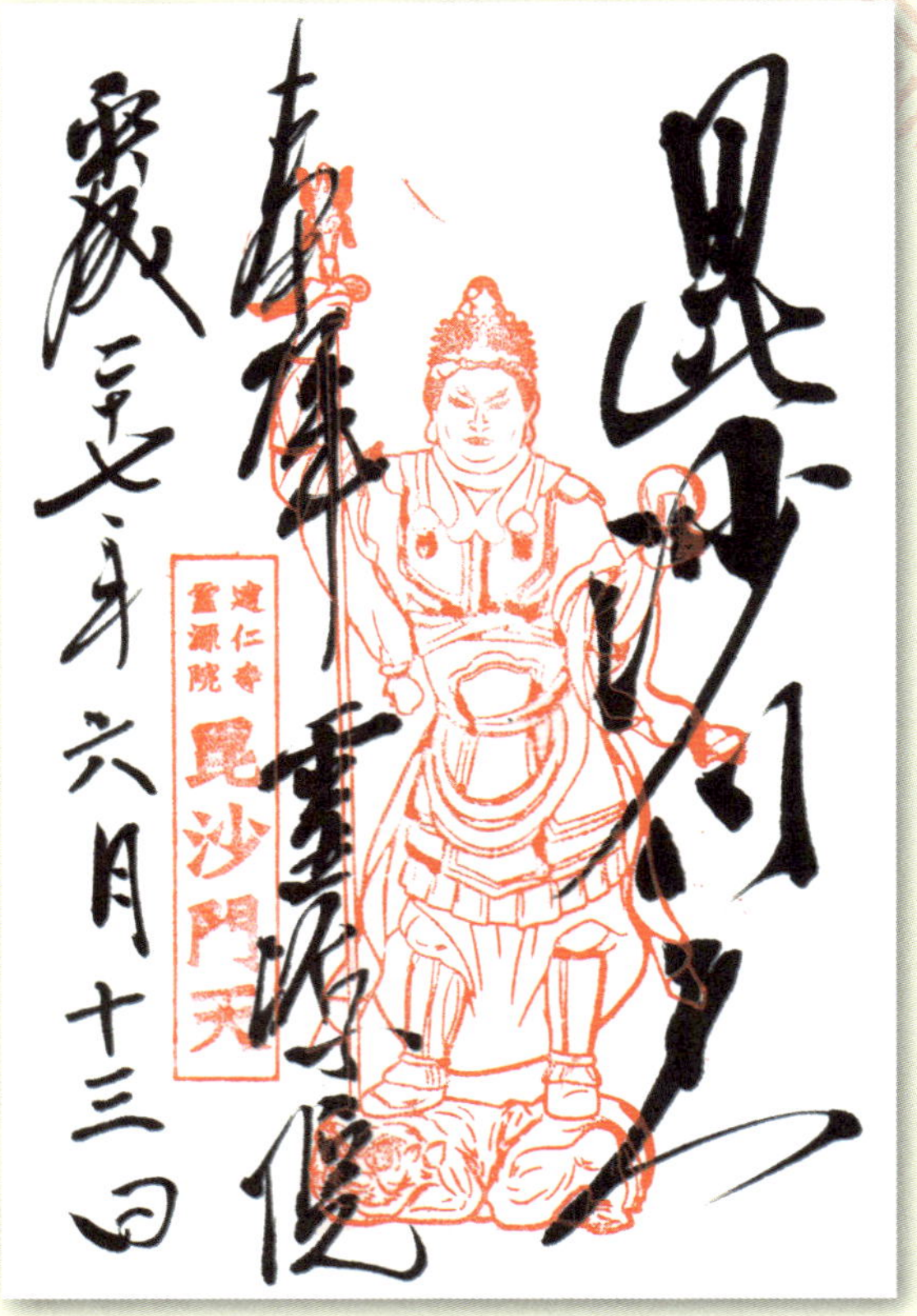

鎌倉時代末期から室町時代にかけて、京都と鎌倉の五山の禅僧たちのあいだで栄えた五山文学の最高峰寺院とされたのが、臨済宗建仁寺派・霊源院です。建仁寺の塔頭である霊源院は、五山派の代表的学僧を多く輩出したといいます。

なかでも詩に長《た》けた慕哲龍攀《ぼてつりゅうはん》という僧のもとで、一休宗純《そうじゅん》が幼年に作詩の法を学んだ話が残っており、霊源院の床の間には一休宗純が書いた扇が置かれています。

南北朝時代の肖像彫刻の傑作・中巌《ちゅうがん》円月《えんげつ》坐像と、その胎内から発見されたという鎌倉時代の毘沙門天立像は、ぜひ見ておきたい精巧なつくりをしています。個人の場合は、特別拝観期間のみ参拝することができます。掲載した御朱印は特別公開時限定のものです。

住所
〒605-0811
京都府京都市東山区大和大路四条下ル小松町594

石《しゃく》像《ぞう》寺《じ》（釘《くぎ》抜《ぬき》地《じ》蔵《ぞう》）

京都市上京区

苦を抜き取ってくれる「釘抜地蔵」の御朱印

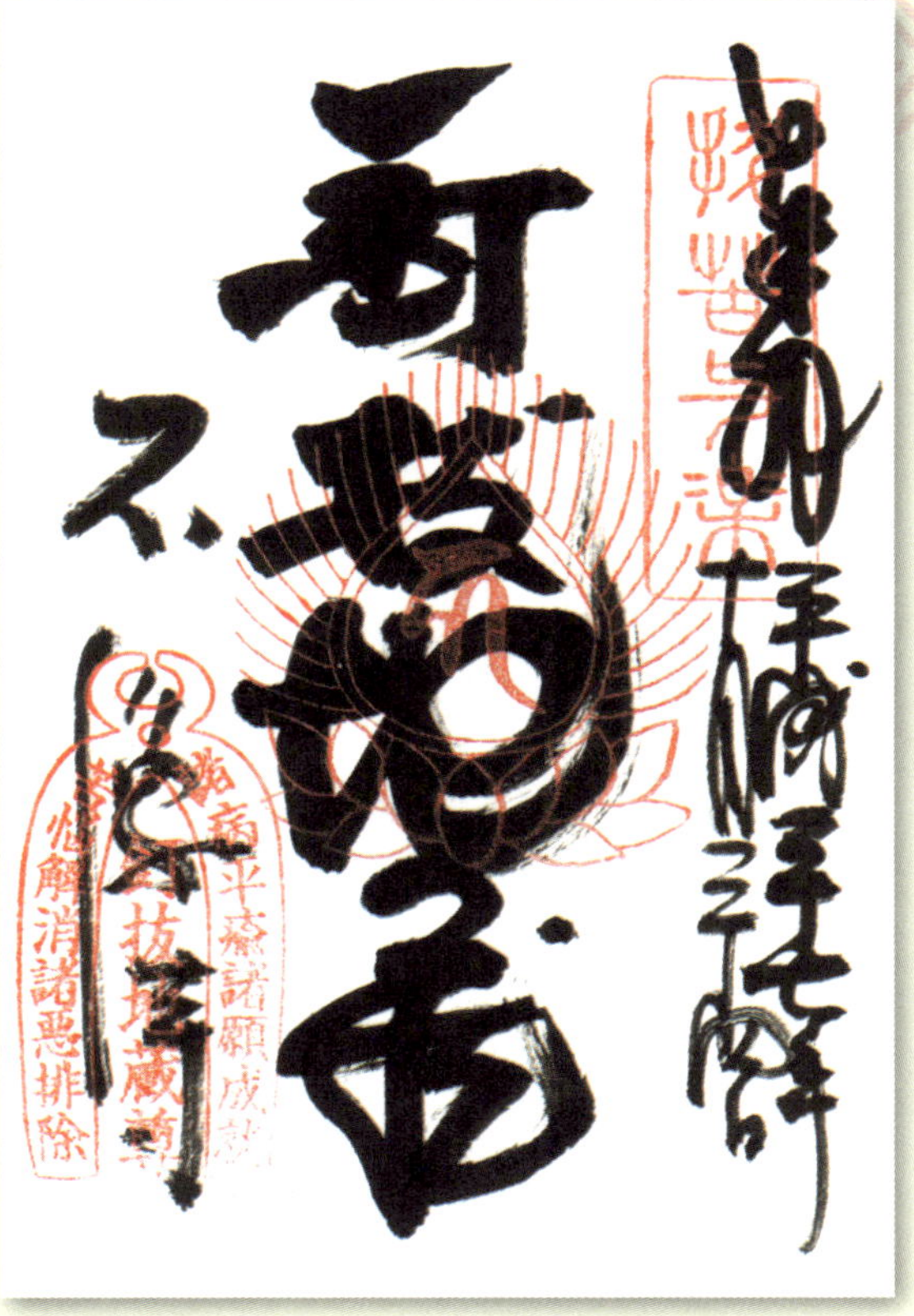

石像寺は、通称「釘抜地蔵」で知られている浄土宗のお寺です。

寺伝では空海により創建されたという古刹で、地蔵堂の御本尊は空海が唐から持ち帰った石を刻んだとされる地蔵菩薩像となっています。苦しみを抜き取ってくれるお地蔵様ということから「苦抜《くぬき》地蔵」と呼ばれるようになり、その後、なまって「釘抜地蔵」と呼ばれるようになったのだとか。

心身不調の治癒を祈願する人が絶えず訪れ、苦しみが去った人は二本の八寸釘と釘抜を貼りつけた絵馬を奉納する習わしがあり、本堂の壁前面には、たくさんの絵馬がぎっしりと並んでいます。

御朱印は、達筆すぎてなかなか読めませんが、「釘抜地蔵」と書かれています。

住所
〒602-8305
京都府京都市上京区千本通上立売上ル花車町503

佛光寺《ぶっこうじ》

京都市下京区

阿弥陀如来の慈悲があふれる「大悲無倦」の御朱印

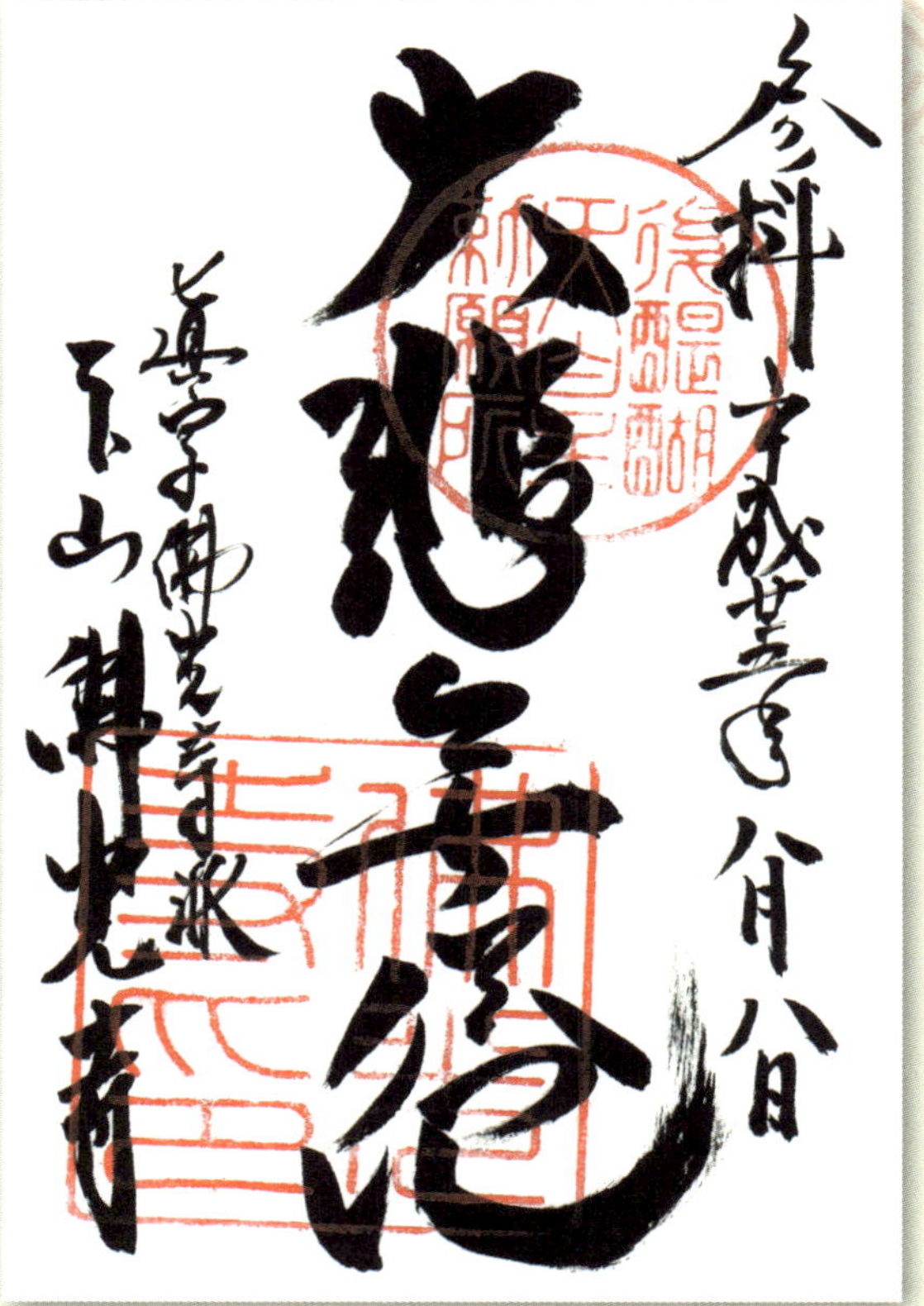

佛光寺は、浄土真宗一〇派の一つ、真宗佛光寺派の本山です。親鸞上人が越後流罪《るざい》から赦免《しゃめん》されたあと、京都・山科に草庵を結んだのが始まりといわれています。

その後、浄土真宗の教化活動にともなうさまざまな苦難や変遷を経て、豊臣秀吉により、現在の地に移されました。

御朱印は、親鸞上人の著書『教行信証』に所収の偈文《げもん》「大悲無倦《だいひむけん》（常照我）」からとったもので、「阿弥陀様の大悲は、さえぎることがなく見捨てることがない」という意味です。

浄土真宗では、宗旨として御朱印を授与していないので、佛光寺の御朱印も正式な御朱印としてではなく、参拝の記念に授与されているとのことです。

住所
〒600-8084
京都府京都市下京区新開町397

金《こん》戒《かい》光《こう》明《みょう》寺《じ》

京都市左京区

法然上人が最初に布教を行った「浄土真宗最初門」の御朱印

金戒光明寺は、知恩院と並ぶ格式を誇る浄土宗大本山の一つ。浄土宗の開祖・法然上人が、比叡山を降りて、はじめに草庵を結んだことに始まる浄土宗最初の寺院です。

広大な境内には、山門、阿弥陀堂、本堂などのほかに一八もの塔頭が建ち並び、法然上人の遺骨が祀られている御廟所もあり、知恩院とともに浄土宗の聖地となっています。

幕末には京都守護職会津藩の本陣となり、守護職御預かりであった新選組発祥の地ともいわれています。

御朱印は、法然上人が最初に浄土宗の布教を行った地であることにちなみ、後小松天皇から勅額を賜った文字「浄土真宗最初門」（浄土の教えの真実義を広めた発祥の地という意味）。ほかにも複数の御朱印が授与されています。

住所
〒606-8331
京都府京都市左京区黒谷町121

本《ほん》能《のう》寺《じ》

京都市中京区

本能寺の御朱印「妙法」

天下統一を目前にした織田信長が、家臣・明智光秀の謀反により討たれた本能寺の変。その歴史の舞台となったのが、京都市中京区のにぎやかな一画にある本能寺です。

本能寺は日蓮上人を宗祖とし、日隆《にちりゅう》を派祖とする法華宗本門流の大本山でもあります。現在の所在地は、本能寺の変当時とは異なるとのことです。

本能寺の境内にある大寶殿《だいほうでん》宝物館には、本能寺の変の前夜に突然鳴き出して異変を知らせたという伝承が残る「三《みつ》足《あし》の蛙」の香炉や、織田信長が所持していた茶碗などが展示公開されており、戦国時代ファンなら一度は参拝しておきたいお寺です。

御朱印は、戦国の世を駆け抜けた織田信長ゆかりの寺にふさわしい力強さを感じさせてくれるもので、達筆にして豪快!!

住所
〒604-8091
京都府京都市中京区寺町通御池下ル下本能寺前町522

織田信長ゆかりの寺にふさわしい力強い御朱印・御首題

お題目が書かれた御首題

妙《みょう》顯《けん》寺《じ》

京都市上京区

波間に揺れるような特徴的な御首題「波ゆり題目」

京都最初の日蓮宗寺院である妙顯寺は、後醍醐天皇より寺領を与えられ、日蓮上人の孫弟子・日像《にちぞう》により開山されたお寺です。

日蓮宗京都十六本山の筆頭格であり、京都における日蓮宗の中心的寺院として、日蓮宗の発展に大きく寄与してきました。

いただける御首題は、開山である日像にまつわるエピソードにちなんだ「波ゆり題目」と呼ばれるものです。

日像が京都に来る前、鎌倉・由比ガ浜の海水に浸かって百日間の修行を行った際の最終日、日像が海面にお題目（南無妙法蓮華経）を描くと、そのお題目が金色に光って波間を漂ったという言い伝えによります。

波間に揺れるような曲線が特徴的なお題目です。

住所

〒602-0005　京都府京都市上京区寺之内通新町西入妙顯寺前町514

華《け》厳《ごん》寺《じ》(鈴虫寺《すずむしでら》)

京都市西京区

鈴虫の美しい音色が響く鈴虫寺「妙音大士」の御朱印

京都・東山の山麓を遠くに望む山腹にある華厳寺は、四季を通じて鈴虫の音を聞くことができる「鈴虫寺」の呼称で有名な臨済宗のお寺。江戸時代中期に華厳宗の再興のために開かれたそうですが、現在は臨済宗に属する禅寺となっています。

家まで願い事を叶えに来てくれるという、わらじをはいた「幸福地蔵」が有名で、多くの人がそれぞれの願いを祈願しに参拝しています。

四季を通じて鈴虫の音色を聞くことができる境内では、ご住職による参拝者へのおもしろい説法も聞くことができ、見て聞いて楽しいお寺です。

御朱印は豪快に書かれた「妙音大士」。妙音は言葉では言い表すことができない美しい声や音色、大士は仏、菩薩の尊称を指しています。

住所
〒615-8294
京都府京都市西京区松室地家町31

聖《しょう》護《ご》院《いん》

京都市左京区

法螺貝と梵字が組み合わされた修験道の御朱印

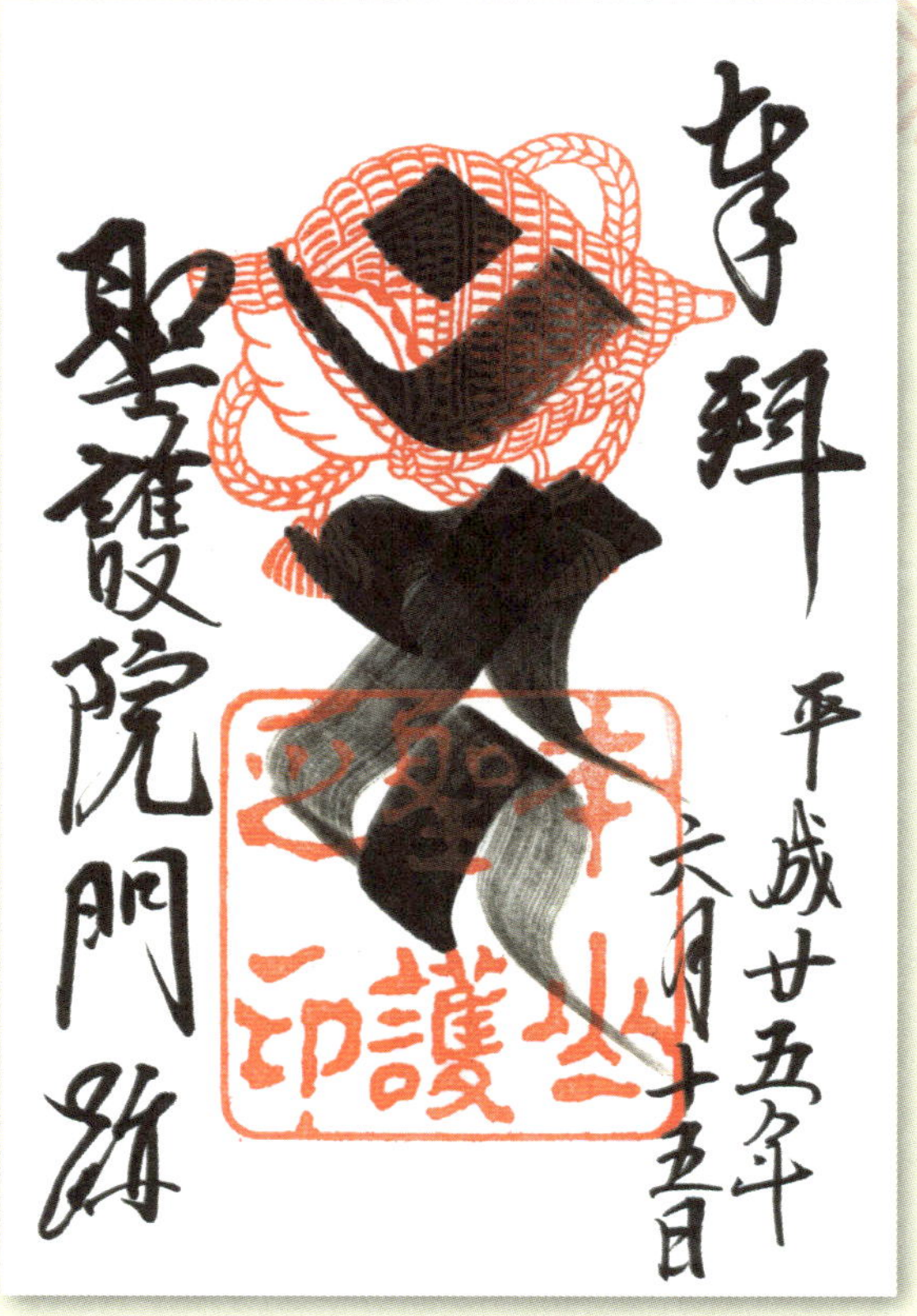

日本古来の山岳信仰が仏教に取り入れられた、日本独自の混淆宗教である修験道（修験宗）。聖護院は、その一派である本山修験宗の総本山で、代々、皇族関係者が入寺する門跡寺院として高い格式を誇り、皇室とのかかわりも深い寺院です。

御本尊である不動明王のほかに、修験道の開祖・役小角、修験道独自の神・蔵王権現など修験道に関する仏像を祀っているのが特徴です。

御朱印は、修験道の修行者である山伏が吹く「法螺《ほら》貝」が押印され、御本尊の不動明王を表す梵字「カーン」が大書されている独特の組み合わせです。ほかの寺院では見られない、めずらしい御朱印となっています。

ほかに、修験道の宗祖である役小角の諡号《しごう》「神変《じんべん》大菩薩」の御朱印（役行《えんのぎょう》者《じゃ》霊蹟札所）も授与されています。

住所
〒606-8324
京都府京都市左京区聖護院中町15

萬《まん》福《ぷく》寺《じ》

京都府宇治市

魚梆の押印がされた
ユニークな御朱印

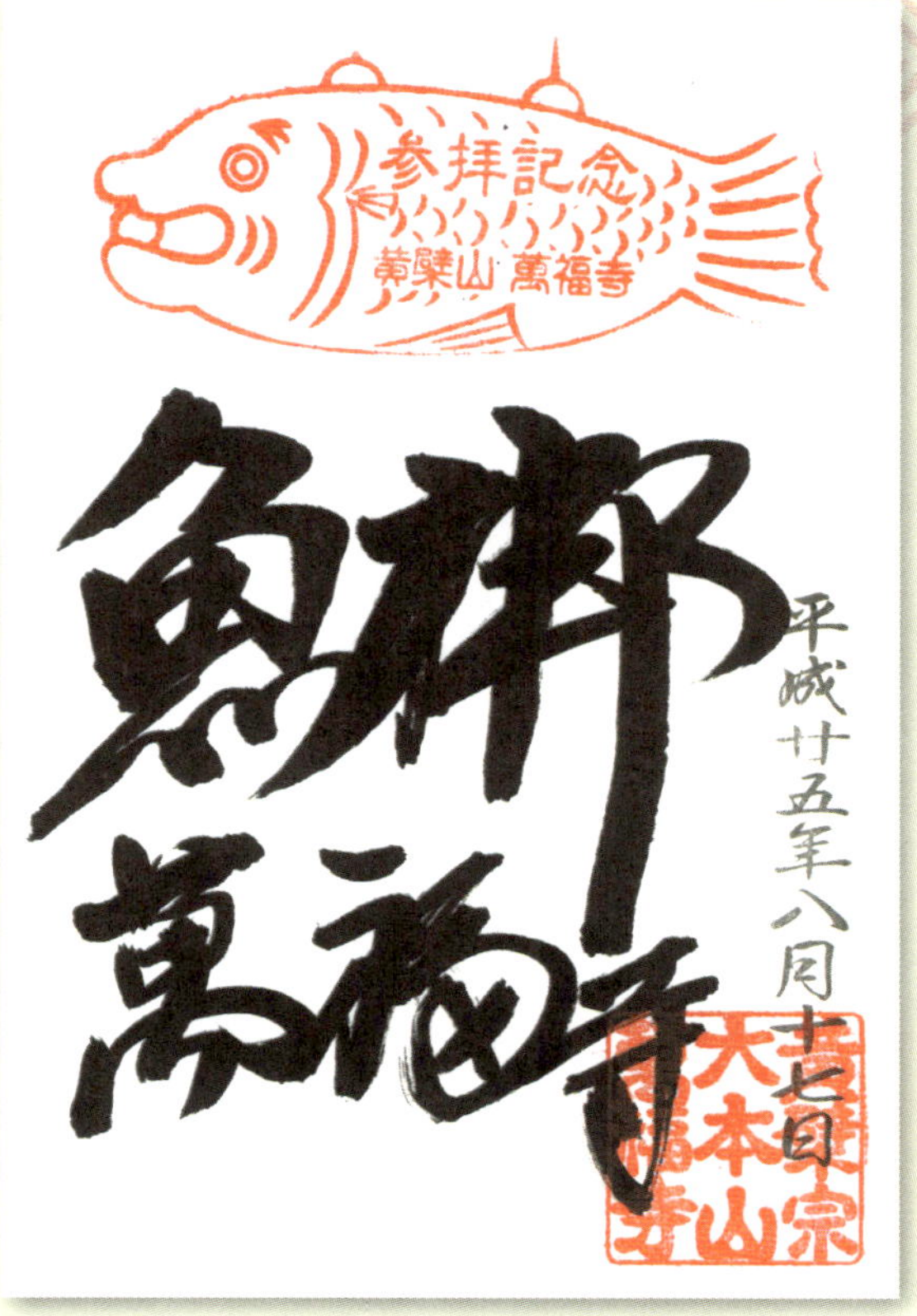

日本の禅宗には、臨済宗、曹洞宗、黄檗宗の三つの宗派があります。なかでも中国の明朝様式を色濃く残しているのが黄檗宗で、その大本山寺院が萬福寺です。萬福寺に代表される黄檗宗の寺院は、建物や仏像様式、儀式、作法にいたるまで中国様式で、日本の他の宗派の仏教寺院とは異なる独特の景観を形成しているのが特徴です。

萬福寺を開いた隠元隆琦《いんげんりゅうき》は、江戸時代のはじめにインゲンマメなどを日本にもたらした中国の高僧で、インゲンマメの名は隠元に由来します。

御朱印は不眠不休の象徴である目を開いた魚をかたどり、修行僧の怠惰を戒めるためにつくられた禅宗で用いる鳴り物の一種、「魚梆《ぎょほう》」（開梆《かいばん》）の押印がされたユニークなものとなっています。このほか四種類の御朱印をいただくことができます。

住所
〒611-0011
京都府宇治市五ケ庄三番割34

今《いま》宮《みや》神《じん》社《じゃ》

京都市北区

「玉の輿《こし》神社」という異名をもつ京都の今宮神社でいただけるのが、「風流傘」（花傘）

風流傘がデザインされた華麗な御朱印

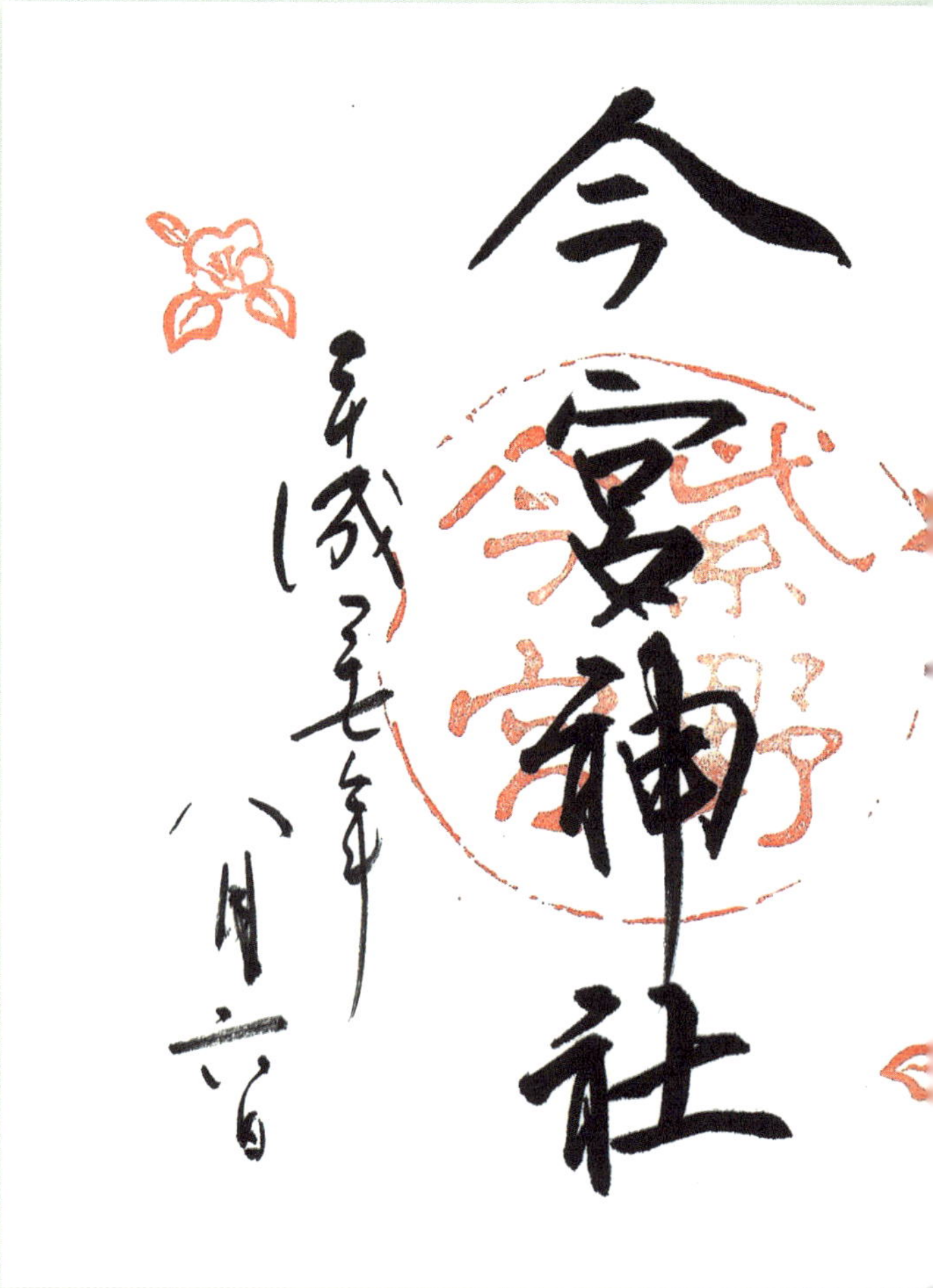

がデザインされた、めずらしい押印の見開き御朱印です。

京都三奇祭の一つとされ、毎年四月に行われる今宮神社のやすらい祭は、風流な装いを凝らして詣で、疫病の神を鎮めるという祭礼で、「風流傘」と呼ばれる大傘を中心に踊りながら京都の町を練り歩きます。風流傘に入ると、その年の厄が取り除かれるといわれています。

「玉の輿神社」と呼ばれるのは、徳川三代将軍家光の側室となり、五代将軍綱吉の母となった桂昌院（西陣の八百屋の娘「お玉」といわれる）が、西陣の再興に尽力し、その氏神神社が今宮神社だったことに由来するそうです。

住所
〒603-8243
京都府京都市北区紫野今宮町21

八《はち》大《だい》神《じん》社《じゃ》

京都市左京区

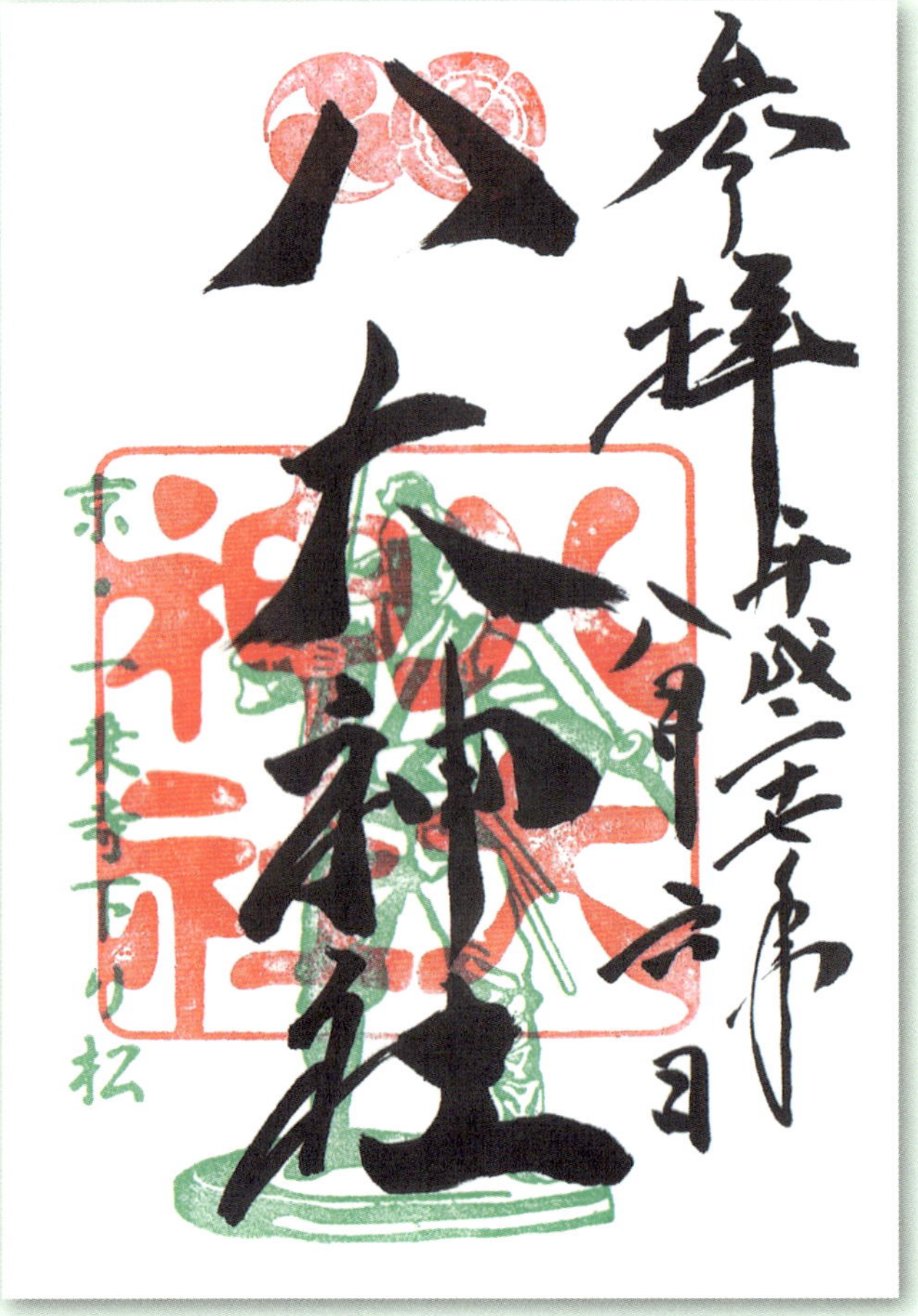

宮本武蔵が押印された「八大神社」の御朱印

八大神社は、鎌倉時代に創建され、京都一乗寺の氏神様として約七百年の歴史をもつ神社です。

八大神社の境内地である一乗寺下《さが》り松は、江戸時代はじめに、宮本武蔵と吉岡一門数十人との決闘が行われたという場所。

社殿内には、当時の一乗寺下り松の古木が保管展示されているなど、宮本武蔵ゆかりの神社として、お守りや絵馬などの授与品も宮本武蔵にちなんだものとなっています。

境内にはブロンズ製の宮本武蔵像が建立されており、御

剣聖・宮本武蔵ゆかりの八大神社の御朱印

朱印は、宮本武蔵像と同じ緑色の武蔵の姿が中央に押印されているインパクトの強いものとなっています。

そのほかに、御朱印帳の見開きを使った「祭禮」の特別御朱印があり、通年でいただくことができます。

住所
〒606-8156
京都府京都市左京区一乗寺松原町1

「祭禮」の見開き御朱印

石清水八幡宮《いわしみずはちまんぐう》

京都府八幡市

鳩を絵文字化したユニークな御朱印

石清水八幡宮は、宇佐神宮（大分県宇佐市）、筥崎宮《はこざきぐう》（福岡県福岡市）とともに日本三大八幡宮の一社です（筥崎宮にかわって鶴岡八幡宮ともいわれる）。宮中儀式の四方拝《しほうはい》（一年の最初の儀式）で天皇が遥拝《ようはい》される一社でもあり、非常に格式の高い神社です。平安時代前期に八幡宮総本社の宇佐神宮から勧請されたことに始まり、その後は、天皇家や、源氏を筆頭とした武家たちからも重要視されてきた歴史があります。

御朱印は、「八幡大神《はちまんおおかみ》」の「八」の文字部分が、左右二羽の鳩が後ろ向きに寄り添っているように見えるユニークな図柄です。この御朱印を書ける方は何人かおられるそうですが、その方たちに書いていただけるかどうかは運しだいのようです。

住所

〒614-8588

京都府八幡市八幡高坊30

宇《う》治《じ》上《がみ》神《じん》社《じゃ》

京都府宇治市

現存最古の神社建築 宇治上神社の 多様な限定御朱印

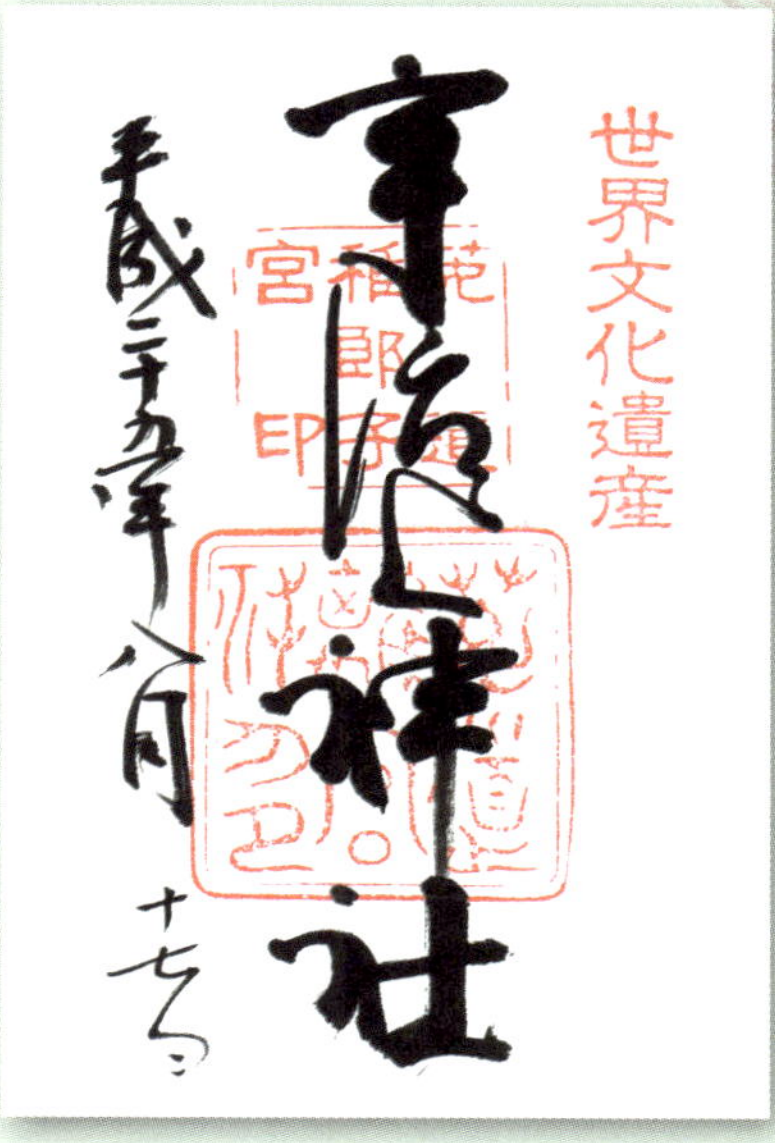

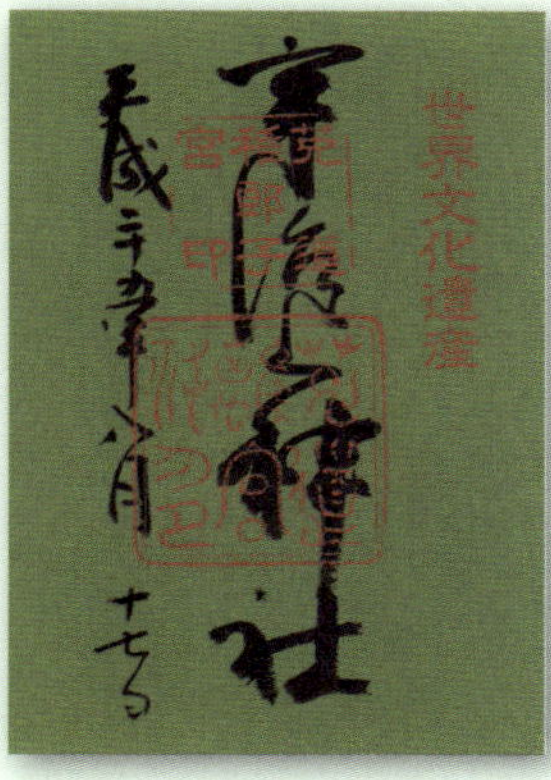

宇治茶にちなんだ緑色の御朱印

現存する最古の神社建築であるという宇治上神社。本殿は平安時代後期、拝殿は鎌倉時代前期のもので、いずれも国宝に指定されており、ユネスコの世界遺産の一つとして登録されている由緒ある神社です。

御祭神は、応神天皇の皇子である菟道稚郎子命《うじのわきいらつこのみこと》、応神天皇、仁徳天皇。近くにある平等院とともに人びとの崇拝を集めてきました。

宇治川の東に位置する緑に囲まれた趣ある境内は、決して大きな規模ではありませんが、雰囲気は抜群。一つひとつをじっくり拝観したい神社です。

御朱印は、季節によって異なるカラーの紙に金泥で書かれたもので、多数の種類が授与されており、それぞれ数量限定となっています。

住所
〒611-0021
京都府宇治市宇治山田59

季節・数量限定のカラフルな金泥御朱印

「離宮」の金泥御朱印

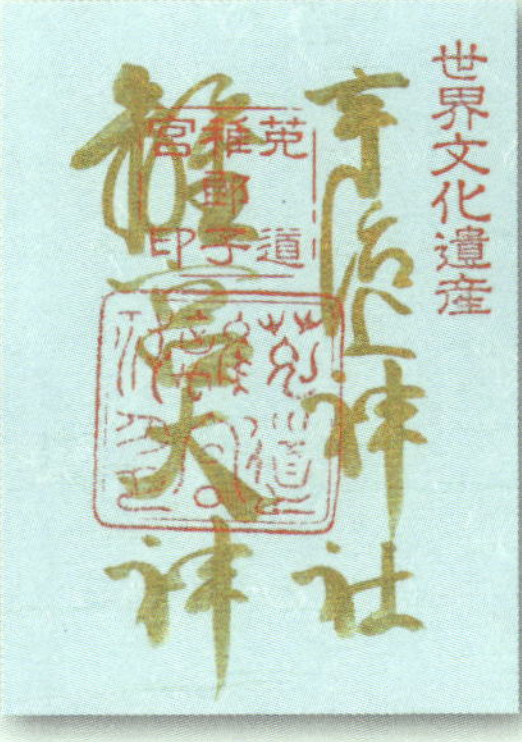

「離宮大神」の金泥御朱印

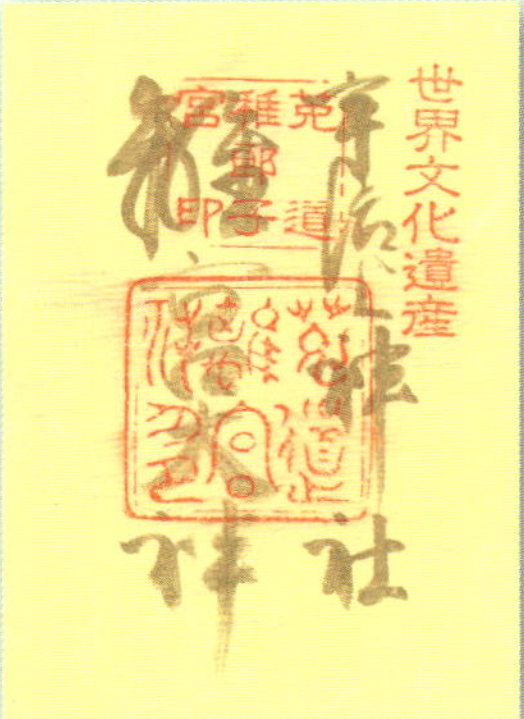

世界文化遺産
菟道稚郎子宮印

世界文化遺産
菟道稚郎子宮印

世界文化遺産
菟道稚郎子宮印

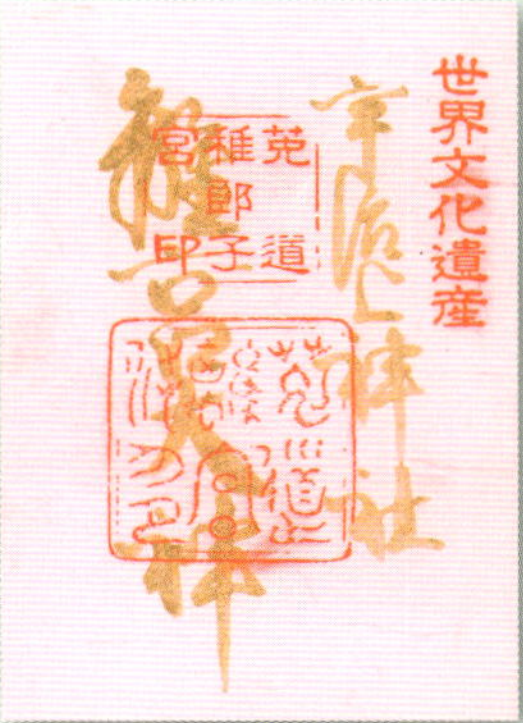
世界文化遺産
菟道稚郎子宮印

世界文化遺産
菟道稚郎子宮印

世界文化遺産
菟道稚郎子宮印

建《たけ》勲《いさお》神《じん》社《じゃ》

京都市北区

織田信長を御祭神とする建勲神社の御朱印

戦国の革命児・織田信長を祀る建勲神社。明治時代に信長の子孫が藩祖を祀るため東京の自邸内に造営したことが始まりで、その後、豊臣秀吉が信長の廟所と定めた地である京都の船岡山（現在地）に遷座したといわれています。

正式な読み方は「たけいさおじんじゃ」ですが、一般には「けんくんじんじゃ」「けんくんさん」として親しまれており、御祭神・織田信長の偉業にちなみ、難局の突破、大願成就に強い御利益があるとされています。

御朱印には、織田信長が使用した「天下布武」の押印がされ、文字も荒々しく力強いものとなっています。

徳川家康を祀る東照宮、豊臣秀吉を祀る豊國神社、建勲神社など、戦国の世の天下人を祀る神社を巡るといったテーマをもって参拝するのも楽しいかもしれません。

住所
〒603-8227
京都府京都市北区紫野北舟岡町49

豊《とよ》國《くに》神《じん》社《じゃ》

愛知県名古屋市

豊臣秀吉を祀る豊國神社の白金色の正月限定御朱印

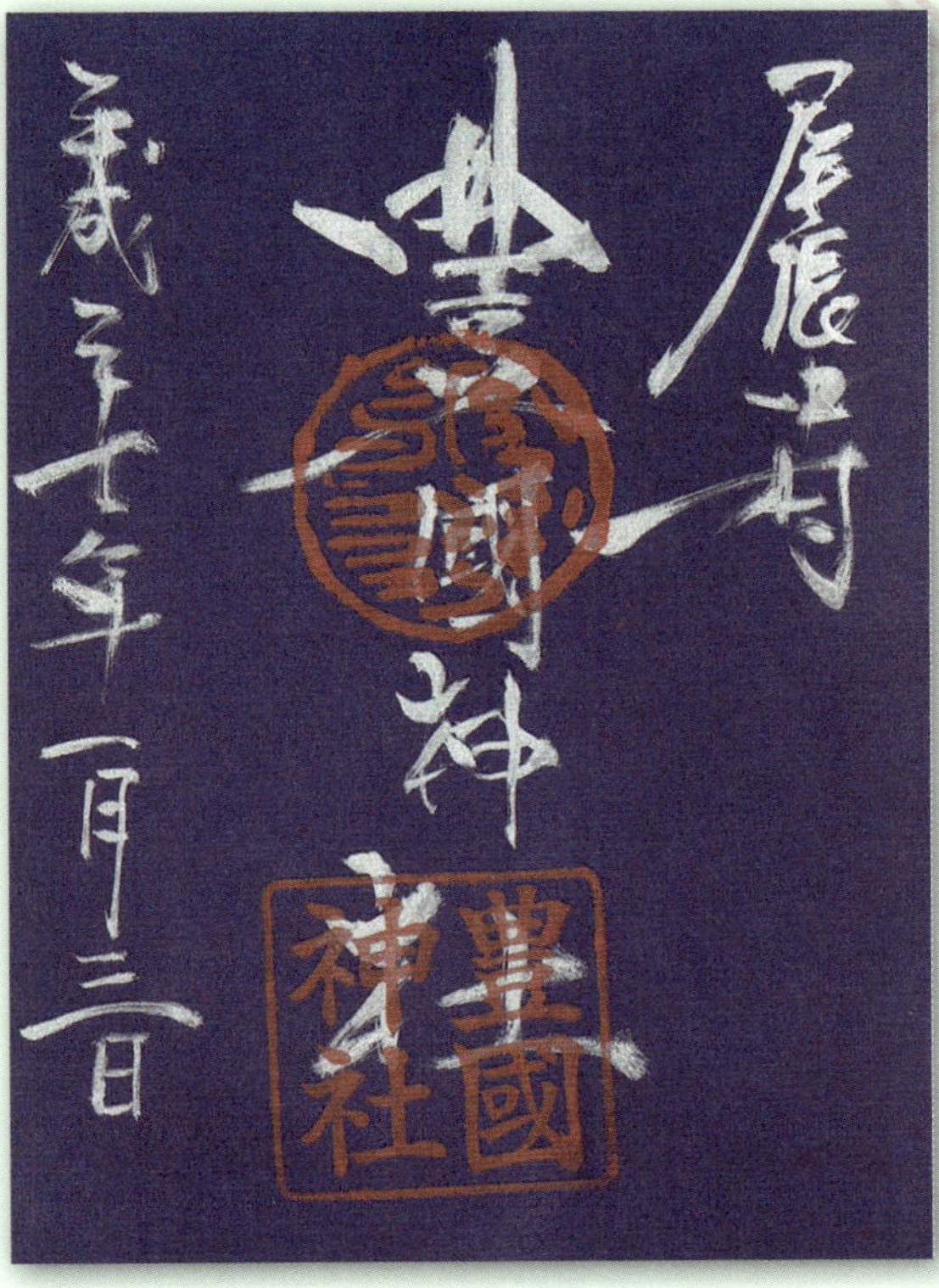

太閤・豊臣秀吉を祀る豊國（豊国）神社は、京都、大阪、滋賀など、秀吉ゆかりの各地にありますが、愛知県名古屋市にある豊國神社は、秀吉の出生地（尾張《おわり》国中村、現在の中村公園）に秀吉を祀っている神社です。

明治十七年、当時の県令をはじめ地元崇敬者の人びとにより、出生地で秀吉を祀る運動が起こり、その翌年に創建されました。

掲載した御朱印は、正月三が日限定で授与された紺紙に白金色で書かれた限定のもの（現在はいただくことができません）。秀吉の命日にちなんで、毎月十八日（月次祭《つきなみ》）には白紙に金泥で書かれた御朱印を授与していただけます。現在いただける御朱印は掲載のものとは変わっていますのでご注意ください。

住所
〒453-0053
愛知県名古屋市中村区中村町木下屋敷無番地

柴田神社《しばたじんじゃ》

福井県福井市

柴田勝家とお市の方にちなむ「絆の宮」の御朱印

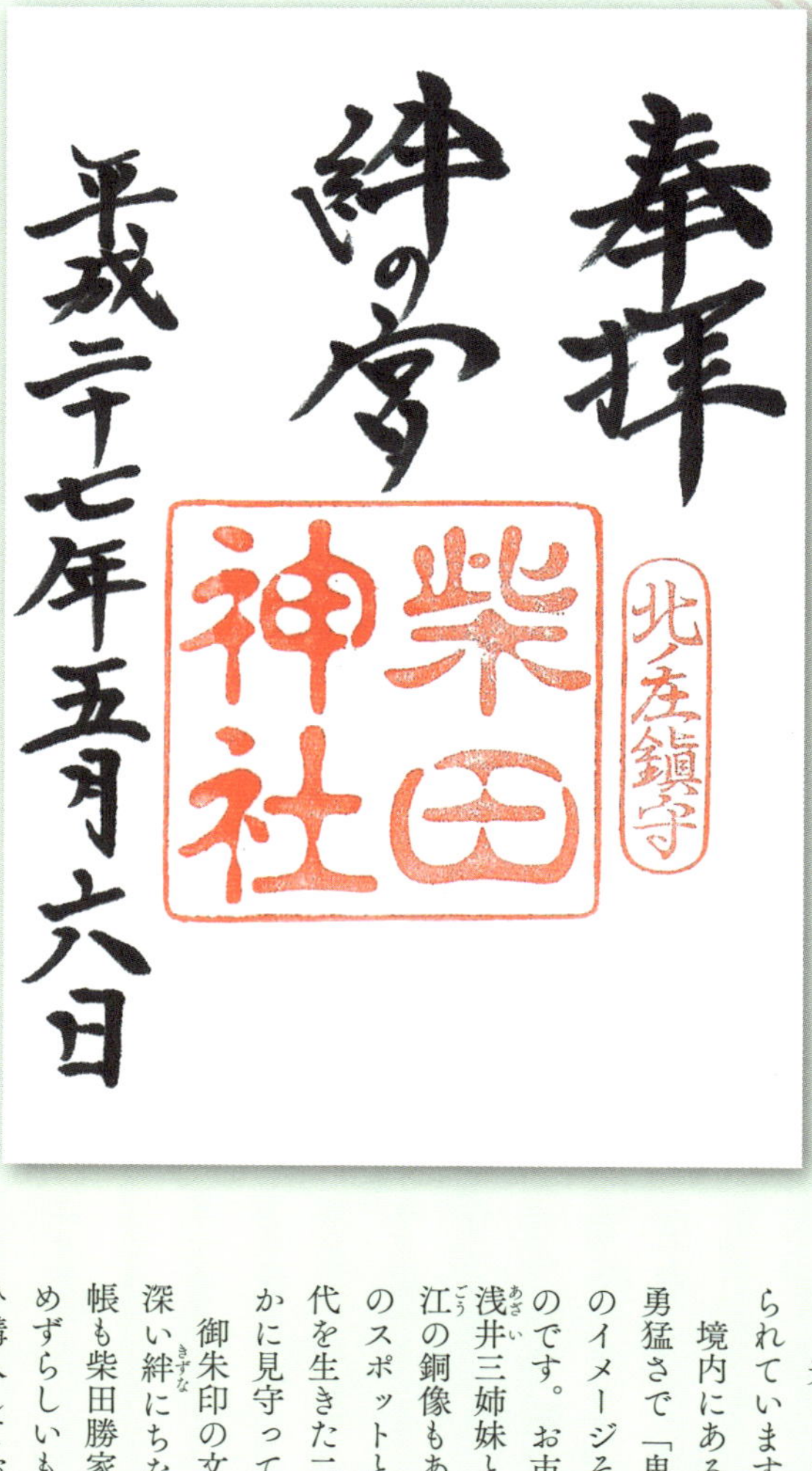

織田信長に仕えた戦国時代の猛将・柴田勝家の居城であった北ノ庄城跡に建つ柴田神社。柴田勝家を主祭神とし、夫とともに自害したお市の方も祀られています。

境内にある柴田勝家の銅像は、その勇猛さで「鬼柴田」と恐れられた勝家のイメージそのままの見ごたえあるものです。お市の方、お市の三人の娘で浅井《あざい》三姉妹として知られる茶々・初・江《ごう》の銅像もあり、戦国時代ファン必見のスポットとなっています。戦乱の時代を生きた二人は、現代の福井市を静かに見守っています。

御朱印の文字は、お市の方と勝家の深い絆《きずな》にちなんだ「絆の宮」。御朱印帳も柴田勝家とお市の方が刺繍《ししゅう》されためずらしいもので、参拝した際は、ぜひ購入しておきたいものです。

住所　〒910-0006 福井県福井市中央1-21-17

巻末資料

おしゃれな御朱印帳コレクション

寺社オリジナル御朱印帳も百花繚乱！

御朱印ブームの盛り上がりとともに、最近では寺社ごとにさまざまなオリジナルの御朱印帳がつくられるようになりました。そのお寺・神社にちなむ独自のデザインが施された色とりどりの御朱印帳は、見る者の目を奪います。

御朱印と同様に、同じ寺社でも色柄が異なる複数の御朱印帳が用意されていたり、期間限定や数量限定の御朱印帳などがあったりします。その美しさ、バラエティの豊かさから御朱印帳自体を収集されている方もいるようです。

表装はもちろん、紙質やサイズ、蛇腹式や紐閉じ式なども御朱印帳により千差万別なので、御朱印だけでなく、どんな御朱印帳と出合えるかも寺社参拝の楽しみの一つとなりうるでしょう。

ここでは、数ある御朱印帳のなかから、特徴的な御朱印帳の一部を紹介しておきましょう。

永平寺
勅使門（唐門）と老杉がデザインされた御朱印帳。

大船観音寺
慈悲にあふれるお顔で微笑する白衣観音の御朱印帳。

牛久大仏

「ギネスブック」にも登録されている巨大な大仏の御朱印帳。

最乗寺

天狗信仰のお寺にふさわしい天狗が描かれた御朱印帳。

唐招提寺

金堂に安置される千手観音像の光背部分がデザインされた御朱印帳。

平間寺（川崎大師）
真言宗の開祖・弘法大師（空海）が表紙に描かれた御朱印帳。

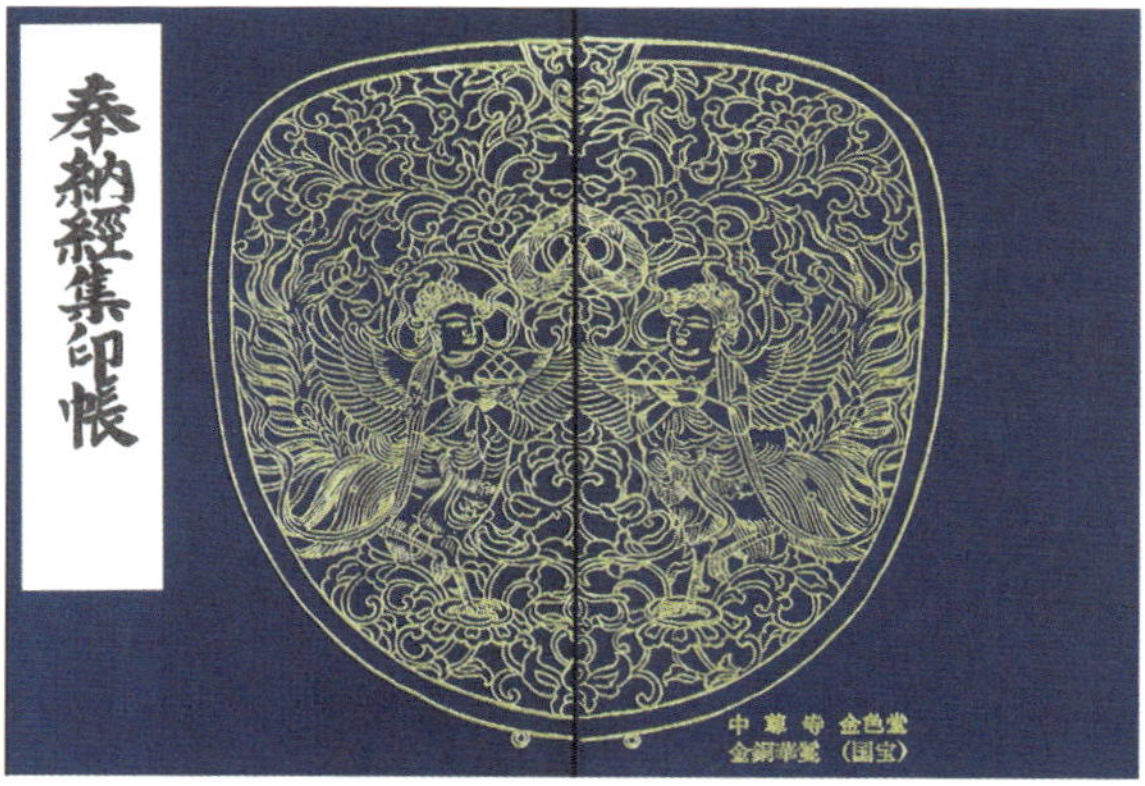

中尊寺
金色堂の内具であった国宝「金《こん》銅華鬘《どうけまん》」をモチーフにした御朱印帳。

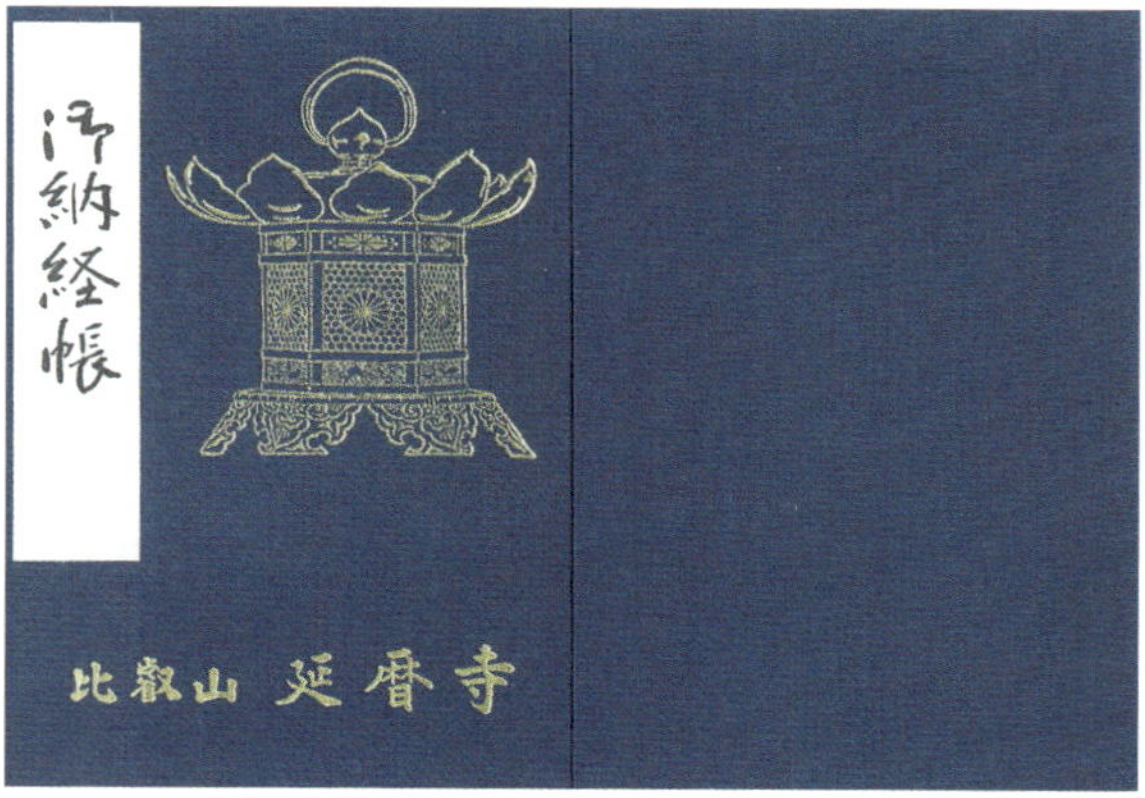

比叡山延暦寺
最澄が灯して以来、千二百年間絶えることがないという「不滅の法灯」が描かれた御朱印帳。

石清水八幡宮

勅祭・石清水祭の神幸行列の様子が刺繍された御朱印帳。

富士山本宮浅間大社

御神体である富士山と朱塗りの美しい社殿の御朱印帳。

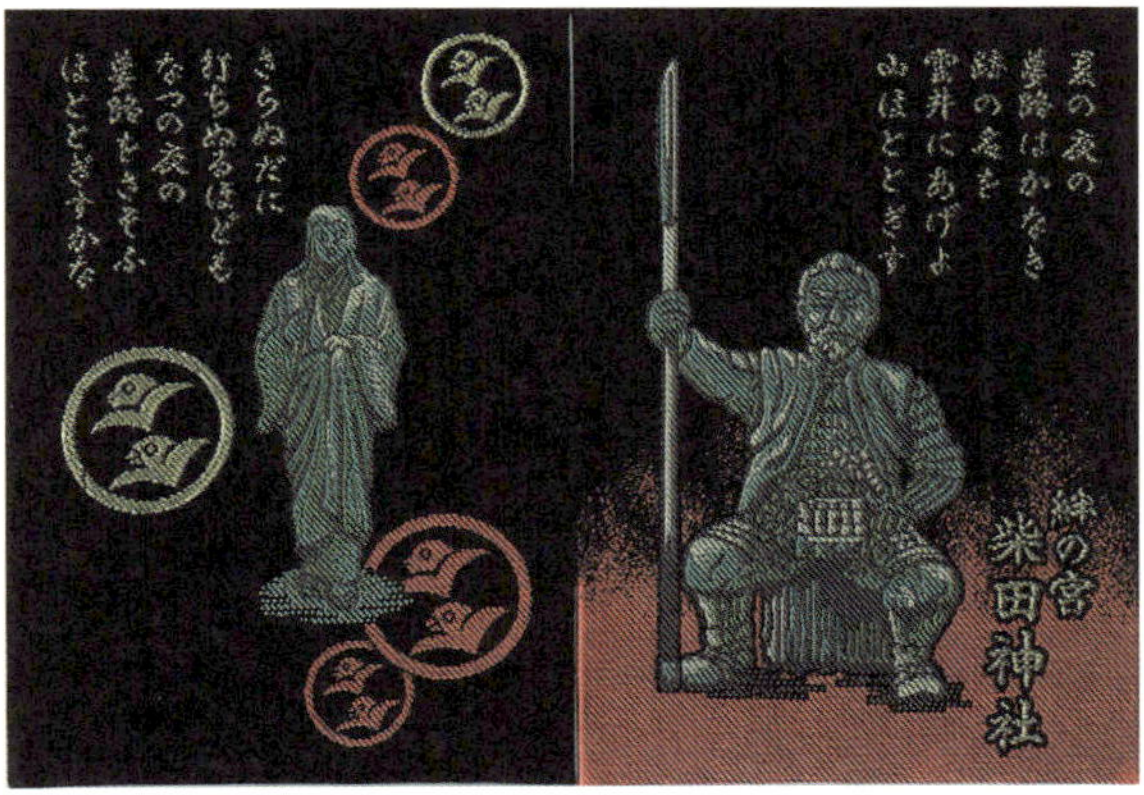

柴田神社

戦国武将・柴田勝家と、その妻であるお市の方の絆を感じさせる御朱印帳。

【著者紹介】

菊池洋明（きくち ひろあき）

1978年、東京都生まれ。法政大学社会学部卒業。

会社員として働きながら、ライター、カメラマンとしても活動。全国の寺社を巡拝し、撮影を行うかたわら御朱印を収集することをライフワークとしている。Webマガジンの一つである「All About」（オールアバウト）で金魚カテゴリのガイドを務めるほか、iPhoneアプリ（「日本史クイズ検定」など）、Androidアプリ（「日本金魚図鑑」など）、LINEスタンプ（「幕末ヒーローズ」など）の企画・リリースも行っている。

http://www.h-kikuchi.net

装丁：斉藤よしのぶ
本文デザイン：朝日メディアインターナショナル株式会社
組版・制作協力：月岡廣吉郎
企画プロデュース：おかのきんや（NPO法人 企画のたまご屋さん）
協力：萩原一彦
御朱印の提供にご協力いただきました寺院・神社の方々に深く感謝申し上げます。

永久保存版　御朱印アートブック

2016年2月5日　第1版第1刷発行
2019年12月19日　第1版第8刷発行

編著者　菊池洋明
発行者　後藤淳一
発行所　株式会社ＰＨＰ研究所
東京本部　〒135-8137　江東区豊洲5-6-52
第四制作部　☎03-3520-9614（編集）
普及部　☎03-3520-9630（販売）
京都本部　〒601-8411　京都市南区西九条北ノ内町11
PHP INTERFACE　https://www.php.co.jp/

印刷所
製本所　図書印刷株式会社

ISBN978-4-569-82887-9